シリーズ・
ワークショップで学ぶ
Workshop

社会科ワークショップ

自立した学び手を育てる教え方・学び方

冨田明広・西田雅史・吉田新一郎

新評論

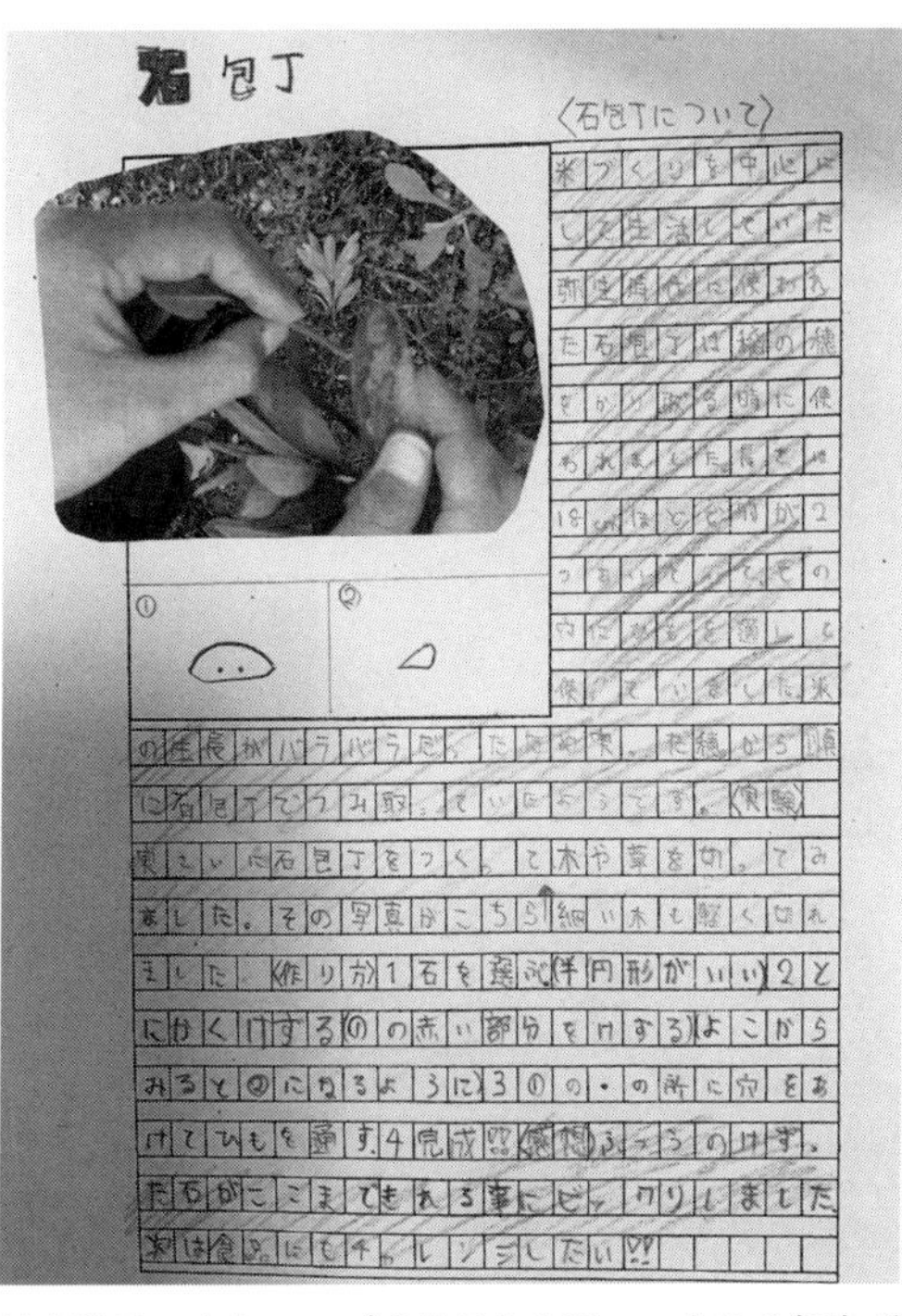

石包丁

〈石包丁について〉

米づくりを中心にした生活していた弥生時代に使われた石包丁は稲の穂をかり取る時に使われました。長さ18cmほどで穴が2つあいていてそこにひもを通して使っていました。米の生長がバラバラだった為、穂から順に石包丁でつみ取っていたようです。（実験）実さいに石包丁をつくって木や草を切ってみました。その写真がこちら。細い木も軽く切れました。（作り方）1石を選ぶ（半円形がいい）2とにかくけずる（①の赤い部分をけずる）（よこからみると②になるように）3①の・の所に穴をあけてひもを通す。4完成!!（感想）ふつうのけずった石がここまできれる事にビックリしました。次は食品にもチャレンジしたい!!

社会科ワークショップをはじめた頃、一人の６年生が自分のやりたいことを見つけて、教科書を飛び越えて学んでいきました。何と、石包丁を自分でつくって、実際に木の枝を切っているのです。説明書きを読むと、つくり方が書かれているだけでなく、「次は食品にチャレンジしたい‼」という希望までが書かれています。このような学び、あなたはどのように感じますか。

もくじ

お断り

長きにわたって続く出版不況の折、筆者側に対しても「風当たり」が強くなってきました。今回、「分厚くて値段の高い本は売りづらい」という出版社から懇願もあり、本書の原稿として書き上げた「第9章　もう一人の教師　学習環境」と「第13章　生活科ワークショップで学習を創り出す子どもたち（二年生）」を、断腸の思いで削ることにしました。しかし、それではあまりにもしのびない、諦めきれないと思った私たちは、出版社と折衝を重ね、この二つの章を「せめて目次に残したい」という要望を繰り返し、ご英断のもと掲載させていただくことにしました。そして、その内容を、筆者の一人である冨田明広のブログ（http://tommyidearoom.com/）にて公開することにしました。

通常のスタイルとは異なる形での著し方ですが、一冊の本を起点にしてさらに見識を広めていくという「新しい本」のあり方を楽しんでいただければうれしいです。そして、読者のみなさまが自立的な学び手を育てるうえにおいて、一助となることを願っています。

社会科ワークショップ——自立した学び手を育てる教え方・学び方

パート 1

社会科ワークショップがもつ可能性

「どうぞ、見ていってください。この時間だけでは分かりづらいかもしれませんが、みんないろいろやっていますよ」と笑顔で言われた私は、西田雅史先生に促されて教室に入ってみることにしました。実は、西田先生、授業中にもかかわらず、私を案内するためにわざわざ校長室まで来てくれたのです。

北側に滝山団地（UR・一九六八年入居開始）が広がっている約五五〇〇人もの子どもたちが通うこの小学校は、東京都東久留米市にある「市立第九小学校」です。一〇分も歩けば畑が広がっていて、週末には各農家が「朝どれ野菜」を販売していると言います。団地だけでなく戸建て住宅もたくさんありますので、決して「のどか」とは言えませんが、高い建物が少ないので「空が広い」という感じがしました。都心から電車で三〇分ほどのところで見られるこの風景、羨ましいかぎりです。

さて、私ですが、教師になって二年目という新米です。東京・練馬区にある小学校に勤務している福山剛（仮名・二〇代）と言いますが、新米の私が第1章を担当するというのはおこがましいことなので、レポートのような形でまとめたものを西田先生に文章化してもらうことにしました。ただ、私が感じたことや発言はそのまま表現されています。新米教師が見た驚くべき授業の様子、まずはご一読ください。

第1章

新米教師が見た西田学級（東久留米市立第九小学校）の子どもたち

西田先生に案内されて教室へ向かった私ですが、一歩足を踏み入れた瞬間、これまで見たことのない子どもたちの学習風景が目に飛び込んできました。

「今、授業中ですよ」と言う西田先生には失礼ですが、教室の中は、一瞬「休み時間か」と勘違いしてしまうくらいの雰囲気を醸しだしていました。友だちのところで和やかに話しながらノートに書き込みをしている子どもがいるかと思えば、窓のほうでは、学習しやすいように席をグループにしている子どもたちもいます。よく見ると、黙々と一人でマンガのようなものを描いている子どももいました。西田先生が言うように、全員が違うことをやっているのです。

友だち三人で車座になり、何やら熱心に話し込んでいる子どもたちは、どうやら私のことを意識しているようです。また、ある子どもは、教室の隅にある大量の本や資料のなかから何かを熱心に探しています。黒板には、日常生活の周りにある法律についての授業の痕跡が残されているのですが、この時間に行っている学習の課題が大きく書かれているわけでもありません。一見したところ、子どもたちが何をやっているのかが分かりづらいという感じです。

大声を上げている様子はありませんが、ゴソゴソと、いろいろなところから話し声が聞こえてきます。模造紙や画用紙を床に大きく広げて、資料をつくりながらプレゼンの練習をしているようですが、その子どもも声の大きさには気を遣っているようです。注意深く見わたせば、教室全体に何か秩序のようなものがうかがえます。

子どもたち一人ひとりがやっていることは遊びではないようですが、全員がバラバラのことをしているので統一感がまったくないのです。総合的な学習の時間か、それとも係活動でもやっているような雰囲気に近いものです。

（こんな社会科ありなのか？）と、私は思わずにはいられませんでした。私の期待していた「全員で発言を重ねながら、一つの学習課題について話し合う」という授業風景ではありません。面食らってしまった、というのが正直な感想です。

勝手に席を立っている子どもたち、学習しているとはいえ、教師の指示がない状態で次にやることが分かっているのでしょうか。

近づいて話を聞いてみることにしました。ロッカー際のスペースに自分たちの場所をつくっている二人の女の子の話を、側に寄って聞いてみることにしました。私のほうを気にする素振りは見せるものの、やっていることに没頭している様子でしたので、少し聞き耳を立ててみました。

「いじめをしたら、罰金を払ったり、ひどいときには刑務所に入れてしまったらどうかな」

「それはやりすぎじゃない？　だって、いじめをするって、どこまでの範囲のことをいうの？」

「そうだよね。私、去年ちょっと仲間外れにされていたことがあるけど、今は仲直りしているしなあ。罰金があったら、今みたいに元に戻るのは難しそうだし、お互いに『恨み』しか残らなそう」

「うん。昨日さ、いじめを苦に自殺した子の保護者がテレビのインタビューに答えていてさ、なんか胸がギューってなったよ。いじめをしたら罰金、刑務所はやりすぎだけど、なんとかしたいよね」


「新しい条例をつくって、それをクラスに向けて提案し、最後には市に提案するというプロジェクトを行っているんですよ」と西田先生が言っていたことを思い出し、この二人はいじめをゼロにするための条例をつくっているのだと直感しました。

法律について話し合う様子

「小学生が条例を考えるなんて無理だろう」とか「子どもたちは、こんな条例あったらいいなー程度のお遊び感覚で考えるのだろう」と思っていましたが、目の前にいる二人の女の子は違いました。目は真剣そのもの、社会的に問題となっている「いじめ」に対して、本気で条例をつくって解決に導こうとしているようなのです。それでも私は、「この二人だけが特別なのでは？」という疑念を払拭することができなかったので、今度は話し込んでいる男の子のペアに近づいてみることにしました。

「だからさ、サイクルを回すんだって。そうしないと、もっといい条例にはなっていかないでしょ」

「分かってるよ。でも、もうちょっと二人で考えようよ。この前、みんなに発表したときに出た質問にすべて答えられていないし」

「そうだね。この前、結構質問が出たもんなあ」

「それでさ、これ見てよ。『幼稚園が義務になっているところは実際にあるんですか？』って聞かれたじゃん？　実はさー、最近、フランスで幼稚園が義務教育化されたらしいんだよ」

（サイクル？　何だ、それは。サイクルを回すってどういうことなんだ？）

そう思った私は、思い切って二人の男の子に尋ねてみることにしました。

「こんにちは。話しているところごめんね。今、話のなかに出ていた『サイクル』って、いったい何のこと?」

「ああ、サイクルって、あのことですよ」

指された指の先には、「社会科サイクル」と書かれたポスターが黒板に貼られていました。

「あのサイクルを、どんどん回していかなきゃいけないんですよ。そうしないと、考えた条例がよくならないんです」

「そうそう、自分たちだけで考えていても気づかない部分がたくさんあるので、クラスのみんなに提案しています」

サイクルを回すということは、「予想・仮説」を立て、「調査」し、条例案を「つくって提案」するという一連の学習の流れのことをいうようです。提案しても、質問や違った視点からの意見によって、もう一度条例案を見直すとも言います。自分勝手に考えるのではなく、友だちから繰り返

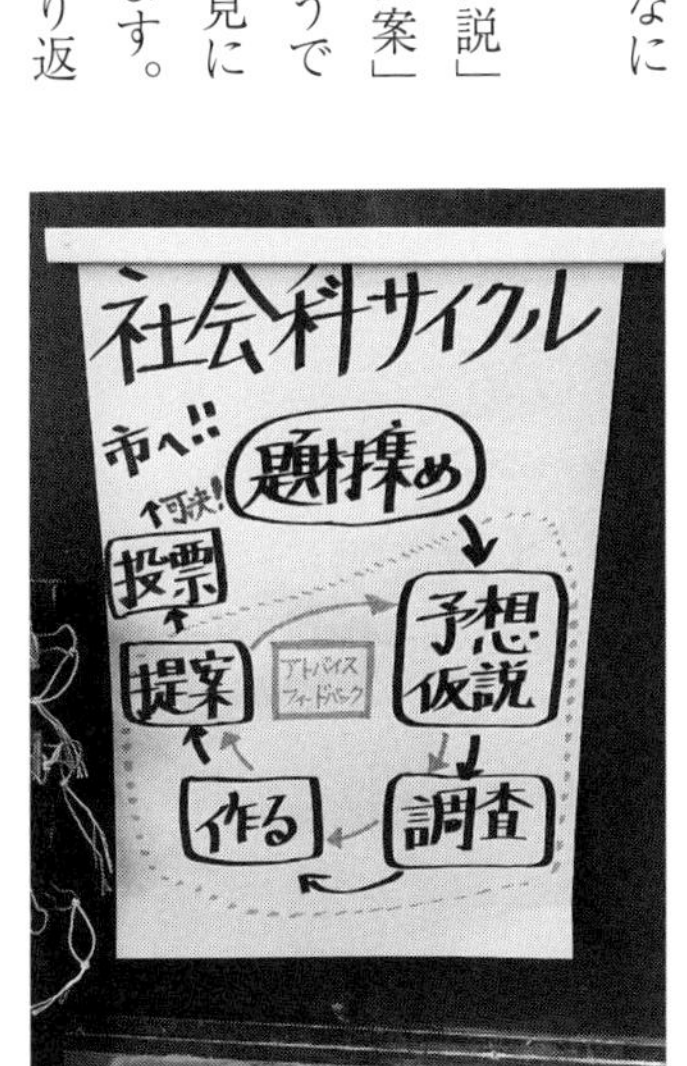

社会科サイクル＝探究のサイクル

し意見をもらうことによって独りよがりにならず、考える幅が広がるようです。質問したいことがまた湧いてきたので、さらに尋ねてみました。

「提案する時間はいつなの？」

「ペアやグループによって違います。自分たちで提案できそうだなあと思ったときにする、という感じです」

「みんな、結構質問をくれるから、『ああ、そういう考えもあるのかあ』となって考えが深まるから、最初のほうは、そんなに時間をかけずに僕はサイクルを回したいんですよ」

「そうなんだ、じゃまをしてごめんね。教えてくれてありがとう」

話し込んでいるペアがいたり、何かを発表用につくっているペアがあったりと、バラバラであったことの理由が分かりました。

今、私の目の前では、「無電柱化」の条例を可決させたい女の子のペアが男の子のペアをつかまえて、「私たちの法律、どう思う？」と意見を求めています。電柱があることによって景観が損なわれていること、外国には電柱が地中に埋まっている国があって、電柱がないとこんなにステキな景色が広がるんだと、写真を見せながら説明をしているのです。

その資料をのぞき込んでみると、国土交通省のホームページに掲載されている無電柱化の資料のようで、どれくらいの予算がかかるのか、なぜ今無電柱化なのか、などについてていねいに書かれていました。

「自分たちの考えを聞いてほしい！」という熱意を感じずにはいられません。「考えていることを伝える→質問を受ける→考える→伝える→質問を受ける」といったやり取りが目まぐるしく繰り返され、子どもたちの話し合いに圧倒されてしまいました。

教師がやることを指示しなくても、目の前に「主体的に学習を進める子ども」が何人もいたことに、私は驚きを隠せませんでした。学習を「自分事」として捉えていることが十分に伝わってきましたし、そのような光景を初めて目にしたからです。

授業が終わったあと、西田先生から「放課後にグループインタビューをするので、お時間あれば、そちらもぜひ見ていってください」と言われていたので、子どもたちの口からどんなことが語られるのかと気になった私は、放課後も六年二組に残ることにしました。

この日は二月のなかでも特段肌寒い日でしたが、六年二組の教室には暖かい日の光が差し込んでいました。私も、子どもたちと一緒にサークルになって座りました。何だか、居心地のよさを感じてしまいました。

西田先生　六年生の一年間、歴史と政治を学習してきたけど、何が一番楽しかったですか？

彩音さん　条例づくりです！

西田先生　条例づくりの何が楽しかった？

彩音さん　友だちと一緒にやるのが楽しかったです。

西田先生　先生は最初、一人で取り組むか、ペアで取り組むか、どちらのほうがみんなにとってよい学習になるか迷ったんだけれど、みんなはどう思ったかな？

孝太郎くん　自分の考えをもったあと、すぐにペアの友だちの考えを聞けるから、友だちと一緒にできてよかったです。

西田先生　ほかの人はどう？

弘樹くん　もし、つくった条例がクラスのほかの人に反対された場合、一人だけで考えていても先が見えてこないからペアでよかったです。

凛さん　私も、ペアがよかったです。ペアの友だちと話したり、違うペアの友だちと話したりすることで、街に住んでいる人の願いとか、予算を確保することは可能なのかとか、いろいろな視点から条例を考えることができたからです。

陽奈さん　つくった条例のよいところや直したほうがいいところをみんなで考えられるから、私もペアでよかったです。

大斗くん　僕はペアのことじゃないんですけど、僕たちが住んでいる市の課題を見つけて、それに対して何ができるかを考えることが楽しかったです。

西田先生　答えてくれてありがとう。せっかく来ていただいているので、福山先生から子どもたちに尋ねたいことがあればぜひ話してほしいのですが、いかがですか？

（突然、私に話を振られたのですが、尋ねてみたいことがあったので質問をすることにしました。）

福山　さっき、クラスのほかの人に反対された場合の話があったけれど、反対されて不安になることはないの？

（私にも経験がありますが、考えたことを提案するとき反対されるかもしれないという不安が常に付きまとうものです。子どもたちは、そのことをどのように考えているのでしょうか？）

西田先生　みんな、どう？　不安になることある？

真琴さん　そうだなあー。六年の最初のころはあったかもしれない。これを言ったら、どんなこと言われるのかなあーって。今でも不安はあるけど、完璧じゃなくても提案すればみんなが質問してくれるし、自分では気づかないところが分かるから、あんまり「反対されたらどうしよう」って考えないかも。

真紀さん　私も。あとさ、みんなが結構考えてくれるよね。自分たちが考えている条例じゃないのに。だから、私はあんまり不安を感じないかも。

（この二人は、さっき無電柱化のことについて男の子のペアに話していた女の子です。）

西田先生　福山先生、質問してくれてありがとうございます。

福山　とんでもないです。こちらこそ答えてくれてありがとう。

子どもたちは、質問に対して「我先に答える」というよりは、友だちの答えにじっくりと耳を傾けているという感じでした。時には相槌（あいづち）を打ちながら、共感を示していることがよく分かるのです。かといって、自分の考えを言わないというわけではありません。友だちが話し終わったら、自分が思っていることを穏やかに話しはじめていました。何といっても、聞きあっている様子がとても心地よかったです。

子どもたちが語っている様子を見ていると、考えをつくりだすことや友だちとの対話を繰り返しながら、自分たちの考えをより良くしていく過程を純粋に「楽しい」と感じていることが伝わってきます。

グループインタビューのあと、私は誰もいなくなった六年二組の教室で、今日の授業について西田先生から話を聞くことにしました。

「西田先生、今日はありがとうございました。いくつか尋ねたいことがあるのですが……」

「ええ、かまいませんよ」

「正直に言うと、最初に教室に入ったとき、私は子どもたちが遊んでいるのではないかと思いました。みんながバラバラなことをやっているし、自分のやりたいことを好きなようにやっている。ただ、子どもたちが学習している様子を見たり、質問させてもらったりするうちに、もしかしたら、目の前で見ている子どもたちの姿が『主体的に学習を進めている姿』なのかもしれないと思ったんです」

　西田先生はうなずきながら、にこやかな表情で耳を傾けてくれています。さっきのグループインタビューのときと同じです。

「最初から、子どもたちは今日のように学習を進めることができたのですか？」

「そんなことはありませんよ。少なくとも、四月の段階では何をしたらいいか分からない子どもや、どうやって学習を進めればいいのか分からないという子どもがたくさんいました」

「しかし、そんな状態からどうしたら子どもたちが今日のような姿になるのか、私にはさっぱり分かりません」

「僕も、どうしてここまで子どもたちが変わることができたんだろうと考えていたんですけどね、一つ確信したことがありました。それは『サイクルを回すこと』なんですよ」

「それ、さっき僕が聞いた男の子二人も言っていました。『とにかく、サイクルを回すことが大切なんです！』って」

「その様子、見ていましたよ。あの二人がそんなことを……うれしいですねえ」

西田先生が目を細めました。

「あの黒板に貼ってあるサイクルを回し続ければ、主体的に学習を進めることができるようになるんですか？」

「それだけではないですが、必要不可欠なことではある、と思います」

「もう少し詳しく教えてください」

「今回の条例づくりだと、自分たちが考えた条例がサイクルを回すことでより良くなっていることを子どもたちは実感しているんだと思います。実際、さっきの男の子二人は三回転目に突入しているんです。それだけサイクルを回すことができているのは、『間違ってしまってもＯＫ』という雰囲気があるからです。サイクルの一回転目で完璧である必要はありません。正解を出すことだけが学習ではないのです。むしろ、不完全のまま、まずは発信することで、自分たちに足りないものを友だちが指摘してくれたり、質問をしてくれたりする。それが、サイクルをもう一回転させるエネルギーになるんです。そして、完全なものを発信するより、間違っていてもいいから、まず自分で一生懸命生みだした意見を友だちに聞いてもらうことで考える幅が広がっているのだと思います」

「なるほど。さっきのグループインタビューで二人の女の子が話していたことと通じるものがありますね。もちろん、それも最初からうまくいったわけではなかったということですか？」

「そうですね。四月当初の子どもたちは、不完全なものを発信することは何か自分の恥ずかしいところを見られるような感覚だったのではないでしょうか。サイクルを一回転させることにとても時間がかかっていました。なので、『とりあえず友だちに聞いてもらおう、聞いた人は友だちのテーマについて一緒に考えていこう』という話を、全体に対しても、一人ひとりに対しても結構しましたね。あとは、サイクルを一回転させた子どもに全体の場でインタビューをしたほか、ありとあらゆる手を尽くしました」

「いつぐらいから子どもたちに変化が見られるようになったんですか？」

「二学期に入ってから、運動会が終わったあとくらいですかね。自分の調べたことや考えたことを聞いてもらえるという安心感、友だちが取り組んでいるテーマについてみんなで考えていこうという協働の雰囲気が、少しずつできてきたように思います」

そうか！　私が感じた「居心地のよさ」はこのことだったんです。私は、続けて尋ねてみました。

「みんなバラバラなことをやっていましたが、一時間のなかで何をやるのかも全部自分たちで決めているのですか？」

「そうですね。今日だったら、ペアで話している子どもがいましたし、発表のための準備をしている子どももいました。なかには、考え中の条例について、ほかのペアをつかまえて話を聞いてもらっている子どもたちもいました。全部、子どもたちの判断ですよ」

「一時間、何をしたらいいのか分からない子どもはいないんですか？」

「いますよ」

「え⁉」

意外な答えが返ってきました。今日の子どもたちを見るかぎり、自分がすべきことをみんな分かっている、という様子だったからです。

「議論をし尽くしてしまって、何をどうしたらいいのか分からなくなって途方に暮れているんですよ」

「と、言いますと？」

「これまでサイクルを回してきた子どもたちも、これ以上は考えようがない、となることがあるようなんです。そんなときは、一時間のなかで何をやったらいいのか分からない状態になっています。でも、素敵な姿ですよね。そこまで考え抜くなんて、これまで学校では経験したことがなかったと思いますよ。ここまで来ると教師の出番です。新たな資料をわたしてみたり、話し相手になってみたりと、一緒になってやることを探していきます。そうすると、子どもたちもだんだんすることが見えてくるんです」

西田先生の言葉を聞いて、私は少し安心しました。なぜなら、学習にひたむきに取り組むことができる西田学級の子どもたちでさえ、この姿に成長するまでにはたくさんの回り道をしてきたことが分かったからです。

授業に近道などはありません。考えてはつまずき、考えてはつまずきを繰り返し、時には教師の支援を受けながら成長していく子どもたちから話を聞くことができて、私はとても幸せな気持ちになりました。

「今日はありがとうございました。また、見に来てもいいですか？」

「もちろんです。また、いつでも来てくださいね」

西田先生の目指す子どもの姿は、普通の教師とは何かが違っています。たくさん手を挙げる活発な子ども、そして教師の期待にこたえる子どもではなく、自分の学習に夢中になれる、自立した学習者を育てようとしているようです。そのためのアプローチは、子どもたちを席に縛りつけて教師の指示どおりに学習させるのではなく、間違えながらも自分の答えを探し、友だちと意見を重ねながら自らの力で学習を開拓していくという学習環境なのです。

私自身も目指しているこの「自ら学ぶ子どもを育てる教室」に対して、西田先生はこれからもアドバイスをすると言ってくれています。子どもも私も、一人の学び手です。西田先生も、私のような教師に自分の目指す教室を提案し、「意見をもらって成長したい」と言ってくれています。西田学級の子どもたちのように、私自身もこの陽のあたる教室で大切な仲間と出会うことができたのかもしれません。

教室を出るころには陽がすっかり沈んでいましたが、私の気持ちはとても晴れやかでした。

第2章 子どもたちと一緒に成長する教師のライフヒストリー

二年間浪人した末に大学受験に合格した私（西田雅史）、「いい先生になりたい！」という思いで四年間を過ごしてきました。かけがえのない友人もできましたし、夏休みはアジアを放浪するなど、大学生でしか経験できないことをたくさんやってきました。そんな四年間を終えて、教育という世界に飛び込んだのは一〇年前です。

教員一〜三年目――教科書をなぞる

念願の教師になった初年度は三年生の担任、次の年はもちあがりの四年生の担任になりました。教育技術に関しては未熟そのものでしたので、休み時間に子どもたちと外で走り回ったり、クリスマス会には手づくりのプレゼントを子どもたち交換したりと、若さを武器にして、同じ目線に

表２－１　私の教師歴

教師歴	教師としての私
１～３年目	教科書をなぞる。
４～５年目	「社会科ワークショップ」と出合う。
６～７年目	一つ解決すると、次の課題が浮き彫りになる。
８年目	自立した学習者を育成することの手がかりを得る。
９年目	学習が子どもたちをつなげることを実感する。

立つことを第一にして、子どもたちとの距離を縮めることを大切にしていました（このときの経験が、今現在、いかされているとも言えます）。

肝心の授業はといえば、とにかく教科書をなぞる授業を行っていました。正直なところ、私自身が社会科を好きではないので、この授業をすることに苦痛を感じていました。その理由として、私が受けてきた社会科の授業のほとんどが、「寝ないように、四五分間ただひたすら耐える」だけであったことが考えられます。

一時間の流れを簡単に説明すると、①まずは黒板に今日の学習課題を書く、②その日の学習範囲の教科書部分を音読する。もしくは、丸読みで子どもたちに音読させる、③教科書に書いてあることを説明しながら板書する、④ちょっとした豆知識を子どもたちに伝える、⑤その日の学習の感想を書く、といった授業でした。

このような流れで授業を進めていたわけですが、最後の感想には「東京都の伝統工芸品についてよく分かりました」とか「先生の説明がとても分かりやすかったです」などと書いてくれる子どもが多く、私はその感想に酔いしれていましたし、「うまく教えられた」という満足感に浸っていました。ただ、前述したように、私は社会科が好きではなかったので、きっとそんな気持ちが子どもたちに伝わっていたとも思います。

それに、社会科となると子どもたちの意欲も低下しがちでしたし、教室で学習する社会科では、子どもたちに我慢することを私は強いていたのかもしれません。「社会は覚えることが多いからね」とか「つまらなくても、次の時間は体育だから頑張ろう」などと口にしたこともありました。今思えば、顔から火が出るほど恥ずかしいことです。

ただ、子どもたちは社会科見学だけは楽しかったようです。目がキラキラしていました。実際に自分の目で見ることができる、教室の中に閉じこもっていなくていい、外で友だちとお弁当を食べることもできるのです。そんな子どもたちを見て、「教室での学習でも目をキラキラと輝かせたい。でも、そのためにどうすれば……」と悶々と悩んでいたことを今でも覚えています。

体育だとあんなに楽しそうな子どもたちが、どうして社会科になると目の輝きが失われてしまうんだろうか。何かを変えたい、でも何をどうやって変えたらいいのか分からない、という感じでした。何かにすがりたい気持ちでいっぱいでした。

教員四〜五年目――「社会科ワークショップ」と出合う

初めて高学年の担任になったのがこの時期です。五年生では日本全国のこと、六年生では歴史、政治分野を扱うということで、社会科をあまり好きではない私は、三、四年生の学習よりも内容が高度になることに焦りを感じていました。子どもたちの目から輝きが失われてしまうことが怖くて、必死に教材研究を繰り返す日々を送っていました。

そんななか、五年生の三学期、ちょうど六年生へのもちあがりが決まったころに「社会科ワークショップ」と出合いました。初年度から二年目にかけて「ライティング・ワークショップ（作家の時間）[1]」を実践していた私は、自分の書きたいテーマで書きたいことを書き、出版しては友だちや保護者からファンレターをもらい、書き手としてぐんぐん成長していった子どもたちを見てきました（苦しかったこと、悩んだこともたくさんありましたが）。

ですから、「ワークショップ」と聞いて、「もしかしたら、あの子どもたちのように、社会科でも目の輝きを取り戻すことができるかもしれない」と思ったのです。このときに社会科ワークショップについて何となく分かっていたことは、「作家の時間と同じように、子どもたちそれぞれが興味のあるテーマを設定して探究する」ということだけでした。

これまでの社会科の学習で共通の学習課題にしか取り組んでこなかった私にとっては衝撃的なことでしたが、子どもたちが興味のあるテーマを設定することが何より大切なのだと思い込み、四年間実践してきた社会科の授業スタイルをすべて捨て去ることにしました。

今思えばかなり勇気を必要とする決断だったわけですが、社会科の授業をすることが苦痛でしょうがなく、「何かを変えなければいけない」と思っていたので、この決断に至るまでにあまり時間はかかっていません。

初めて六年生を担任した当時の社会科は、歴史分野からのスタートでした。縄文時代、弥生時代、古墳時代の概要を子どもたちにさらっと教えたあと、子どもたちは、自分でもっと調べたいな、もっと知りたいな、と思ったテーマを設定して探究していくことにしました。

マンモスをどのようにして狩っていたのか、縄文時代ではどのようにして火をおこしていたのだろうか、弥生時代に稲作が発展した理由、全国にはどれくらい古墳があってどの辺りに集中しているのかなど、子どもたちが設定したテーマは多岐にわたっていました。

探究する過程もさまざまです。資料を読み解く子ども、インターネットから情報をもってくる

（1）ライティング・ワークショップおよびそれを基本にした日本での実践記録については、『ライティング・ワークショップ』および『作家の時間』を参照してください。

子ども、実際に石包丁をつくって、採ってきた葉っぱが切れるかどうか試したり、火おこしを試みたりする子どももいました（もちろん、安全上の配慮は十分に行ったうえで）。

さらには、単元の最後に行う発表形式もさまざまです。これまでの実践では新聞をつくらせることが多かったのですが、ポスター、紙芝居、マンガ、語りなど、自分の得意なことをいかして探究したことを発信していました。

以前の授業スタイルを捨てた私の役割は、とりあえず子どもたちの多岐にわたるテーマを把握して、「もっとこうしてみたら？」とアドバイスをしたり、「あっちで同じようなテーマに取り組んでいる人がいるから、何か聞いてみたら？　いい情報がもらえるかもしれないよ」と子どもたち同士をつなぐことでした。初任者のころから五年目まで一斉授業というスタイルをとっていた私からすると、考えられないような姿ですし、正直なところ違和感もありました。

実は、過去の教え方と比較して「もっと教えなくていいのかな」という不安や、「板書しないとほかの先生に何か言われそう」という横並びを意識した不安と闘う日々でもありました。それに、隣のクラスの先生が豆知識の豊富さを発揮した一斉授業で子どもたちを引きつけていたことも、私の不安を助長させたと思います。

さて、このように一学期は実践できていた社会科ワークショップも、二学期以降は運動会、学芸会の行事準備に時間がとられたことを言い訳に、だんだんと一斉授業に戻っていきました。「ああ、またこのやり方に戻っているなあ」と気づいていたのですが、なかなかその状態から脱却することができませんでした。以前のやり方を捨て去ったはずなのに……と思いつつ、一斉授業を続けていたわけです。

結局のところ、一斉授業のほうが教師は楽なのだ、と思います。イベント的には探究学習を行っていましたので（たとえば、江戸時代に登場した人物に限定して、調べて発表するといったやり方です）、まったく社会科ワークショップを行わなかったということではありませんが、一年間の見通しをもって社会科ワークショップを実践したわけではありませんでした。

六年生も終わりを迎えるころ、クラスの子どもたち全員が、サプライズで手紙をくれたことがありました。この事実だけでもうれしいことですが、その手紙に、社会科で探究したことを書いていた子どもがいたのです。

・先生の授業はとても楽しかったです。社会の探究は難しかったですが、ただ調べるだけではないので、とてもためになりました。

・私はいろんなことが思い出にありますが、やっぱり全体的に社会の探究が心に残っています。それは、先生は教える側の人なのに、先生が生徒になって頑張って考えているみたいで嬉しかったです。

・社会で発表する場がけっこう増えて、発表するのが楽しくなりました。
・私が一番すごいと思ったのは探究です。五年生まではただ調べて終わりだったけれど、六年生になってからは自分の調べたいことを調べて、そこから自分が考えたことを少しずつ入れられるようになりました。探究が楽しくなってくると自主学習ノートにも自分がやりたいことができるようになって、それが理科につながったりと、いいことだらけでした。

これらを読んだとき、うれしさを飛び越えて「驚き」しかありませんでした。まだまだ自分のなかにしっかりと落とし込むことができていない社会科ワークショップ。次の年には一斉授業のスタイルに戻ろうかとさえ思っていた状態で一年間続けた社会科ワークショップ――正直なところ、社会科ワークショップの可能性を信じ切れていなかった私は、子どもたちに申し訳ないことをしてしまったのではないか、もっと楽しく、豆知識を披露しながら教えたほうがよかったのではないか、とさえ思っていたのです。

しかし、社会科で自分の好きなテーマを設定して、興味の赴くままに調べ、考えたという授業スタイルがこれほどまでに子どもたちの心の中に残っていたのです。ここから、私の「授業観」、そして「教師としてのあり方」が大きく転換されていくことになりました。

教員六〜七年目――一つ解決するとまた次の課題が浮き彫りになる

二回目の高学年を担任することが決まった春休み、同じく社会科ワークショップを実践している仲間と一年間の実践についてミーティングをしたところ、二つのことが私の課題として浮き彫りになりました。一つ目は「年間を通して社会科ワークショップを実施する時期が明確になっていないこと」、二つ目は「子どもたち同士のつながりが弱い」ことでした。

一つ目の課題は、年間の見通しをもつことができていない状況で社会科ワークショップを進めていたことが原因でした。ですから、歴史分野については春休み中に年間計画を立てて、「時代ごとの概要を、要点をふまえて子どもたちに教える時期」と「子どもたちがテーマを設定して探究する時期」の計画をあらかじめ考えることで解決できそうでした。もちろん、イレギュラーなことも起こるのが学校ですので、時間に幅をもたせながらですが。

二つ目の課題は、私が半ば諦めていたことでした。なぜなら、一人ひとりがバラバラなテーマを設定することになるので、探究している間は子どもたちが結びつくことはないと思っていたからです。「僕にはそのテーマは関係ないよ」という子どもの態度が気になったこともありましたが、「まあ、それもそうだよなー」と思っていました。

しかし、春休みのミーティングのとき、同じく社会科ワークショップを実践している仲間に見せてもらった授業中の様子は、子どもたちが刺激しあいながら探究を進めていたのです。

「どうしたら子どもたち同士をつなぐことができるのだろうか？」

この疑問が、この年のテーマとなりました。そして、大きなヒントとなったのは、初めて社会科ワークショップに挑戦したときの六年生の姿でした。同じ時代のことを調べていたり、似たようなテーマについて考えているにもかかわらず、子どもたち同士はつながることができなかったのです。

子どもたちの学習状況について完全に把握できなかったことが原因なのですが、子どもたち同士も、今、お互いに何をしているのかまったく知らないために話しかけることができなかったのです。調べていることを把握しているのは私だけという状態でしたので、私が気づいたときにはつなげることはできましたが、子どもたち自らがつながっていくというのは難しい状況でした。友だちが何について調べているのか、それを知ることができるのは最後の発表のときだけだったのです。

そこで私は、三段階で情報を発信していくという方法をとることにしました。一段階目は、「即時情報発信」の「アナログ版 Twitter」です。

細い付箋には自分が設定したテーマ、正方形の大きな付箋には調べてみて分かったことや今考えていることを書いて可視化します。もちろん、調べている資料をそのまま貼ることもできます。こうすることで、同じ時代で、似ているテーマの友だちと情報の交換がしやすくなります。また、探究している時間は自分のテーマにかかりっきりとなり、お互いに何をやっているのか分からない場合が多いので、お互いのことを知ることにもつながります。

そして、赤い丸シールはいわゆる「いいね！」です。自分が発信した情報にシールをもらうことができると、「もっと調べて、みんなに知ってもらいたい！」という意欲にもつながります。

二段階目は「中間発表」です。最後の発表をする前に、調べていることを小グルー

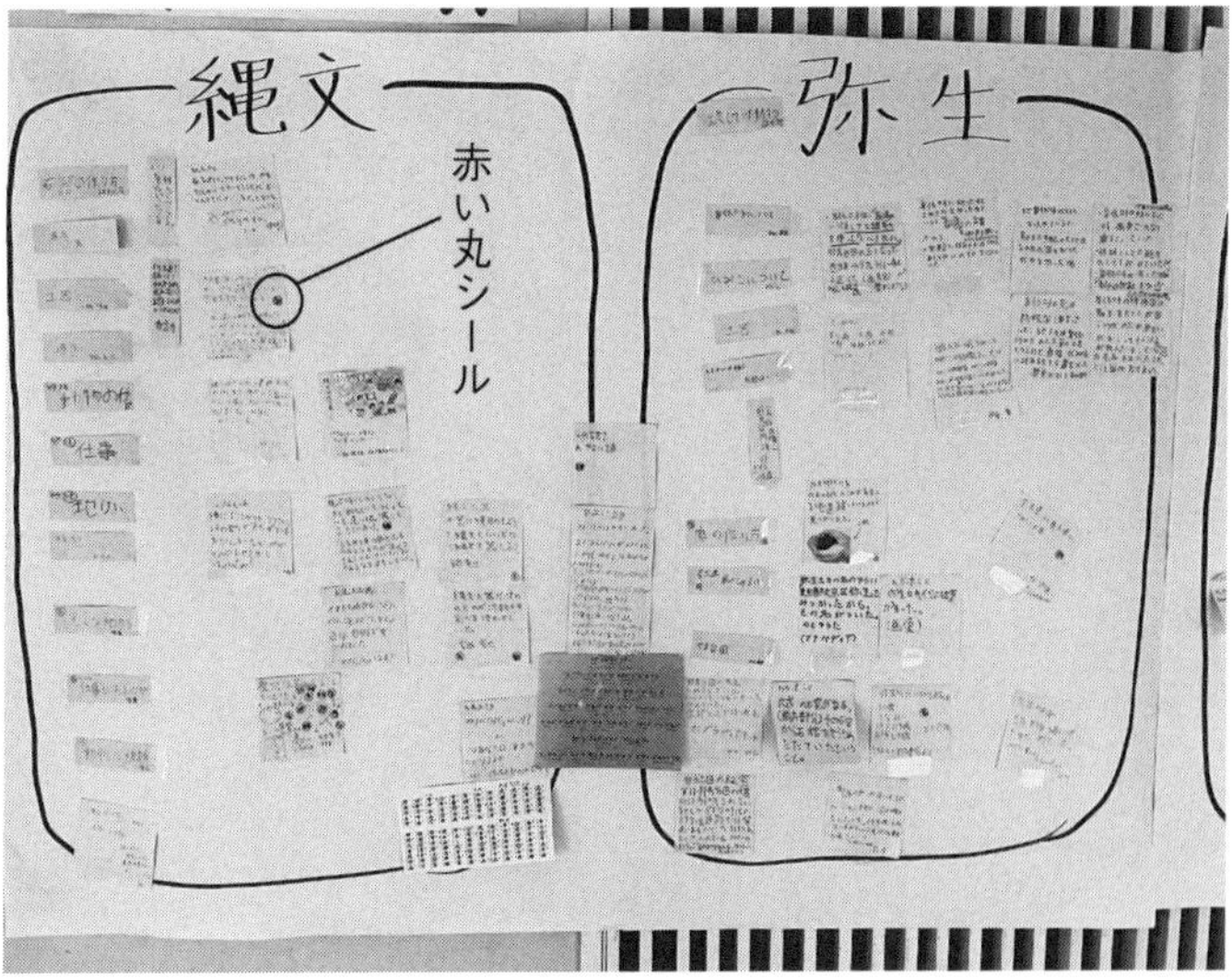

アナログ版 Twitter

プで発表するのです。何を調べたのか、今どんなことを考えているのか、今後の見通しなどについて述べることになります。

ここで、悩んでいることを共有している子どももいました。情報を発信することで頭の中を整理することができますし、友だちに自分のテーマのことを知ってもらって、アドバイスをもらうことができるので一石二鳥でした。

三段階目は「最終発表」です。多くの学校でも行われていることでしょうが、ここまで調べて考えてきたことを、自分の発表したい形にあわせて発表します。

これまでは、「どうにかして子どもたちを引きつけなければ……そのためにはどんな資料が必要なのだろうか」と、「自分対子ども」という目線で授業のことを考えていましたが、アナログ版Twitterを見たことで、調査を進めるうえでのアドバイスを子どもたちにしたり、似たようなテーマで調べている子どもたちを集めて情報交換できる場をつくったりしました。そのなかで、私の役割が子どもたちの学習を支え、子どもたち同士をつなぐファシリテーターのような役目に変わっていくことを感じたのです。

確実に社会科ワークショップの実践が前年度に比べてうまくいっているように感じていましたが、新しい課題も見えてきました。

この年、教師の役割の変化を自覚した私ですが、基本的には静観することが多く、探究している最中に単元のテーマから逸れてしまう子ども、逸れてしまいそうな子ども、探究に行き詰まっている子ども、そして「こうしたらよくなるのになあ」と思う子どもがいても、あまり声をかけられずにいました。

その理由は、「私が声をかけてしまったら、教師が設定した学びのレールに乗せてしまうかもしれない」と思っていたからです。正直なところ、一～三年目に実践していたような、「子どもたちに知識を与えるだけの授業」に逆戻りすることを恐れていたのです。

その一方で、新たな疑問が大きくなっていることを感じていました。子どもたちは、「よく調べているね」とか「よく考えているね」と教師が称賛することを求めているのだろうか？　そもそも、教師が軌道修正しないことで単元のテーマから逸れていく子どもたちは何を学んだと言えるのだろうか？　そんな思いから、「来年度は積極的に子どもたちに話しかけてみよう」と決断しました。

教員八年目——自立した学習者を育成することの手がかりを得る

初任校に七年いた私は、八年目に初めての異動を経験しました。さらに、六年生の担任をしてほしいということで、異動初年度は不安のなかでのスタートとなりました。しかし、社会科の学習に関してはワークショップをやろうと決めていました。前年も六年生だったので、一年間の見通しをすでにもっていたことがその決断を後押しする要因であったと思います。

そして私は、一年間のテーマを「子どもたちに積極的に話しかけること」に定めました。教師が敷いたレールの上に乗せるのではなく、あくまでも子どもたちの興味関心に寄り添って、子どもたちの学習を後押しできるようにしていこうと決めました。

一学期の歴史単元で「魏志倭人伝」に興味をもった子どもがいました。花乃さんです。口数の少ない子どもなのですが、事前アンケートには「卑弥呼のこと、魏志倭人伝のことをたくさん勉強したい！」と書いていて、早く歴史について学習したいという思いを人一倍もっていることがよく伝わってきました。

このような花乃さんの学習に対する熱い想いを、私はクラスの子どもたちに知ってほしいと思いました。なぜなら、花乃さんが学習のなかで自らの「興味」をいかし、自立した学習者になっているモデルになることができれば、花乃さんの新たな一面をクラスに向けて伝えるという絶好の機会になると思ったからです。

そこで私は、最後の発表を調べて、考えたことを一方的に伝えるスタイルではなく、聞き手と対話しながら発表していく「対話型発表」のスタイルを提案しました。花乃さんの発表を友だちが黙って聞いているだけでは、花乃さんの「熱」なるものが伝わらないと思ったからです。

この提案をしたとき、花乃さんはちょっと抵抗を示していました。話しながら質問に答えることができるのだろうか、と不安だったのです。

「ここは教師の出番！」とばかりに、花乃さんが示す抵抗感を完全に凌駕するくらいのほめ言葉をかけ続けました。また、花乃さんが「魏志倭人伝」をていねいに分析していること、そこから推測した当時の卑弥呼像に花乃さんなりの視点が入っていて、興味深い内容であったことも伝えましたし、「正解を答える必要はなく、事実から自分が考えたことを話せばいいよ」という話もしました。

質問されると正解を答えなければならない、とこれまでの学習経験から思ってしまうものですが、そんなことは決してないのです。「結果」、「調べたこと」、「考えたこと」に対する聞き手からの質問に答えながら発表するというスタイルを選んだわけですが、発表当日は、「魏志倭人伝」に関することや、花乃さんがどのように読み取ったのかという質問に対しててていねいに答えていました。

このとき、クラスを五分割して発表を行いましたが、予想外だったのは、発表を終えた友だちが花乃さんの発表を聞きにやって来たことです。

最後の振り返りに花乃さんは、次のように書いていました。

今まで対話しながらの発表はやったことがなかったので、やる前は緊張したけど、自分の考えたことをたくさん伝えることができたし、友だちからの質問に答えていくうちに緊張はどこかに行ってしまいました。ファンレター（発表後に聞き手が発表者に書くメッセージ）もたくさんもらえてうれしかったです。

花乃さんには「対話型発表」というハードルは高すぎたかもしれない、とちょっと反省もしていたのですが、私が思っている以上の力を花乃さんはもっていて、目の前のハードルを軽々と越えていったようです。

三学期の政治単元では、ペアで取り組む課題として、「自分たちでつくった条例を市長に提案しよう」というプロジェクトに取り組みました。自分たちが住んでいる市に必要な条例や政策を考えることによって、市民生活における政治の役割を「自分事」として考えることができると思ったからです。

現在、施行されている条例や政策はどのような法令をもとにした政策なのか、市民はどのような願いをもっているのか、予算を確保することは可能なのかなど、条例づくりには欠かすことのできない見方、考え方を学んだあとに、市長に提案するための条例をつくりはじめました。この一年、子どもたちに積極的に話しかけようと思っていた私は、その機会をうかがっていたのです。

そんななか、「子どもたちの成績によって学用品にかかわる費用に差をつける」という条例を考えだしたペアがいました。陽太くんと慎吾くんです。条例の内容を詳しく尋ねると、「この条例があれば子どもたちの成績もよくなるし、金銭的にも親の負担が減るから一石二鳥！」ということでした。

この条例をクラスに提案したところ、それはもう大紛糾。「そんなの差別だ！」とか「公平じゃない！」という意見が多数を占めたのです。それでも諦めない陽太くんと慎吾くんは、発表のあと、ほかのペアをつかまえては説得に回っていました。

その様子を遠くから見守っていた私ですが、なかなかうまく説得ができないこと、徐々に説得するのに疲れはじめてきたこと、そして二人の間に険悪なムードが立ち込めてきたこともあり、ここぞとばかりに話しかけることにしました。この時点で大切にした視点は「クラスの友だち以外の人」でした。

二人はクラスの友だちを説得しようと必死になりすぎるあまり、「市民全体にとって有益か」という視点が抜け落ちていたのです。二人には、条例にかける情熱が素晴らしいことを伝えたうえで、「クラス以外の人の意見にも耳を傾けるようにしたら」と提案しました。そんなこと考えもしなかった、という感じでしたが、すぐに作戦を練り、大人の声を集めることにしたのです。

一つは校内の教師に向けてのインタビュー、もう一つは週末に行われる「土曜公開」のとき、保護者に向けてアンケートを実施することです。

掲載した写真にはすべての回答が写っていませんが、残念ながら反対意見が多く、二人は考えていた条例を断念することにしました。ただ、この二人は、外とのつながりをもったことで条例を新たな視点から見直すことができたのです。

以前までの私であれば、つくった条例が認められない子どもたちを見て静観していただけだと思います。代替案を示すことも考えましたが、子どもたちの見取りから二人が非常に「我」が強いことが分かってい

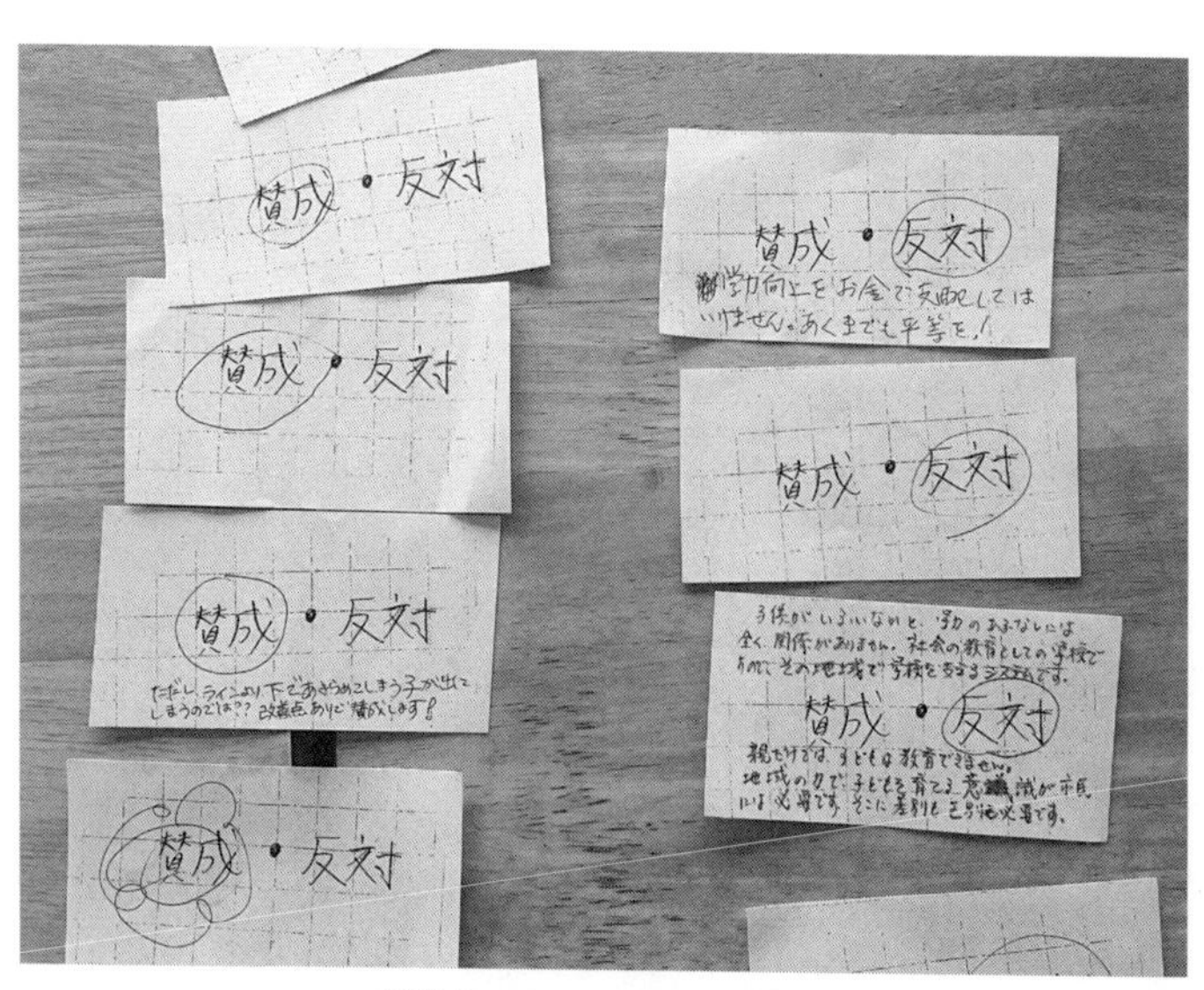

保護者からのアンケート結果

ましたので、代替案を提示するよりは現状の条例を保ちつつ、「自分の思いだけでは通用しないこともある。他人の意見も踏まえて、自分の意見を再構築することも学んでほしい」と私は考えました。

この二人は、卒業前のインタビューで、「友だちと一緒に考えることができて楽しかった」と言っています。この言葉を読んで、「子どもたちがもう一歩先に踏みだすことのできる支援」ができたことを実感しました。

もちろん、静観することが必要なときもあるでしょう。しかし、この年の社会科ワークショップの実践を通して、子どもの実態に応じて支援の手段を使い分けることができるようになったと実感しています。

とはいえ、まだまだ改善するところがありますし、子どもたちへの支援についても、失敗することのほうが多いというのが現状です。

どうしても、「もっと教えたほうがいいのではないか」という思いがむくむくと湧きあがってきて、目の前にいる子どもが求めていないにもかかわらず、必要以上に情報を与えてしまうことがあります。しかし、社会科ワークショップをはじめたばかりのころにはなかなか感じることのなかった「手応え」や、以後もやっていけるかもしれないという「少しばかりの自信」を手にしたように感じました。

教員九年目――学習が子どもたちをつなげることを実感する

前年度で社会科ワークショップへの手応えや実践していくうえでの自信を少し得た私は、次なるテーマを掲げました。ずーっと引っかかっていたことですが、正直なところ見て見ぬ振りをしていた部分がありました。それは、「コミュニケーションをとることが苦手な子どもへの支援」です。

きっと、どこのクラスにもそのような子どもがいると思いますが、このような子どもは往々にして学習が「内向き」になりがちです。調べていること、考えていることが自分のなかで完結してしまうのです。「情報を共有したらもっと違う視点から考えることができそうなのに」とか「ああ、その考え、共有してほしいなあ」と思いつつも、踏み込むことができずにいました。その子どもの特性、つまりコミュニケーションをとることが苦手なわけですから、学習が自己完結してもしょうがないと思っていたわけです。

しかし、支援を通して今までやったことのないテーマに挑戦したことで成長した子どもや、社会に目を向けるようになっていった子どもたちの様子を前年度に見てきましたので、社会科ワークショップを通して何かを変えることができるかもしれないという確信に近い思いが私のなかに沸き起こってきました。

一学期から気になっていた子どもがいました。史明くんです。年度当初の引き継ぎで友だちとコミュニケーションをとることが難しいと聞いていたので、とくに注意して様子を見ていたのですが、その結果、二つのことに気づきました。一つは「自分からコミュニケーションをとることができない」ということです。

たとえば、国語の授業において、「ノートを持ってほかの友だちと意見を交換してみよう」という時間でも、教室の中をグルグルと回るだけなのです。そのため、私が呼び止めて、「どんなことを書いたの？」と教えてもらうといった感じでした。

ここまでは予想していましたが、もう一つの点が非常に引っかかっていたのです。それは、「誰も史明くんのことを気にしない」ということです。前の学年のときからそうだったのかもしれません。周りの子どもたちにとって、史明くんは空気のような存在だったのでしょう。コミュニケーションが苦手な史明くんとかかわることを面倒に思って、誰も声をかけようとはしなかったのです。

教師として、何とかしなければなりません。授業中や休み時間に率先して私は史明くんに声をかけましたが、私が声をかければかけるほど、かかわればかかわるほど、周りの子どもたちはそれで問題が解決したかのように思って、さらに史明くんとかかわろうとしないのです。そんな様子を見ながら、私は有効な手立てを見いだすことができずに、一学期という時間を過ごしてしまうことになりました。

夏休みの間、二学期の社会科ワークショップをどのように進めていくかと考えていたとき、ふと一つのことを思い出しました。史明くんが、一学期の自主学習ノートで魚について書いていたことです。どの魚がどのようなところで捕れるのか、また魚の種類によって旬の時期が異なることなど、かなり詳しい情報まで書かれていて、魚が大好きなことが手にとるように分かりました。

私の頭をよぎったのが、「授業で子どもを育てる」という言葉です。「二学期に行う漁業の学習と史明くんの『好き』をうまくつなぐことができれば何かを変えることができるかもしれない」と思ったのです。

そして、二学期の漁業の学習で栽培漁業に興味をもった史明くんは、テーマを「栽培漁業に携わる人々」に設定しました。一学期、史明くんをカンファランスしていたとき、自分の力でテーマを決めることが難しそうだったので、私が提示したテーマのなかから選んでもらいました。

史明くんは、これまで「捕る漁業」のことしか知らなかったので、「魚を育てる」というところに興味をもったようでした。大好きな魚のことを調べられること、これまで知らなかった栽培漁業のことを知ることができる探究学習を史明くんはとても楽しみにしていました。図書資料やインターネットを使って調べたのですが、その日の振り返りには初めて分かったことがたくさん書かれていました。そして、その横には、「自分の好きな魚のことを調べることができてとても楽しいです」と書かれていました。

調べはじめて三時間目のことです。手が止まって、途方に暮れている史明くんを見つけた私は話しかけることにしました。これまで分かった情報を共有したり、困っていることを友だちに話したりといったことは行っていないような雰囲気でした。

私（西田）　史明くん、調子はどう？　手が止まっているみたいだけど、何か困ってることあるかな。

史明　栽培漁業をしている人たちって、どんな思いで魚を育てているのか今ひとつ分からなくて。

私　インターネットにはそういう情報はなかったの？

史明　はい。全然、出てきません。

私　そうかあ。ちなみに、これまで集めた情報はどこのホームページからのものなの？

史明　これです。

と言って見せてくれたのが、「茨城県栽培漁業協会[1]」という団体のホームページでした。コミユニケーションをとることが苦手な史明くんです。提案することに一瞬迷いが生じましたが、大好きな魚のことを今以上に知れるという好奇心にかけて、私は電話でのインタビューを提案することにしました。

私　じゃあさ、電話でインタビューしてみない？

史明　え⁉

私　調べて分からなかったらさ、聞くしかないよ。テレビ番組をつくっている人もさ、番組をつくるためにいろいろな年代の人に街頭インタビューしていることがあるでしょ！

史明　まあ、それはそうですけど……。

私　強制じゃないからさ、明日の社会科のときにどうするか教えてよ。

史明　分かりました。

ここで、私と史明くんの対話は終わりました。そのあともタブレットを使って何やら調べていたようですが、その日の振り返りには、「やっぱり、栽培漁業をやっている人がどんな思いで魚を育てているかは分かりませんでした」とだけ書かれていました。

生産者がどんな思いで魚を育てているのか、というのは学習者側が調べるものではなく、事実から考えて推測することです。たとえば、お米をつくっている農家の人に「どんな思いでお米づくりをしていますか?」と尋ねても、素晴らしい生産者であればあるほど、「いやあ、特別なことなんか何もしていませんよ」と答えるだけでしょう。しかし、お米のつくり方を見ると、その人のお米にかける思いが浮きあがってくるのです。ですから、事実をもとに推測し、話し合うことで生産者の思いに近づくことができます。

史明くんは、すべての情報は調べれば分かると誤解していましたが、人の気持ちというのは調べるものではなく、その人の立場に立って考えることです。インタビューすることは、考えるための情報を増やすことになると思っていた私は、思い切って史明くんに電話インタビューを提案したわけです。

次の日の社会科の時間、ミニ・レッスン(2)が終わるとすぐに史明くんが私のところにやって来ました。ノートには原稿らしきものが書かれています。私は心の中でガッツポーズをしながら、早速、電話をかけてみることにしました。もちろん、私は史明くんのすぐそばにいて、スピーカー機能を使ってこのやり取りを見守ることにしました。

---

(1)　ヒラメやアユの種苗を生産しています。〒314-0012　茨城県鹿嶋市平井2287　TEL：0299-83-3015。

(2)　ミニ・レッスンは、教師が短く教えたり、モデルを示したりする従来の一斉授業のやり方に一番近い部分です。詳しくは、五一〜五三、五九〜六一ページ、および一一九ページを参照してください。

史明　もしもし。お忙しいところすみません。僕は小学五年の藤井史明と言います。今、社会科の学習で栽培漁業について調べていて、質問したいことがあるのですがお時間ありますか？

漁業協会の人　今、担当の者に代わりますのでちょっと待ってくださいね。

（しばらくすると、担当者が電話に出てくれました。）

担当者　お待たせしました。担当の山本です。

史明　お忙しいところすみません。魚を育てるときに気をつけていることはなんですか？

担当者　そうですねえ。一番は水温ですね。年間を通して水温が違うので、常に水温の変化に気を配っています。

史明　ほかにはありますか？

担当者　あとは餌かな。餌自体にもこだわっているし、水温によって餌の量を調節していますよ。

史明　ありがとうございます。これで質問は終わりです。お忙しいなかありがとうございました。

担当者　また、何かあったら連絡くださいね。

インタビューの結果、魚を育てるために、とくに餌と水の温度にこだわっていることは分かったのですが、前日からの疑問である「漁業に携わる人の思い」にまではたどり着けなかったようです。

電話インタビューをしたということで、同じく栽培漁業について調べていた子どもたちが史明くんのところに寄ってきました。話を聞いていると、史明くんと同じく「漁業に携わる人の思い」に悩まされているようです。これは史明くんと子どもたちをつなぐいい機会だと思い、一緒に推測してみることにしました。

ホワイトボードにそれぞれが調べた情報を書きだし、共通点を見つけていきます。

「みんなが小さいときに、まあ今もそうかもしれないけど、お母さんは野菜を必ず食卓に出すでしょう。あれってさ、先生も親だから分かるんだけど、子どもに大きくなってほしい、健康に育ってほしいと思っているからなんだと思うんだよね」と、私は話しはじめました。

すると、「漁業協会の担当者から魚への愛情を感じた」と言っていた史明くんが次のように口火を切りました。

「きっとさ、育てた魚をお客さんに美味しく食べてほしいと思っているんだよ。そのため餌とか水の温度にこだわっているし、きっと自分の子どもを育てるように愛情を注いでいるんじゃないかなあ」

この言葉を聞いて、私はこの場から立ち去ることにしました。子どもたちと史明くんが初めてつながった瞬間です。もう大丈夫です！　思わず、うれしさが込みあげてきました。

これ以後、社会科の授業にかぎらず史明くんに話しかける子どもが出てきたり、休み時間には史明くんも外で友だちと一緒に遊ぶようになりました。周りの子どもたちは、史明くんとの対話で考えが広がったこと、そしてそれが楽しかったことで史明くんに対する見方を変えたのです。また、史明くん自身にも、少しばかりの自信が生まれたようでした。

このような光景を目の当たりにして、私は学習で子どもをつなぐことができることを実感しました。子どもの興味関心に寄り添い、それを後押ししたことで子どもたちのつ
ながりが生まれたのです。

今、この原稿を書いている私は六年生の担任です。コロナ禍ではありますが、子どもたちは制限されたなかでも自分の興味関心にあったテーマで探究を続けています。今の教師としての立ち位置は、初任時代の教科書をなぞっていたころに比べると、考えられないほど変化したものとなっています。社会科ワークショップが私の授業に対する考え方を変え、子どもたちの見方も変えたのです。

本来、子どもは有能であり、教え導かなければならないというものではありません。今後も子どもたちを信じて、任せながら、時には方向修正もしつつ、子どもたちが「自立した学習者」となっていけるような実践を重ねていきたいです。今現在の、私のベストとも言える年間計画を巻末資料（三五二～三五五ページ）として掲載しましたので、参照してください。

パート2

社会科
ワークショップの柱

ここでは、「パート1」で描いてきた教室での子どもたちの様子、教師の成長と葛藤の様子から、「社会科ワークショップ」がどのような枠組みや構成要素で形づくられているのかについて説明していきたいと思います。

第3章と第4章では、梨本昭博先生（横浜市立宮谷小学校・仮名・四〇代）が展開する社会科ワークショップを紙上において再現します。その様子を亮くんの視点で表し、社会科ワークショップの概観を描くとともに、大切な二つのサイクルである「学習のサイクル」と「探究のサイクル」について説明をしていきます。第5章では、社会科ワークショップの核となる主体性について、第6章ではユニットを構想する際のポイントを、第7章では実例を中心にカンファランスの実際について、第8章では、個人で進めると捉えられがちな社会科ワークショップをコミュニティーづくりの視点から捉えています。

そして、第9章では大切な目に見える学習環境と目に見えない学習環境について説明し（ブログにて公開しています。アドレスは「あとがき」を参照してください）、最後の第10章では、質問されることが多い評価について、先生たちの対話から質問に答えるように描きだしました。

社会科ワークショップは、実践者の数だけその形があります。社会科ワークショップは手順や方法ではなく、考え方や方向性であるとも言えます。明確な答えというよりも、実践者自身の答えを導きだすことに貢献できれば嬉しいです。

第3章 学習のサイクル——亮くんの社会科ワークショップ

九月某日（金曜日）の学校

ミニ・レッスン

三時間目の社会科の授業がはじまった。ボクの先生の社会科は、ちょっと変わっている。梨本先生が社会科を大好きなのはよく分かるけれど、梨本先生は「先生」って言うよりか、自分で勉強するのが好きな「生徒」なんだと思う。だって先生は、自分から喜んでボクたちみたいに同じように調べてきて、勝手に発表するからだ。

梨本先生の授業は、最初の五分〜一〇分ぐらいを「ミニ・レッスン」と呼んで、先生が教える時間になっている。この前は、白崎さんのチームの発表がどうしてよいのかってことを教えてくれた。白崎さんのチームは、お店の人に取材するんじゃなくて、お店に買いに来るお客である自分のお母さんを選んで、インタビュー取材をしているっていうところがよいんだって。今回は、先生が画用紙を出して、紙芝居みたいに発表するみたい。

「今日、先生はね、近所にある八百屋さんについて調べてきたよ。先生は、学校から帰る途中にこの八百屋さんによく立ち寄るんだ。お店の人とも仲良しなんだ。今日は、この八百屋さんのダンボールの写真をたくさん撮ってきたよ。どうしてかというとね、都道府県の名前がたくさん書いてあって、面白かったからなんだ」

そういえば、ボクの近所にも八百屋がある。高いビルに隠れるように八百屋があるんだ。お母さんに買い物を頼まれて、その八百屋によく行く。ダンボールがたくさん積んであるのは、どこの八百屋も一緒なのかな。

「先生のテーマは『八百屋さんが新鮮な野菜をそろえる工夫』だ。そこで、このたくさんの写真に書かれていた都道府県をリストにしてみたのがこちら！　じゃ～ん。エノキは長野県、ミカンは熊本県、キャベツは群馬県、タマネギは北海道、先生の大好きなナシは宇都宮だから栃木県だね。なんと、このレモンはニュージーランドって書いてある」

ボクが、梨本先生のことを「先生」みたいじゃなくて「生徒」みたいだと言うのは、こういうわけだ。楽しそうに、ボクたちと同じように先生も社会科を学んでいるんだ。

「それで、次は地図にまとめてみようかな。その地図から、新鮮な野菜をそろえる八百屋さんの工夫が見えてくるような気がするんだよね。次の授業でみんなに見せたいなあ。さあ、はじめよう！　今日もいつものように、最後一〇分は発表と振り返りね。発表予約をしているチームが三チームあるから、そのチームは優先して発表できます。今日やりたいと思ったチームは、いつでも先生に言ってね。さあ、はじめよう！」

探究

いつもの、梨本先生の「さあ、はじめよう!!」の声がした。三年生の最初は、「何を？」って思ったけれど、今は大体分かる。一緒に探究するペア（「第8章　学習コミュニティーを育てる」を参照）の高森くんと近所のスーパーに行って、お店が工夫していることを調べてこようって相談しているんだ。

梨本先生が「調べることは自分で決める」とか言うから、びっくりしてよく分からなかったけれど、最初はみんなで「疑問・テーマ」から「発表」までやってみたから何となく分

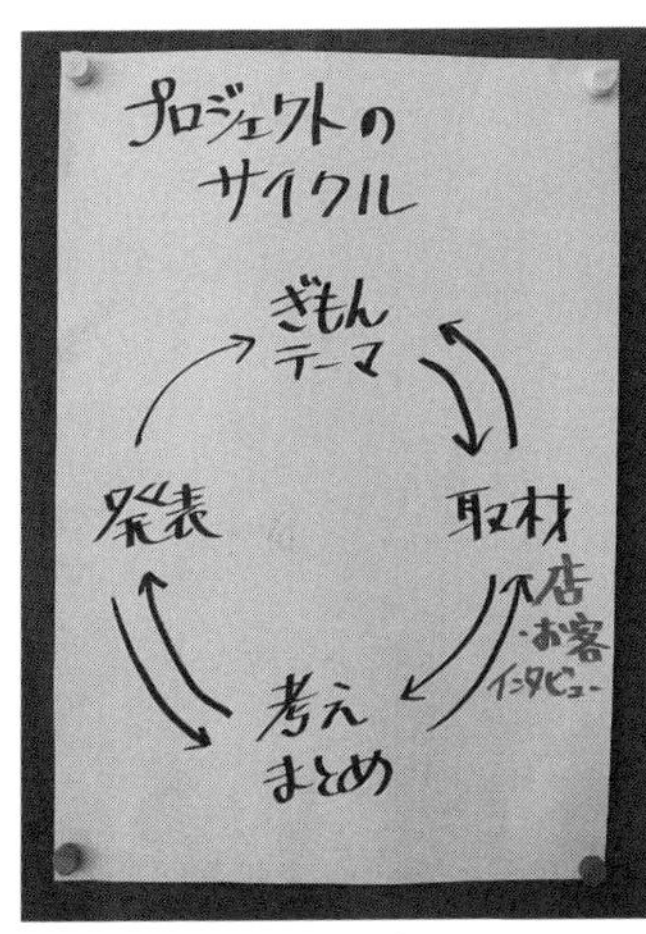

プロジェクトのサイクル
（探究サイクル）

かるようになった。このユニット（「第６章　ユニットで子どもたちの遊び場をつくる」を参照）の「お店の工夫」の学習がはじまるときにみんなで学校の近くのスーパーに行って、気づいた工夫をポスター発表という方法で発表したから。

このあと、ボクたちがどんなことをしたらよいのかについては何となく考えている。でも、詳しいことは自分で決めなくちゃいけないんだなあ。先生は口癖のように、「自分で決めることが大切だ」って言うんだ。

「亮くん！　ボクね、この前決めた近所の八百屋さん『ふる里ベジ』に家族で行ってきたんだよ。それでね、ひらめいちゃったよ。ボクも見たんだよ。ダンボールがいっぱい積んであった！先生がミニ・レッスンでやっていた『食べ物がどこから来たか』をまとめるやつ。あれって、ボクたちもやってみたら面白くない？　ボクさ、今年沖縄に行ったから、沖縄の食べ物を集めたいなあ」

高森くんは、本当に単純なやつだ。梨本先生がやっていたミニ・レッスンをそのままやるなんて、ボクはプライドが許さないなあ。しかも、沖縄の食べ物を集めても、先生が言っていた「お店の工夫を調べる」ことにどうやったらつながるのかよく分からない。結局、自分が好きな都道府県の食べ物を集めてきたって、お店の人の工夫は分からないよね。

「高森くん。ボクたちはまだ、テーマが決まっていないんだよ。やりたいことがあるのはいいけど、やっぱり、まずはテーマでしょ。だって、先生がつくった今回のユニットの探究サイクル（「第４章　探究サイクルを回し続ける」を参照）だって、疑問やテーマを決めることが最初って書いてあったじゃないか」

「ボクは、もう調べに行きたくて仕方がないんだよ。亮くん、テーマはお店に行って調べてから決めればいいんじゃないかな。早く、いつ行くか、何を持っていくか決めようよ」

高森くんは本当にせっかちだ。だけど、テーマや疑問といっても、どんなことにしたらいいのだろうか。

カンファランス

「どうしたんだい？　何かもめているように見えるけど、高森くんも亮くんも何か困ったことでもあったの？」

ほら、ボクたちが大きな声でワイワイやっているから、梨本先生に気づかれちゃったよ。梨本先生は、自分で決める学習をするためにはマナーを守らなくてはいけないと言っていたから、きっと、ボクたちが大きな声を出しすぎたんで見に来たんだよ。

（社会科ワークショップの学習マナーは、「みんなが学習できるように大きな声を上げないこと」、「道具をみんなで使うこと」、「困っているときは先生に相談すること」、「時間を守ること」、そして「片づけを最後まで行うこと」などだよ。)

亮　梨本先生、テーマを決めていないのに、高森くんがスーパーマーケットの「ふる里ベジ」に取材に行きたいと言っているんです。ボクは、探究サイクルにあるように、テーマを決めてからじゃないと取材には行けないと言っているんですが、高森くんが話を聞いてくれないんです。

高森　亮くんがノロノロしているから、探究サイクルが進まないんだろ。

先生　なるほど、高森くんも亮くんも、気になっていることはあるのかな?

亮　高森くんは、さっき先生のミニ・レッスンを聞いて、ダンボールの都道府県調べをやってみたいと言っていました。けれど、高森くんのやりたいことは疑問やテーマではないからダメと何度も言っているんです。高森くんは、沖縄県から来た食べ物ばっかりを集めたいなんて言っているし。お店の工夫を調べるのには、うまくいかないような気がします。

高森　ボクは今日にでもすぐに取材に行きたいのに、亮くんは全然行こうとしないんです。

先生　なるほどね。先生は、今日はとりあえず大まかなテーマを決めて、お店に行けるなら行ってみたらいいと思うなあ。

亮　えっ！　だってまだちゃんとテーマが決まっていないのに、順番を守らなくてもいいんですか？

先生　先生は、テーマをしっかり決めすぎてしまうと、せっかく取材に行ったのに、テーマにあうものがあまり見つからなかったり、もっと面白いものがあってもそれを素通りしてしまったりするほうがもったいないような気がするんだ。取材したあとに、もっと面白そうな疑問や、取材のときに気づいたお店の工夫から楽しそうなテーマを思いつくこともあるんじゃないかな。だから、「取材」と「テーマ決め」を行ったり来たりする時間があってもいいんじゃないかな。とりあえず、高森くんがお店の商品がどこから来たのか調べたいと言っているなら、それをやってみてはどうかな。

共有

最後の五～一〇分は「共有の時間」といって、ほかの班のミニ発表を聞いて、質問や感想を言いあったり、「ファンレター」というメッセージを発表した人にわたしたりする時間だ。一人ひとりで共有の時間をするときでも、振り返りを書いて、今日の学び方がどうだったか、先生に聞きたいことなんかを記録しておくんだ。

今日の美穂ちゃんと久美ちゃんの発表はすごかった。お店の人とお客さんになって、劇みたいに発表するところがあって、意見箱を設置して、お客さんの意見を大切にしているお店の人の工夫がよく分かった。ボクたちも、お客さんの意見を発表できるといいんだけど。

ボクは美穂ちゃんと久美ちゃんのチームに、「お客さんの意見を調べてきていて、ボクもやりたいと思いました。次の発表も聞きに行きます」と書いて、ファンレターを送った。

高森くんは、ほかのチームの発表を聞きに行っていた。先生が「違うところにいったほうがいろいろな発表を聞けて、よいところを真似できるからいい」と言っていたので、ボクたちは違うチームの発表を聞きに行くことに決めていたんだ。

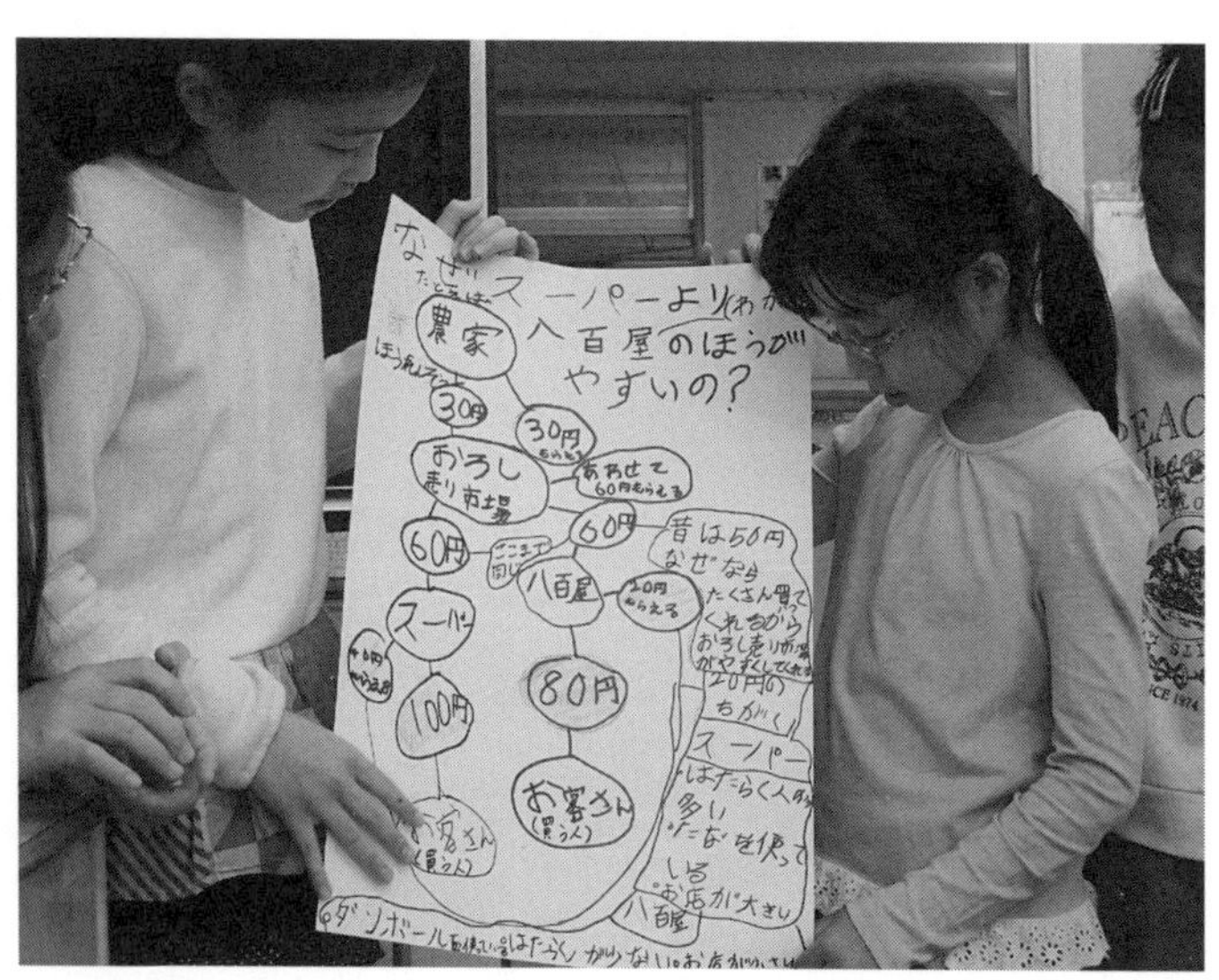

共有の時間における発表の様子

解説――一時間の学習サイクル

社会科ワークショップには、ライティング・ワークショップやリーディング・ワークショップと同じように一時間の学習の流れ（学習のサイクル）があります。梨本先生の社会科ワークショップも、「ミニ・レッスン」→「探究」→「共有」へと進んでいきます。いつもこの流れで学習が進んでいくので、亮くんも「次の社会科ワークショップの時間（とくに、全体の半分以上を占める「探究」の部分）には何をしようかな」と授業以外でも考えられるようになり、社会科ワークショップを自分の時間として、使い方を自分で決められるようになります。

次ページの**図３－１**は、授業時間（一時間）における学習の流れを示したものです。「ミニ・レッスン」は、主に教師が子どもたちの前に立って簡潔に教える時間、「探究」は主に子どもたちが主体的に学習活動を進めることのできる時間、そして「共有」は、子どもたち同士で簡単な情報交換や振り返りを行う時間です。

一時間を「１」とすると、「ミニ・レッスンが四分の一、探究が半分、そして共有が四分の一」といった時間配分のイメージです。一番大切なこと、つまり子どもたちが探究することにもっとも多くの時間を割いていることが大きな特徴となっています。

図3－1　1時間の学習のサイクル

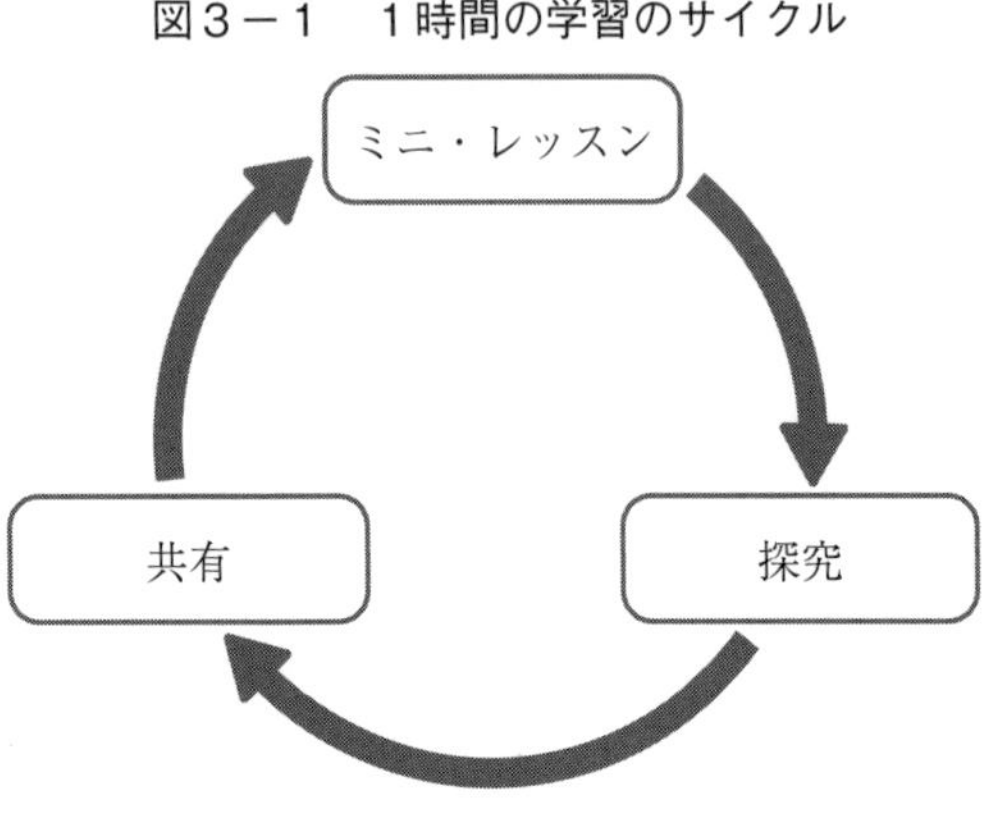

ミニ・レッスン

ミニ・レッスンは、教師が子どもたちに簡潔に伝えたり、短い時間で理解を確認したりするといった、教師が積極的に教える時間です。今学んでいるユニットで全員が理解しておいたほうがよいと判断した内容や、何かを調べたり深めたりするときに役立つスキルの紹介、社会科ワークショップの運営において子どもたちが知っているべきこと、また教師の探究的な学習モデルを示すことにも使うことができます。

授業時間の中心は探究に使いたいので、ミニ・レッスンはできるだけ簡潔に、手際よく行います。一つのミニ・レッスンで使う時間は、長くても一〇分程度に抑えるようにしています。

社会科ワークショップがはじまったばかりのときや、ユニットの最初の一、二時間はミニ・レッスンの時間をたくさんとって、魅力的な導入やユニットの目標や評価などの説明を行うこともありますが、それ以外は効果的に伝えて、探究へと移っています。

短い時間のなかで行うため、基本的には挙手をさせて発言をつないでいくような学習は行いません。ハンドサインで理解度を尋ねたり、選択肢のなかから選んでもらうようなやり取りはありますが、教師が簡潔かつ効果的に伝える時間となります。

短い時間しかとらないという背景には、教師が長い時間教えても生徒にはほとんど届かない、残らないという問題が歴然としてあるからです。教師が一人で頑張って教えたり話したりしても、必ずしも生徒たちが学ぶというわけではないのです。その意味では、授業時間の使い方は、これまでの教えることを中心にした形から学ぶことを中心にしたスタイルへの転換が求められていると言えます。

梨本先生の今回のミニ・レッスンは、教師がモデルを示しています。教師がユニットの目標に沿って探究している姿を見せることにより、子どもたちは教師の真似をしてもいいし、教師の探究からヒントを得て、自分でも探究を進めることができます。

教師のモデルを通して学習を楽しみ、学習を自分のものとしている姿勢を学びます。そのような教師の姿勢によって、学習に主体者意識（「第５章　学習の主体者へと育てる」を参照）をもって学ぶことがいかに楽しくて、魅力あふれるものであるかということを子どもたちは学んでいきます。

探究

子どもたちがテーマや目標に向かって、思い思いに探究を進める時間です。この間に教師は、カンファランス（「第7章　カンファランスで子どもたちの学習を支える」を参照）を通して個人やグループに支援をし、高いモチベーションを維持した状態で子どもたちが学習を行えるように促していきます。

子どもたちの主な活動には、たくさんの資料のなかから自分のテーマに関連するものを選んで読む、どういう手順で調べていくかの計画を立てる、友だちと話し合って自分たちのグループの意見をつくりあげる、発表のための準備をする、などさまざまなものがあります。それらは、子どもたちが自分で選択して学習を行っていることがポイントとなります。子どもたちは、教師のカンファランスや学習環境を活用しながら、自分たちの目的とペースにあわせて探究のサイクルを進めていきます。

ワークショップの学び方にとって、この探究こそがもっとも大切な時間となります。教師からの指示を受けずに自ら学習を進めていくことで、学習に対してもっとも主体者意識を感じることになる時間だからです。また、多くの子どもが自立的に学習を進めていくため、カンファランスを通じて支援が必要とされる子どもには、教師が手本を示しながら教えることができます。

夢中になって調べたり、考えをつくりあげたり、発表に向けて学んだことをまとめたりする子どもたちの姿が見られるため、一斉授業の場合に比べると賑やかになることもあるかもしれません。しかし、活性化している社会科ワークショップでは、これは自然なことなのです。そこで、空き教室など使って、発表の練習をするグループと普通の声の大きさで行えるグループとに分けて探究を行うこともあります。

また、教師にとっては、子どもたちが自立的な学習姿勢を身につけているかどうかを確認し、カンファランスを行う時間ともなります。一斉授業においてつまずきのある子どもは、ほかの子どもに紛れてしまってテストなどをしないと分かりづらいことが多いわけですが、社会科ワークショップの場合、教師はつまずきのある子どもに気づくことができます。たとえば、手が止まっていたり、友だちと関係のない話題で盛りあがっていたりすることでしょう。そのような場合は、カンファランスのチャンスとなります。

探究のサイクルのどこでつまずいているのか、調べ学習から探究への橋渡しができているのか（この二つの違いについては第4章を参照してください）、協働的な学習の行い方につまずきがあるのか、それとも単に休息が必要なのかなど、しっかりと観察し、カンファランスを重ねれば、教師はその子どもの状態を把握することができます。

亮くんと高森くんは、テーマを設定するステップで迷いがあったためになかなか前へ進めませんでした。そこに、梨本先生のカンファランスが入りました。梨本先生は、まだこの段階でテーマを決めるのは早いと判断して、二人にもっと下調べをさせて、二人にどれぐらい調べる力があり、どのようなポイントに関心をもっているのかについて探りたいと考えたようです。

テーマを絞りすぎると、子どもたちがもっているよい気づきがいかされずに収縮してしまうことがあります。そこで梨本先生は、まず二人に行動を起こさせて、その経過を探っていこうと考えました。梨本先生は、二人とのやり取りをカンファランス記録用のノートにメモをして、次回、再びカンファランスをする際に忘れないようにしたことでしょう。

そして、梨本先生は、仕事の帰りに「ふる里ベジ」に寄って、どのような店なのか、どのような食材があるのかと下調べをしたわけです。これによって、これからのカンファランスを具体的に行うことができます。店のご主人と担任や学校が顔なじみになれば、今後、面白い流れに発展する可能性が高くなります。

共有と振り返り

友だちと振り返りや情報を交換する時間です。一緒にプロジェクトを調べているペアと振り返ることもありますし、意図的に違うプロジェクトチームの子どもと振り返りや情報を交換させる場合もあります。時間のないときには、個人の振り返りをすることで教師との情報共有だけに時間を使うこともあります。また、常に発表の場を設けて、友だちにファンレターを送る時間に使っているという教師もいます。

ともすれば、社会科ワークショップは、独りよがりになったり、プロジェクトチームのなかだけのやり取りに偏ってしまう場合がありますので、共有の時間のように教師や友だちに開いた時間を設けることによって、新しい空気が子どもたちの学習のなかに入るようにします。

子どもも教師も、社会科ワークショップに熱中しすぎるとこの共有と振り返りを疎かにしてしまいがちとなります。共有と振り返りは、探究をしっかりとサポートしているということを忘れてはいけません。

教師にとっては、振り返りを読めば、子どもたちが今興味をもって調べていることや、教師に質問したいことなどを把握することができます。そして、次の社会科ワークショップの時間のミニ・レッスンを決めたり、カンファランスに行く子どもを真っ先に決定したりします。一方、子どもにとっては、自分が今何をやっているのか、それは何を追究するためなのかなど一旦立ち止まって振り返ることができ、学習を自分で修正することが可能となります。

また、共有するときに発表の機会を設ければ、いろいろなプロジェクトの情報を聞くことができるため、その内容や発表方法が自分のプロジェクトにいかされることになります。梨本先生の共有では、ミニ発表の機会をつくって、今調べていることや考えていることをほかの友だちに発表する時間を設けていました。

探究のサイクルの最後にある「発表」がこれに当たります。梨本先生は、三年生の子どもたちには、大きな発表を一回やるよりも小さな発表をたくさんできる機会をつくり、探究のサイクルをたくさん回したほうがよい学習になると考えていました。

複数のチームがミニ発表に立候補している場合は、子どもたちはミニ発表のテーマを聞いてから、どのチームの発表に行きたいかを選択することができます。また、ミニ発表が終わったら、ファンレター（「第10章　多様な学びを評価する」を参照）でミニ発表をしたチームのよいところを伝えたり、次の発表のリクエストを送ったりしています。

このファンレターは、友だち同士の相互評価という役割をもち、このファンレターが欲しくて頑張る子どもたちがたくさんいます。

ファンレターを贈りあう様子

日曜日、町の八百屋さん「ふる里ベジ」

持ち物は、取材ノート（「第９章　もう一人の教師――教室環境」を参照）とボクの宝物のデジカメ。先生が「社会科ノートは三年生では取材ノートだ」って言うから、取材ノートになったんだ。取材ノートは、取材をするときにはいつでも持っていく。

書くことは自分で決められるんだ。ボクはデジカメで撮った写真をよく貼るし、高森くんは広告の切り抜きを貼っていた。取材ノートは持っているだけでまるで本物のニュース記者みたいになれるから、三年生になってボクの宝物となっている。

高森　亮くんお待たせ！

亮　高森くん、ちゃんと取材ノートを持ってきた？

高森　持ってきたよ。それより、これを見て。ジャ〜ン、「ふる里ベジ」の広告！　新聞に挟まっていたんだよ！

亮　おお！　すごい！　大発見じゃん。それを失くさないように取材ノートに貼り付けておけよ！　それで、何が書いてあるの？

高森　今日の目玉商品は、この町で採れたキュウリだって。あ、あれだ！

亮　おお！　三本一〇〇円だって！

店主　へい、いらっしゃい！

高森　あ、こんにちは。

店主　お！　いつも来てくれる坊っちゃんか。今日はお使いかい？　えらいねえ。

亮　今日は、実は買い物ではなくて、社会科の授業の取材でお店の工夫について調べに来たんです。

店主　おお！　面白いね。うちの店で何を調べようっていうんだ？

亮　野菜が入っていたダンボールを見せてくれませんか？　先生が、野菜のダンボールにはその野菜が採れた産地が書かれているから面白いよって教えてくれたんです。ボクたちも見てみたいなあと思って。

高森　ボクは沖縄の野菜を探しに来ました。沖縄の野菜はありますか？

店主　いいけどよ、うちの店は地元で採れた野菜を中心に売っている店だから、その取材をしてほしいなあ。

高森　あ！　ボクが見つけた広告に書いてあった！　キュウリが三本で一〇〇円だって！　この町で採れたキュウリなんでしょ？

店主　そうそう！　広告見てくれたのか！　これがそのキュウリ！　パリッとして美味しそうだろ！　グラウンドの近くの畑で朝に採れたキュウリだから、新鮮で美味しいぞー。

亮　遠くから来たキュウリはあるんですか？

店主　あるよ。高速道路を使ってトラックで運んでくるんだ。こっちも美味しいぞ。まあ、でもおじさんは、やっぱり地元の野菜を応援してほしいなあ。

亮　どうしてですか？　分かった！　高速道路を使っていないから、町で採れた野菜のほうが安いんでしょ？

店主　そうともかぎらないんだ。キュウリの産地で採れたものは、たくさん採れるから安く仕入れることができる。たくさん買うと安くなるというのは、みんなが買い物をするときも同じだろ。でも、おじさんは、この町の農家さんと友だちなんだ。その農家さんがどれだけ丹精込めて野菜を育てているか知っているし、農薬や化学肥料をできるだけ減らしてつくろうとしていることもよく知っている。だから、知らない人がつくったキュウリよりも自信をもってお客さんにすすめることができるだろ。それに、安心して食べてもらいたいしな！　しかも、お値打ち価格ってわけだ！

高森　じゃあ、このキュウリの値札に貼ってある写真は、おじさんの友だちの農家さんなんだ！

店主　そのとおり！　こうやって、自分の町で採れた野菜を食べることを「地産地消」っていうんだよ。「ふる里ベジ」の得意分野だな！

亮　なるほど。取材ノートにメモメモ。おじさん、お店とキュウリの写真を撮ってもいいですか？　あと、おじさんの写真も！　教室でみんなに見せたいので。

店主　仕方ねえなあ。イケメンに撮ってくれよ！　それから、ちゃんと教室で宣伝しといてくれよな！

翌日、月曜日の学校で

ミニ・レッスン

今日のミニ・レッスンでも、先生は社会科を勉強することがとってもうれしそうだ。先生が模造紙に簡単な地図を描いてきた。都道府県の名前とそこで採れた野菜を書いて、黒板に貼って自慢げに見せてくれた。ポスターや画用紙にまとめて、壁に貼って見てもらうだけでも発表になるらしい。これなら、話すのが苦手な子でも面白い発表ができそうだ。

一つの八百屋さんでも、たくさんの産地から野菜が届けられていることがよく分かる。外国から届く野菜や果物もあるんだ。

「先生のポスターを見てくれた人は、ファンレターを付箋に書いて貼っておいてよ！　さあ、はじめよう！　その前に、今日、共有の時間にミニ発表をしたいチームはいるかな？　今日は、予約発表が誰もいないから、誰がやってもいいよ」

「はい！　ボクたちのチームがやります」

「お！　亮のチームか！　テーマを簡単に教えて！」

「『ふる里ベジ』の地産地消です！」

カンファランス

ボクたちの今やっていることは、先生のやっていることと似ているけれど、ちょっと違うんだ。先生はほかの都道府県で採れた野菜について発表していたけれど、ボクたちはこの町で採れた野菜をテーマにしているんだ。

高森　おい亮くん！　どうして、手を挙げちゃったんだ！　まだミニ発表なんてできないだろ！

亮　ごめん、高森くん。家で取材ノートを頑張ったから、ついつい勢いで手を挙げちゃったんだ。キャンセルしたほうがいいかなあ……。

高森　亮くんはせっかちだからなあ。発表って、緊張するしなあ……。

たしかに、この前の美穂ちゃんと久美ちゃんの発表は画用紙にすごくきれいにまとめられていて、練習もバッチリって感じだった。絶対に家で練習してきたはずだ。あの秀才ペアは本当にすごい。やっぱり手を挙げたのまずかったかなあ、こりゃキャンセルだな……。

先生　君たちのチームはすごいじゃないか！　先生は君たちのようなチャレンジャーと一緒に勉強ができてワクワクするよ！　素晴らしい！　取材に行ってきたんだな⁉

ほら来た。梨本先生は、自信がなさそうな顔をしているところや、グループでもめていそうなところには、こっそり聞き耳を立てて突然会話に入ってくるからなあ。

亮　日曜日に「ふる里ベジ」に行って、ダンボールを見てきたんです。そうしたら、高森くんが店のおじさんと知り合いで、いろいろな話が聞けたんです。このノートを見てください。

先生　亮！　すごいなあ。「ふる里ベジ」の写真を印刷して貼ってある。店の様子もおじさんの姿もよく分かるし、取材のメモがノートにしっかり書いてある。しかも、「地産地消」という言葉を、おうちの人に聞いて調べてみたんだね！

亮　はい。高森くんのノートには「ふる里ベジ」の広告が貼ってあります。でも、今日の発表はやっぱりやめようかと思います。つい勢いで手を挙げちゃったんですけど、まだ発表の練習をしていなくて……。地産地消についても、まだ分かっていないことが多いし。

先生　いや、先生は君たちのチームが今日発表をしてくれることがとってもうれしいんだ。なぜかというと、発表は途中経過でもいいということをみんなに伝えたいんだ。(1) 自分たちはこんなことをやっている、こんなことを考えているということを、聞きに来てくれた友だちと共有して意見をもらうんだ。すると、アドバイスをもらえることもあるし、次のミニ発表を楽しみに待ってくれる友だちも出てくる。探究のサイクルを何回も回していくと、車のエンジンのように学習もどんどん進んでいくから、まずはエンジンをどんどん回してみたらいいよ。きっと、次に調べたいことも見えてくるはずだよ。先生のミニ・レッスンよりも、君らのミニ発表のほうがパワーはあるんだよ！　だって、大事な友だちが新しいことにチャレンジをするんだから。友だちだって、みんな聞きたいはずだよ。きっと、みんながステキなファンレターを書いてくれるはずだ。先生がそのお店の写真を大きくコピーしてあげよう。あとは、新しく知ったことや考えたことを自分の言葉で話してごらん！

(1)　これに対して協力者から次のようなコメントがありました。「こういう指導を積み重ねるから、本物になっていきます。とかく、完成を求めるための発表をわれわれは考えがちですが、こういう考えは子どもにとってとても新鮮だと思うし、学びは実は失敗の連続であるということにもつながると思います」

探究　すぐに先生が、ボクたちのノートに貼ってあった写真を大きくコピーしてくれた。これなら、みんながミニ発表で集まってきたときでも写真が見やすくなる。ありがとう、梨本先生。

高森　梨本先生は、すぐに「やってごらん！」とか言うけど、そんなに簡単じゃないよね。どうやって準備をしたらいいんだろう。亮くん、どうしたらいい？

亮　高森くん、ボクは取材したときのおじさんのことを話すから、高森くんは「ふる里ベジ」の広告の話をしてよ。

高森　ところで亮くん、ボクは次に何をしたらいいんだろう。探究のサイクルによると、テーマはいい感じになってきたよね。ボクも今回のテーマは「ふる里ベジ」の「地産地消」でいいと思う。それで、お店でよい情報を調べられたから、これを発表したいよね。でも、発表の前に「考え、まとめ」っていうのがあるけど、具体的には何をしたらいいんだろう？

亮　これはさ、先生がよく言う「調べることと考えることはセット」ってやつじゃないかな。「ふる里ベジ」は地元の野菜を大切にする八百屋だってことが分かったよね。どう思った？

高森　うん、実は昨日、お母さんに取材のことについて話してみたら、「あら！　地元の野菜を応援したいわ。私はこの町が好きだもの！」って言ってたよ。お母さんは生まれも育ちもこの町だから、地元の野菜を応援したくなるんだろうなあ。ボクもそう思うよ。だって、野球もサッカーもボクは地元のチームを応援しているし、身近で安心だからね。

亮　そうだね。高森くんの家族みたいに、地元の野菜がいいって言う人は多いよね。それに、採れた畑がどこなのかも大体分かるんじゃないのかな。いろいろと分かるほうが安心だもんね。それって、農家の人の写真が貼ってあったことにもつながるね。買う人は、その野菜についていろいろと分かったほうが安心するんじゃないかな。

高森　ボクたち、「○○なんじゃないかなあ」ってばかり言っていて、予想ばっかりしているけど、本当にいいのかな。間違っているんじゃないかな。

亮　ちょっと前の、先生のミニ・レッスンを覚えている？　「考える」は、予想であったり、間違っているかもしれないことでいいんだよ。ボクたちが新しく思いついたことが「考える」ことなんだから。先生は、調べてきたことから考えることが大切で、正しい考えなんてないって言ってたよ。

高森　そうだね。予想でもちゃんと考えたことになるんだね。

亮　でも、ちょっと待てよ。じゃあさ、地元でない野菜は安心できないのかな？　たとえば、先生が調べてきた都道府県や外国から届いた野菜や果物は安心できないからみんな買わないのかな？

高森　ちょっと、ボクたちにはよく分からないよ。それはさ、今度でいいんじゃない？　とりあえず、忘れないように取材ノートにメモしておきなよ。ボクも書いておくからさ。

亮　そうだね、高森くんありがとう！　なんとか、今日の発表はできそうだぞ。

共有

今日は、ボクたちのグループを含めて、三つのチームが共有の時間に発表をすることになった。自分からやりたいと言ったチームもあれば、梨本先生が催促をしてやることになったチームもある。ボクたちみたいに、まだ一度も発表をしていないチームは、おそらく先生からマークされているはずだ。

発表をやらない子どもは、三つのチームのなかから聞きたい発表を選んでいく。発表のテーマで選ぶこともできるし、あのチームの発表はいつもすごいから聞きに行きたいと言って決める子どももいる。ボクたちの発表にみんなが集まってくれるといいんだけど……。

さあ、みんなが集まってきたぞ。

「高森くん、ボクたちのチームも頑張ろう！」

亮　これから発表をはじめます。ボクたちは「ふる里ベジ」に行って、お店の人に取材をしてきました。「ふる里ベジ」で大切にしていることは、ボクたちの町で採れた野菜をたくさんお店に並べて、お客さんに新鮮で美味しい地元の野菜を食べてもらうことです。

この写真を見てください。キュウリが三本で一〇〇円と書いてありますが、その横に写真が貼ってあるのが見えますか？　これはこのキュウリをつくった農家の人の写真だそうです。「ふる里ベジ」のおじさんは「友だちだ」と言っていました。どんな人がつくっているのかが分かると、買いたくなりますよね。安心して食べることができると言うお客さんもたくさんいるそうです。

高森　ボクは、この広告を発見しました！　新聞の広告のなかに挟まっていました！　ボクは、お母さんと「ふる里ベジ」に行ってよく野菜を買います。だから、ボクはおじさんと友だちなんです。ボクは、お母さんにもインタビューしてみました。そうしたら、「この町の野菜なら安心だわー。応援したいわー」と言っていました。

亮　ボクたちは、野菜についてたくさん知れたほうがお客さんは安心して買えるんだと思います。たとえば、どこで採れたのかとか、誰がつくったのかとか。だって、何も分からない食べ物は、誰だって食べたくないでしょ。だから、ちゃんと伝えることで安心して買えるんだと思います。

高森　最後に、ボクのカードを見てください。地元で採れた食べ物を食べることを「地産地消」

って言うらしいです。でも、ほかの場所でつくった野菜は安心じゃないのかについては、まだよく分からないので、これから調べたいんだよね。

二人で　これで発表を終わります。

美穂　亮くん！　質問があります！

亮　ハイ、美穂ちゃん、どんな質問ですか？

美穂　私たちの町では、どんな野菜が採れるのですか？　あと、農家の人はどうやって野菜を運んでくるのですか？

亮　うーん、キュウリが採れることは分かったけど、ほかの野菜はまだよく分かりません。高森くんは分かる？

高森　広告には、ナスやトマトもこの町で採れた野菜と書かれています。でも、まだまだありそうだね。もう一度、「ふる里ベジ」に行って調べてみたいね。

亮　そうだね、ボクたちはまだ地元の野菜がどうやって

発表を聞きに集まる子どもたち

「ふる里ベジ」に届くのかについては調べていないね。次のテーマはこれでもいいかもね。美穂ちゃん、質問ありがとうございます。次の発表もお楽しみに。

さすがは美穂ちゃん。こういう質問は、ボクたちが次に何をやったら面白いか、ヒントをもらったような感じだね。まだまだ、考えなきゃいけないことがありそうだ！

ファンレターには、「地産地消をもっと知りたい」とか「ボクたちのグループも取材に行きたい」といったメッセージが書かれていて、本当にうれしい。先生の言うとおり、途中経過でもミニ発表をして友だちから意見をもらえてよかった。もらったファンレターは、社会科ポートフォリオ（「第10章　多様な学びを評価する」を参照）に入れて取っておくんだ。

次に調べることも決まった！　さあ、また次の探究に向けて頑張るぞー！

解説――梨本先生の思い

亮くんと高森くんは、無事にミニ発表をすることができました。発表の様子から分かるように、二人の社会科ワークショップはまだまだ続きます。

ところで、二人のテーマの質が高まり、変容したことに気づかれたでしょうか？　最初はダンボールに書かれていた都道府県名が興味の中心となっていましたが、取材を重ねることで「地産地消」や「安心」といったキーワードが加わってきました。探究が深まっていくと、このようなテーマの変容が頻繁に行われることになります。私たち著者は、これを「テーマを育てる」と呼んで大切にしています（「第６章　ユニットで子どもたちの遊び場をつくる」を参照）。

梨本先生は、二人が月曜日の社会科ワークショップの時間にカンファランスに入ることをあらかじめ決めていました。日曜日に「ふる里ベジ」に取材に行くということを梨本先生は知っていたので、その経過を知りたかったからです。

そして、思い切って探究のサイクルを一回転させてしまおうと考えたようです。二人にはやる気もありますし、まだ一サイクルも回せていないチームでも、一度自分の力で回すことができれば学習の波に乗れるだろうという意図があったのです。

梨本先生の共有の時間における工夫は、ミニ発表のあとにある感想交流の場面に表れています。どこのチームのミニ発表を聞くのかを選び、交流で疑問や感想を伝え、ファンレターを書いてわたすという一連の動作を繰り返し行っているため、子どもたちはこの動きや思考に慣れており、手際よく動けるようになっています。また、より主体的に学習に参加しようとする態度も、この学習環境によって身につけています。美穂ちゃんの質問で二人はまた新しい「問い」に出合うことができ、やる気がアップしたようです。

とはいえ、注意しなければならないことがあります。三年生の学習指導要領の中心は、「地域の商店の人が消費者のニーズにこたえる工夫を調べること」となっていますので、ほかの地域の生産者や日本の農業全体や外国との貿易などに偏りすぎると、三年生での学習内容から大きく外れてしまう可能性があります。この点については、教師が子どもたちの学習を振り返りや取材ノートなどで確認し、学習の様子を観察しておく必要があります。

ただし、三年生の内容以外は調べてはいけないということではありません。ほかの地域における生産者の工夫や農業全体にかかわる問題について調べてくることは素晴らしいことです。カンファランスを通じて三年生の学習範囲を意識させてあげたり、一時的に、それについて調べたりすることもいいでしょう。

大切なことは、子どもたちが学習に主体者意識をもつことと教師が子どもたちを放任することは「まったく違う」ということです。梨本先生のように、しっかり子どもたちを観察し、必要に応じて個別にフォローアップしながら、学習の舵取りを可能なかぎり子どもたちに委ねていくというスタイルが望ましいと言えます。

第4章　探究のサイクルを回し続ける

社会科ワークショップでは二つのサイクルが登場します。一つ目は時間の枠組みを示す一時間の「学習サイクル」（第３章参照）です。そして、もう一つは「探究のサイクル」です。探究のサイクルとは、どのようなものなのでしょうか。

探究のサイクルとは？

探究のサイクルは、子どもたちが自分の学習に主体者意識がもてるようにするための足がかりとなるものです。基本的には、調べる題材を選ぶことからはじまり、発表に至るまでの各ステップを経て、サイクルを回すように学習を繰り返していきます。

第３章で紹介した梨本先生のサイクルと少し違うのは、教師によって、または学年やユニット

図４−１　探究のサイクル

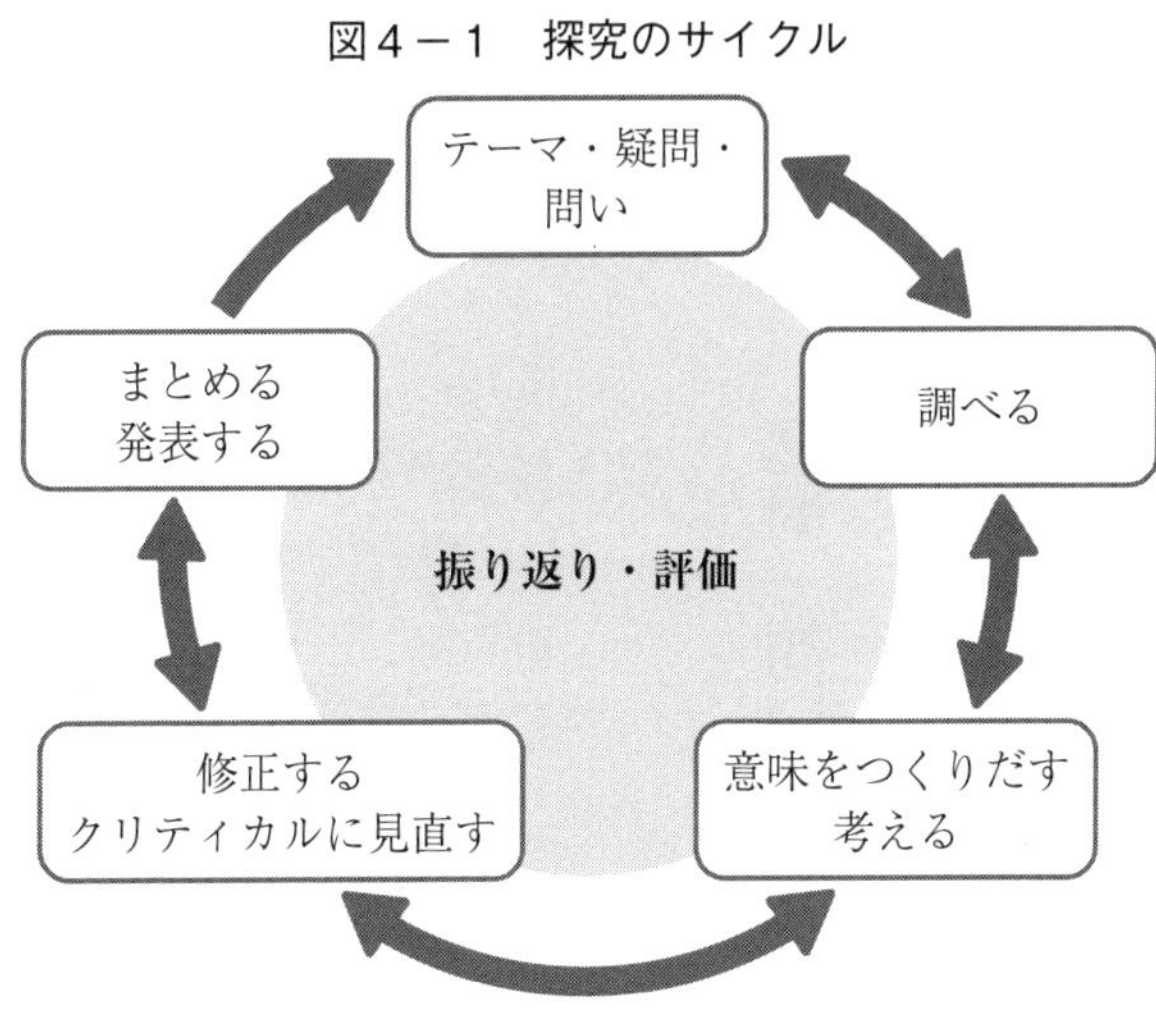

によって、各ステップの表現や軽重のつけ方を変えているからです。実践者の数だけサイクルの形があってもいいでしょう。

矢印が二方向になっているのは、振り返りや評価を通じて各ステップを行きつ戻りつしながら進んでいくという意味で、子どもたちは自己評価やカンファランスなどから学習を方向修正し、改善しながら学習を進めていきます。

たとえば、調べていたらもっと追究したい疑問を思いついたり、実際に発表資料をつくっていたら違う視点に気づき、調べ直したりすることもあるでしょう。各ステップは、一直線に進んでいくのではなく、「三歩進んで二歩下がる」のように、じわりじわりと進んでいくというイメージをもってください。

探究のサイクルは、羅針盤のように学習の方向性や位置を指し示し、子どもたちに安心感を与えるために使うものです。意味なく次のステップへ進むことを迫ったり、期限を区切って一つのステップに子どもたちを縛ったりするために使うものではありません。ユニットの設計によっては、子どもは一人で問いを立て、調べ、意味をつくりだすという学習を行います。サイクル全体を見通すことができれば、果てしない探究の道でも現在の自分の場所が分かるのです。

クラスを見わたすと、テーマを選択している子どももいれば、意味をつくりだしている子ども、発表のために情報をまとめている子どももいます。同じクラスの子どもでも、その位置はさまざまなのです。しかし、同じサイクルを辿っているので安心感がありますし、お互いに情報交換がしやすいと言えます。(1)

テーマ・疑問・問い

「テーマ・疑問・問い」は、探究のサイクルを回す際に最初の足がかりとなるもの、または探究のサイクルの柱となるもので、とても大切なステップです。三つとも、その性質が異なります。最初は関心のある「テーマ」、たとえば教師のテーマリスト（「テーマの卵」とも呼ぶ）から選んだものを調べはじめる子どもが多く、その後、分からないことへの「疑問」に発展します。探究が深まっていくと「問い」をつくり、自分の考えと呼応させることができるでしょう。「テーマ」から「疑問」、「疑問」から「問い」へと、考えをより一層深めるための手段として変化していきます。つまり、探究の柱が「テーマ」か、「疑問」か、「問い」かを見ることで、その子どもの探究の深さや質的な変化を捉えることができるのです。もちろん、ただ表面上の「問い」であればよいというわけではなく、その子どもの探究が「問い」から自分なりの探究へと歩みだしている様子を見ていかなければなりません。

一例を挙げましょう。

最初は「選挙」という「テーマの卵」が気になって調べはじめた玲奈さんは、教科書や資料を読み進めていくうちに、「どんな人が投票できるのか」という「疑問」が生まれて教師に尋ねました。教師は、すでに学習した歴史をもう一度見てみようと、教科書に書かれてある明治時代の選挙を振り返りました。そこには、高額な税金を収めている二五歳以上の男性でないと投票ができない仕組みになっていると書かれています。そこで教師は、「現在において投票できる人はどんな人なのか、調べてみよう」と投げかけます。

（1）　この社会科の探究のサイクルを、算数・数学（『教科書では学べない数学的思考』の二七六ページ）、理科（『だれもが科学者になれる！』の一六ページ、国語と比較すると、基本的にすべて同じであることが分かります！　ＱＲコードを参照してください。

このように玲奈さんは、「テーマ」から「疑問」へとステップアップしています。

新しい提案をしようと、教師は近年の投票率の推移を表すグラフを玲奈さんにわたしました。発表が近くなり、玲奈さんの振り返りをのぞいてみると、投票率が低いことが問題だと考えているようで、玲奈さんの最終テーマは「投票に行かなくてもいいの？」という「問い」に変貌を遂げていました。考えが深まったことで、「選挙は行くべきだ！」という考えに呼応する「問い」が立てられるようになったのです。

「テーマ・疑問・問い」は、行きつ戻りつを繰り返しながら深まっていきます。これらは固定的なものではなく、自分の探究や考えに応じてどんどん姿を変えていき、成長していくのです。子どもたちをカンファランスするとき、対象となっている子どもが今どのような「テーマ・疑問・問い」をもっているのかが、教師にとっては重要な情報となります。

「問い」や「テーマ」に立ち戻って考えることは、学習を改善することに直結します。たとえば、興味の赴くままに関連のないさまざまなことを調べ続け、最初の「テーマ・疑問・問い」に戻れないようでは深い探究とは言えません。「テーマ・疑問・問い」を柱にして、それを具体化したり、深めたりして育てていくことが探究なのです。調べ学習と探究の違いはここにあると言えます（九八～一〇〇ページを参照）。

さらに、子どもたちに「疑問をつくろう」や「テーマをもとう」と言っているだけでは、支援を放棄し、放任していることと同じです。ミニ・レッスンにおいて、友だちの面白いテーマを紹介したり、カンファランスで興味をもちそうなテーマを具体的に提案したりすることで、さまざまな発達段階にいる子どもでも安心して学習することができます。もちろん、最初は教師がテーマを与えてあげることも、子どもによっては必要な支援となります。段階的に自分で疑問をもつことができるように、長い目で支援を続けていきましょう。

「テーマ・疑問・問い」に至る前の段階で、問題状況を示す資料を提示したり、場面を設定したりすることで、日常生活における問題解決に近い状況のなかからそれらを具体的に発見するという取り組みもあります。

四年生を対象にした「ごみ」のユニット（二〇一三年の実践）では、最終処分場が二〇一五年には満杯になってしまうという話題を資料として子どもたちに提示し、清掃工場の見学後、自分たちのテーマや疑問を探すといった取り組みを行いました（資料三四八ページ参照）。

子どもたちは、最終処分場を満杯にしないためにはどうしたらよいのかという問題意識を背景に、興味のあるテーマや分からない点（疑問）を設定することができました。たとえば、「どうしてこんなに分別するの？」、「ペットボトルはなぜ潰したほうがよいの？」、「生ごみから畑の肥料」などです。現実に必要とされている状況設定をいかして、子どもたち自身が現実社会のなかから問題点を具体化させることができたわけです。

調べる

子どもたちが、「テーマ・疑問・問い」を指針にして情報を集めるステップです。教科書や資料集はもちろん、学習環境にあるたくさんの本やインターネットなど、あらゆるものから関連する情報を集めます。集めた情報は、「歴史家ノート」や「取材ノート」と呼ばれる社会科ワークショップ用のノートに集積させていきます。

集まった情報から「意味をつくりだす・考える」ステップへと移っていくわけですが、「調べる」と「意味をつくりだす・考える」の間を行ったり来たりしながら進めていくイメージを子どもたちと共有しましょう。慣れていない子どもの場合、調べている最中に生まれる思いつきや心の動きを大切だとは思わず、疑問を解決することばかりに集中してしまいます。「意味をつくりだす・考える」は、驚きや怒りなど自分の感情の変化から動きだしますので、「調べること」と「考えること」はセットで行っていきます。

調べる方法はさまざまです。教室内の本やインターネット以外にも、教室外の教師や地域の方へのインタビュー、学校内外のフィールドワーク、または体験してみることも大切な「調べる」という行為です。もちろん、本などで調べることも大切ですが、子どもたちにとっては体を動かしながら調べたほうが感情の移入がしやすく、次のステップである「意味をつくりだす・考える」によい影響を与えることになります。

「テーマ・疑問・問い」のステップと同じく、教師は調べることへの支援も必要となります。テーマに関する本棚を紹介するのか、一冊の本をわたすのか、それとも参考になるページをまとめてコピーしてわたすのか、一枚だけコピーをわたすのか、さらには参考になる部分に付箋やラインマーカーを付けてわたすのか、対象となる子どもの学習によって支援の質や量は変わります。

もちろん、調べるプロセスにいる子どもたち全員に行う必要はありません。余計なお節介、となってしまう子どももいるでしょう。目の前にいる子どもの状況に応じて、支援の質と量をコントロールしながらわたしていきます。そのためには、授業の振り返りを読んだり、日頃の学習の様子を観察したりして、一人ひとりの子どもに応じた支援を準備しておくことが必要となります。

意味をつくりだす・考える

子どもたちは、この「意味をつくりだす・考える」という探究のステップを避けて通るように学習を進めてしまうことが多いです。それだけに、教師はそれをしっかりと観察し、効果的なミニ・レッスンやカンファランスを通じて、「考える」ことに挑戦できるだけの勇気ある学習者を育てていかなければなりません。

子どもたちは、本で調べたことや教師から聞いた話には安心感や安定感をもちます。なぜなら、立派な大人が言っている正しそうなことに便乗する形で表現するわけですから、誰かに質問や意見を言われても、「本に書いてあった」とか「先生が言っていた」と言うだけですみます。つまり、リスクを負う必要がないということです。

しかし、「考える」というプロセスではそうはいきません。滑走路から飛び立つ飛行機のように、書いてあることから勇気をもって飛び立たなくてはいけないのです。誰も「正解です」と言ってくれませんし、常に「違うかもしれない」とか「みんなはそう思わないかもしれない」という不安と闘わなければならないのです。

子どもたちは、テストや正解のある形式のワークシート、教師の顔色で正解・不正解が判断できるといった授業に慣れ親しんでいますから、何かを発信したときには、それが「正解」なのか「不正解」なのかを求めてしまいます。子どもたちは、間違っていることに対して、大人では感じられないほど敏感になっているのです。ほとんどの子どもが、間違えることを嫌がりますし、人前で間違っていることを発表するということは絶対にしたくないのです。

正解のない「意味をつくりだす・考える」というのは不安なもので、「面白かったです」のような、自分のなかで完結できるような感想に終始してしまいがちです。ましてや、「○○したほうがいい！」とか「みんなで◯◯しよう！」のような、相手に投げかける主張や提案などは、自信がなくてできないという子どもが多いのは当然のことです。自分の感情に耳を澄ませ、勇気をもって自分の考えを言ってみるための励ましと、「否定しないで、まずはしっかりと聞く」のような学習マナーの意識づけなど、コミュニティー全体への支援が必要になります。

「意味をつくりだす・考える」は、正解・不正解を超えて、聞いてくれる友だちを揺さぶるような考えや主張をつくりだすことです。もしかしたら、自分とは違った意見を言う友だちもいるでしょう。それは、ダメな考えや主張なのでしょうか？　そんなことはありません。、しっかり反応してくれている証なのです。ですから、友だちから「なるほど！」ではなく「僕は違う」といった反応があれば、心を動かすだけのよい考えであったことを伝える必要があります。

逆に、調べたことや感想で終わっている学習は、友だちは「ふーん」で終わってしまい、よい学習コミュニティーは生まれません。友だちから違った意見を引き出すことができれば、それはよい考えである、というメッセージを出し続けていきましょう。

もちろん、常に喧々囂々の議論をさせることがよい学習になると私たちは考えていません。そこで、自分とは違った意見に対して、どのように反応したらよい学習コミュニティーになるのかについても教えています。質問として返したり、この部分は同意できるけど、この部分では違った意見があるなど、相手の意見を尊重して返していく言葉などを教えていきます。

そもそも子どもたちの多くは、自分の考えを友だちにぶつけることができないまま、自分の殻の中で収めてしまうような感想を述べることに終始しており、自分の考えを外に向かって発信して、挑戦していくことには不慣れではないでしょうか。感想を言うだけの学習や、最後は収束することが決まっている予定調和な授業をこれまで受けてきた影響かもしれません。

そこで教師は、子どもにカンファランスのなかでいろいろな角度からの意見を伝え、自分の考えと友だちの意見を重ねあわせたり、ぶつけあわせたりするモデルを示し、その場で練習の機会をつくらなければなりません。さらに、子どもたち同士が考えを重ねあわせているとき、教師はそれを見守り、考えを出しあえたことを認め、それがよい学習であると伝えていく必要があります（「第8章　学習コミュニティーを育てる」を参照）。

子どもたちは考えを言ったあと、それを教師や語勢の強い友だちに否定されたり、潰されたりしてしまうことを極度に嫌がります。しかし、信頼できる友だちに考えを聞いてもらうことで自分の考えを試すことができれば、「考えの芽」を伸ばそうとしている証拠となります。その考えを認め、ノートや振り返りに書き留めさせて、生まれた考えを探究によってどのように変化させるのかと、教師は子どもの学習を追っていくようにします。それがカンファランスの軸になるわけです。

「テーマ・疑問・問い」を育てることと同じように、「考えの芽」も早めに発芽させて、育てて

表４－１　考えを表現するためのテクニック

・相手に投げかけている
「～するといいかもしれない」

「～しよう」

・自分がいる
「私にとって～」

「私の考えでは～」

「自分だったら～」

・今とつなげて考えている
「このことは、今の私たちと比較すると～」

「今起きているニュースだと～」

・クリティカルに考えている
「～よりももっとよい方法は～」

「もっとも重視すべき考え（情報）は～」

「まだ見つけられていないけれど、あったらいい情報は～。それをどうやって探すかというと～」


いくといったイメージを子どもたちと共有するようにしましょう。この二つは、呼応しながら成長していくものです。

　ともすると、考えは調べ終わってから出すものであると誤解している子どもがたくさんいるように思います。「全部調べたあとに考える」と一方向で考えてしまうと、与えられた時間のほとんどを調べることや発表資料をまとめることに使ってしまい、大切な心の声である考えが疎かになってしまいます。調べることと考えることをともに大切にすることによって「考えの芽」を育てることが、社会科ワークショップにおいてはもっともやりがいのあることだと子どもたちも気づいていくでしょう。

「第3章　学習のサイクル――亮くんの社会科ワークショップ」で紹介した亮くんと高森くんの行動を振り返りましょう。梨本先生のミニ・レッスンが功を奏して、「意味をつくりだす・考える」ということに挑戦できていました。梨本先生は、「考える」についてのミニ・レッスンにおいて、「予想でいいし、間違っているかもしれないことでいい。大切なことは調べたことから考えること」と、子どもたちに繰り返し伝えています。

「調べたことから」とは、「根拠を明確にして」ということです。「事実をもとに考えを示せれば、もっとクリエイティブに考えを伝えてもいい」と子どもたちにメッセージを送っています。二人は、勇気と想像力をいかして「考える」ことができていました。

修正する・クリティカルに見直す

「調べる」や「意味をつくりだす・考える」において、一度つくりあげた調べたことや自分の考えを、少し高い視点から眺めて捉え直すステップです。**表4-2**に挙げた質問で自分の調べたことや考えたことを見直すことで、より多角的な視点でテーマや「考えの芽」を成長させることができます。また、事実や考えを決めつけることなく再び考え直すことができるので、自らのなかで探究のサイクルをさらに回し続けるための原動力ともなります。

表4－2　クリティカルに見直す自分自身への質問

・ほかの立場の人から見ても、そう言えるかな？
・ほかの見方はないかな？
・ほかの可能性はないかな？
・抜け落ちている視点はないかな？
・ほかの方法はないかな？
・もっと大切なことはないかな？
・そのように感じない少数派の人はいないかな？

与えられたゴールに早く到達したい、と考える子どもが多いものです。社会科ワークショップでも、教師が出したテーマをすぐに調べ、いち早く発表というゴールに到達して、不安を拭い去りたいと思っている子どもの姿を見てきました。もちろん、発表をゴールにすることは否定しません。発表を設定することで、それが原動力になる場合のほうが多いでしょう。

しかし、ユニットの探究の時間が長くなると、教師が設定した課題を解決するというマインドで臨んでいる子どもは、「次は何をしたらよいですか？」と質問したり、注意が散漫になって学習に向きあえなかったりしてしまいます。このような状態は、本当に探究したいテーマをつくれていないことのほかに、自分の探究をクリティカルに見て、テーマや考えの枝葉を広げることができていない場合だと考えられます。

自動車の運転にたとえるのならば、「テーマ・疑問・問い」をもつことで、子どもたちは停まっている状態から徐行している状態へとシフトし、さらに自分の学習をクリティカルに見直すことでセカンドやサードギアへとアップさせていくということです（場合によっては、急ブレーキをかけることだってあります！　そして、また発進することも）。

一度形が見えてきた学習に満足してしまうと、学習のギアはシフトアップしていきません。「修正する・クリティカルに見直す」というステップの価値を伝えて、本来の探究の魅力が感じられるようにしていきたいものです。

クリティカルに見直すステップを経て、行きつ戻りつしながら探究は進んでいきます。探究を進めていくなかで、何度も見直す機会がある子どももいることでしょう。高学年のように学習を俯瞰して見られる子どもであれば、ぜひとも大切にしたいステップと言えます。余裕がないとこの力は身につきません。時間的にも、精神的にも、余裕をもってユニットの設計をする必要があります。

まとめる・発表する

「まとめる・発表する」のステップは、今までのステップで蓄積してきた学習を、友だち、保護者、もしくは専門家に伝えて、フィードバックを得るものです。やり方としては、いくらでもバリエーションを加えることができますし、決まった形もありませんが、ここではいくつかの形を

表４－３　いつ発表する？（グループで行う場合）

	できたグループから共有・振り返りで発表する。	**全員が同じ発表日に発表する。**
メリット（＋）	・子どもたちが学習ペースを選べる。 ・活動に多様性が生まれる。 ・友だちの発表をモデルにしやすい。 ・たくさんの友だちに聞いてもらえることも。	・発表日への意識が高まる。 ・教師が支援を行いやすい。 ・短いユニットでも全員が探究のサイクルを回せる。
デメリット（－）	・子どもたちの様子を把握しにくい。 ・発表回数に差が出る。 ・ユニットでまとまった時間数が必要。	・探究ではなく発表が目的化しやすい。 ・友だちの発表をモデルにしにくい。 ・少数の友だちにしか届かない。

紹介しますので、クラスの状況にあったものにつくり替えてください。

ポイントとなるのは、子どもたちが自分で選べるか、それとも教師が設定した条件のもとで行うかということです。子どもたちが自分で選べれば、学習はバラバラに分散化され、他者と比較されにくいために主体者意識をもって学習に取り組むことができます。そのため、クラス全体が同じように動かないので、教師が子どもたちの状況をよく観察して、支援を行う必要があります。反対に、教師が設定した条件のもとで行えば、発表方法や発表日が限定されるので子どもたちへの支援はやりやすくなりますが、子どもたちの主体者意識は下がることになります。

表４－４　どうやって発表する？

	全グループが自分の選んだ方法で発表する	教師が発表方法の選択肢を挙げ、子どもが選択して発表する	全員が一つの方法で発表する
メリット（＋）	・自分の力が発揮できる得意な方法で発表することができる。 ・相手に伝える方法を自分で改善することができる。	・発表の経験が少ない子どもでも、いろいろな発表方法に挑戦することができる。 ・発表方法が多岐に散らばらないように、教師がある程度調整することができる。	・教師の支援を受けやすい。
発表のバリエーション			
	・プレゼン ・ジオラマづくり ・レポート	・討論番組 ・即興劇 ・体験教室	・ポスター／新聞づくり ・物語づくり ・参加型ディスカション

学習の内容や子どもの実態によって適した方法は異なるでしょう。発表は子どもたちの力を高める機会になる一方で、過度にプレッシャーになってしまうケースもあります。一人ひとりに選択を提供する形で、より柔軟に対応することが求められます。

 調べ学習と探究

調べ学習と探究は、サイクルの観点から見ると、その違いがはっきりと見えてきます。目的意識や通過するステップが大きく異なるのです。

調べ学習では、教師がテーマを出

す場合が多いでしょう。「室町文化について調べましょう」、「日本の主な漁港について調べましょう」、「消防士の仕事の工夫について調べましょう」などです。目的は教師の課題を達成することにあり、「調べる」というステップでとどまってしまいます。自分の考えをつくることには意味がなく、ましてや課題を達成すればよいので、考えを修正することなどは時間の無駄になってしまうでしょう。また、行きつ戻りつをすることもないので、「調べて発表する」という直線的、一方向的な学習展開になりがちです。これでは、自分のために学習するという主体者意識が感じられません。

一方、探究は自分の興味関心によって動きだすので、「水墨画について知りたい！」、「この魚はどこから来たのかな？」、「どうしてそんなに早く消防士は出動できるの？」といったように、自分で「テーマ・疑問・問い」をもつところからはじまり、次の疑問や問いも生まれやすくなります。自分の疑問を解決する、知的好奇心を満たすなど、個人のなかに目的意識があり、活動自体が目的となります（「気持ちがいいからジョギングをする」、「気になるから調べる」など）。

自分にとって、または相手にとって意味のある考えを追究しようとするので、クリティカルに自らの探究を見直す価値が生まれ、戻って調べ直したり、考え直したりするといったモチベーションが生まれます。探究のサイクルがコンパスの針のように行きつ戻りつし、螺旋的、可逆的で固有の学習展開になります。

調べ学習と探究には、はっきりとした境界線はありません。しかし、目的は明確に違うのです。探究のサイクルを活用することで徐々に調べ学習から探究的な学習へと導いていき、年間を通じて繰り返しサイクルを回すことによって、子どもたちは探究のサイクルを意識しなくても回せるようになります。

 探究のサイクルを回し続け、熟達していく

社会科ワークショップに不慣れな間は、じっくり練りあげてサイクルを回すよりも、無理のないように支援をして、さっとひと回りサイクルを経験させてあげたほうが学習にリズムが生まれます。慣れてくれば、時間をかけてていねいにサイクルを回すこともできるようになります。

探究のサイクルを回し続けることは、子どもたちが自転車のペダルを回し続ける様子と似ています。走りはじめるときには、軽いギヤにして走りだすための初速をつけます。最初にしっかりスピードを出さないとバランスを崩して転倒しますので、軽いペダルをたくさん踏んで回転させています。この状況と同じなのです。

社会科ワークショップがはじまったときには、二、三時間でテーマ決定から発表までのサイクルが回せるように、教師がしっかりと道筋を示して支援をしていきます。興味をもてそうなテー

マを選択肢のなかから選んでもらったり、あまり準備を必要としない発表方法を提示したりすることで子どもたちは探究のサイクルを何度も回せるようになりますし、社会科ワークショップを面白いとか、楽しいと感じられるように自ら工夫をしていきます。

自転車も、スピードが乗ってくるとギヤを重くして、しっかりと体重をかけてペダルを踏むようになります。それと同じように、社会科ワークショップに慣れてくると、サイクルを二週間に一回転にしたり、八時間、またはそれ以上長くしたりすることもあります。子どもたちは、自分が実現したい思いをしっかりと乗せて、探究のサイクルを踏み込むことができるようになるのです。

しかし、社会科ワークショップに不慣れで、探究スキルが身についていない子どもがいきなり長期間の探究のサイクルに挑戦しようとすると、学習のバランスを崩し、「社会科嫌い」にさせてしまうことがあります。教師がユニットの設計を調整したり、学習計画の修正についてカンファランスを行って、一人ひとりがしっかりと学習のペダルを踏み込めるようにしていくことが大切となります。

教師自身が考えているような探究の姿にならず、社会科ワークショップや探究を止めてしまう教師が多いように思います。初期段階において稚拙な探究になってしまうのは、ある意味では仕方のないことです。大人が行うような探究を教師が見たいがために、はじめた途端に子どもたちの頑張りを否定することがないようにしたいものです。

子どもたちは、探究のサイクルを回し続けることによって徐々に熟達していきます。最初から上手にできる子どもがいる一方で、ゆっくりと上達していく子どももいます。子どもたちの最初の姿を見てさじを投げてしまうのではなく、年度末の姿を具体的にイメージすれば（「パート3　社会科ワークショップで彩る一年間」を参照）、子どもの姿を大切に見守ることができるようになります。

探究のサイクルは、一回教えればできるという便利な道具ではありません。しかし、長い探究の熟達に向けて「トライ・アンド・エラー」を繰り返す教師や子どもたちの道標となり、不安や迷いを「前向きな希望」に変える力をもっているものだと言えます。

学習の主体者へと育てる

子どもたちが何かを学んでいくうえで、学習の主体性が自分にあるという感覚はとても大切になります。社会科ワークショップで学ぶ子どもたちは、学習は自分のものであるという主体者意識をもって学習しています。生活科ワークショップ（「第13章　生活科ワークショップで学習をつくりだす子どもたち（二年生）」をブログにて公開しています。「あとがき」を参照してください）の一場面から考えてみましょう。

私（冨田明広）の教室で、小学校二年生の六人グループが、校庭で捕まえたカナヘビのために虫籠を用意しようとしています。どのような虫籠だとカナヘビは棲みやすいのか、学校で借りられないのか、ダンボールで代用することはできないのか、いろいろな可能性を子どもたち自身が探っています。

このカナヘビは、授業中に学校の裏庭で捕まえたものです。六人のグループは、生活科の時間をどうしてもこのカナヘビのために使いたいようです。春の自然を楽しむことがテーマのユニットなので、ほかの子どもたちは芽吹いた植物に注目したり、近所の公園から捕まえてきた魚を育てたり、花びらを集めて色水をつくろうとしていますが、この子どもたちにとっては、もはや生活科の時間ではなく「カナヘビの時間」となっているのです。

私から見れば、朝の支度もしないでカナヘビをいじくり回しているのですから、このカナヘビは厄介者としか映りません。加えて、子どもたちから多くの「愛」を受けているカナヘビの瞳は、私に助けを求めているようにも見えます。

そこで私は、「カナヘビを逃しなさい」と言いつけました。すると子どもたちは、神妙に私の話を聞いたあと、何やらガソゴソと相談をはじめました。そして、六人の子どもたちは、「朝の支度を決められた時間までに終わらせる」というルールをつくり、責任をもってカナヘビを飼いたいという気持ちを私に伝えてきたのです。

ここまで言われると、私のほうが折れるしかありません。すでに、「カナヘビの時間」は子どもたちのものです。六人の子どもたちに溺愛されているカナヘビには犠牲になってもらうしかないようです。私はルールをつくった子どもたちを信じるとともに、私の指示ではなく、自分自身の活動のために創意工夫を行い、お互いに協力し、自らを律して、学習を進めていこうとする姿勢をこの子どもたちから感じることができました。

学校で行うすべての学習は、このようであるべきかもしれません。とくに生活科は、教科の特性から遊びを大切に捉え、子どもたちの主体的な活動を尊重しているわけですが、現実の教室に目を移すと、教師がやることを決めてしまっているということもあります。また、子どもたちにやりたいことを尋ねても、教師の意図を読むことを得意とする模範的な子どもの意見、つまり「観察カードを書きたいです」という案が採用され、そのほかの多くの子どもは主体的な決定をすることができません。ですから、「受動的学習態度を主体的に身につける」以外に逃げ道はないのです。

しかし、カナヘビを溺愛する子どもたちはどうでしょうか。私が「さあ、春を探しましょう」とか「さあ、観察カードを書きましょう」と言わなくても、活動を十分に深めています。虫籠づくり、ポスターづくり、図書館でカナヘビの本を読むなど、私からの指示がなくても、彼らのプロジェクトは「彼らのもの」として動いているのです。学習を自分のものとして考える主体者意識は、本質的な学習においては必要条件であると私は考えています。

主体者になれるということは、学習に没頭して夢中になっているフロー状態にあるということです。我を忘れて、学習そのものにのめり込むことができます。指示されただけの活動、楽しめていない活動では、決してフロー状態にはなれません。

学習と遊びはとても似ています。（『遊びが学びに欠かせないわけ——自立した学び手を育てる』参照）学習と遊びは同じものとして考えてもよいぐらいです。遊ぶように学習するといった子どもたちの姿をよく見かけることでしょうし、授業の学習が休み時間の遊びに発展していることも多々あります。学習と遊びの境界線は渾然一体としています。

遊びに関しては、完全に子どもが主人公です。大人が入ってルールをつくるよりも、子ども同士で、子どもの感覚で遊びのルールをつくりあげていったほうがうまくまとまります。さらに、子ども同士でコンセンサスを取りあいながら折りあいをつけるという貴重な学習機会を、大人が入ることで取り上げてしまうといったことは感心できません。いかがですか？　普段の学習スタイルは、親切心とはいえ、大人が割り込んで入るようなお節介な状態になっていませんか。

社会科ワークショップでは、自分の学習に主体者意識をもつことができるようにするために、次のような工夫を行っています。

・自分で選ぶ、自分で決める
・子どもの姿に応じた支援をする
・自己評価力を育てる

これらについて、以下で詳しく見ていきましょう。

自分で選ぶ、自分で決める

　自分で選べる、自分で決められるということは、学習の主体者意識を育むことに大きく寄与します。たとえば、小学生である我が家の娘は、私がどんなに自信をもってすすめた本よりも、自分が偶然手にした本のほうが輝いて見えるようです。また、気候にあうからと一生懸命用意してあげた服よりも、自分で選んだ、派手で季節外れの服のほうがお気に入りのようです。娘は、自分で主体者意識をもって自己選択・自己決定できたことで、充実感を味わっているのだろうと推測することができます。

　学習に関しても同じことが言えます。たしかに、教師が子どもたちのためになると思って一生懸命準備した教材は、教科書に載っているような、誰のためにつくったのかが分からない資料よりも、子どもたちは教師の情熱を感じ取ることで頑張って学ぼうとします。しかし、それは自分のものではありません。あくまでも、「先生の調べてきたことを学んでいる」という状態で、その学習に主体者意識を感じているのは、子どもではなく教師自身だと言えます。

　そうではなくて、子どもたち自身が「この学習は自分のものだ！」と言えるためには、子どもが能動的に、自ら手を伸ばしてつかみ取ったものを学習教材とするべきです。自分自身の手でつかみ、見つめ、磨いていくことで、その学習教材が「自分が選んだもの」から「自分だけのもの」という意識、つまり学習に対する主体者意識が生まれてきます。それによって、学習に夢中になる子どもたちの姿が生まれるのです。

四年生の姿――「先人の働きユニット」

冬休みが明けた一月から、四年生は「先人の働き」というユニットに入りました。後期からスタートさせた社会科ワークショップは、最初、基本的な授業の進め方、探究のコツなどをミニ・レッスンで習いました。学習サイクル（「第4章　探究サイクルを回し続ける」を参照）の「探究」の時間では、自分でテーマを設定して進めていきました。

子どもたちは、既習の「私たちの神奈川県」というユニットを通じて地図や資料を使った市町村の特徴をまとめることはできるようになっていましたが、私としては、さらに自分の考えをいかした学習の方向へと進ませたいと考えていました。また、これまで自然発生的に一緒に調べる子どももいましたが、多くの子どもが一人で調べていたので、「先人の働き」では三〜四人のチームとし、協働してできる探究的な学習の機会をつくろうと考えました。

そこで、チームで探究する学習へと発展させるために、「先人の働き」では「テーマの卵」（「第6章　ユニットで子どもたちの遊び場をつくる」を参照）を選択式にすることにしました。選択式のメリットには、「予備知識が少ない子どもでも学習テーマを自分で決めやすい」、「同じ興味をもつ子ども同士でチームをつくりやすい」などがあります。子どもたちは、突然「テーマをつくろう」と言われても戸惑ってしまいます。テーマを選択できるようにすることで、子どもたちは安心して学習に取り組むことができるのです。

社会科ワークショップを初めて経験する子どもにとっては、学習を自分一人で決めていくことにハードルが高いという場合があります。たとえば、神奈川県の学習のように、多少自分の生活と重ねることがある場合は、行ったことのある地名から選んだり、海が好き、山が好きというように、子どもたちの興味関心から選んだりすることができますが、今回の「先人の働き」というユニットのように、私たちの町にどのような先人がいたのか、またその人たちがどのような開発を行ったのかに関する知識をもっていないと、簡単にテーマをつくりだすことはできません。そこで、経験のある教師が「テーマの卵」を選択できるようにし、それに関することを調べていくことを通して、自分たちのチームが探究する内容を決めていくことにします。

「テーマの卵」を提示する前に、横浜の開港や発展に貢献した人物が紹介された動画を見せました。それは、開港に貢献した外国人技術者や、生糸貿易の豪商、外国から届いたさまざまなもので商売をはじめた日本の商人など何人かの名前が紹介されるとともに、横浜開港の大まかな歴史が分かるような動画となっていました。

次に、今回のユニットはどのような学習なのか、ゴールやスケジュール、評価、支援などを説明しました（「第6章　ユニットで子どもたちの遊び場をつくる」を参照）。この最初の説明で、子どもたちはこのユニットの範囲や目標についておおよそのことを知ります。

私の場合は、それらを一枚の紙にまとめて、社会科ノートやポートフォリオのファイルに保存させました。これには、子どもたちがすべてを自由に決められるというわけではなく、学習内容の範囲を示したり、目標を明示したりして、学習が拡散しすぎないようにするといった効果があります。

学習の仕方は子どもたちに任せますが、放任するわけではなく、地図をわたして旅の目的や範囲が分かるようにします。たとえ教師が想定していないことをテーマにする子どもがいても、目標を意識している場合、かなりの範囲で私は背中を押してあげています。

「テーマの卵」を設定

次に「テーマの卵」を提示します。提示する場合のポイントは、目標を達成するために価値のあるもの、カンファランスをする際に教師がある程度情報をもっていたり、効果的な資料を出してあげたりすることができるもの、テーマ同士の歴史的な舞台が重なるもの、などです。もちろん、子どもたちの好きなものや、夢中になりそうなテーマなども考慮しています。

このときは以下のようにしました。

「横浜の先人の働き　テーマの卵リスト」

・開港　・水道　・新田開発　・横浜道　・汽車

私の意図としては、当時の横浜に生きる人の願いや先人の苦心や努力について具体的に考えてほしかったので、その人物名と、名前を手がかりにして資料を探したり町を歩いたりできるテーマを選びました。たとえば、日本初の近代的水道である「横浜水道」を完成させたイギリスの技術者であるパーマー（Henry Spencer Palmer, 1838～1893）や、同じくイギリスの技術者で日本における鉄道の礎を築いたモレル（Edmund Morel, 1840～1871）、そして新田開発を行った吉田勘兵衛（一六一一～一六八六）、横浜港の埋め立て事業を行った高島嘉右衛門（一八三二～一九一四）、横浜港の開港や横浜道を造った苅部清兵衛（第一〇代）などの先人たちです。子どもたちが学習を進めるにつれて、このような人物に注目できるように教師はカンファランスしていきます。

また、これらのテーマは、お互いが重なって、大きなテーマである港や横浜の発展に結びつきやすくなるように工夫をしています。新田開発の地図と鉄道敷設の地図は関連していますし、横浜道の浮世絵には、開港で賑わう街の人びとの生活がよく描かれています。水道や汽車は、日本や外国の技術者の知恵と努力の結晶です。友だちの調べた成果に着目すると、自ずと自分たちのテーマとの関連性が見えてくるようになります。

子どもたちは、このなかから選択することで次第にテーマや学習が自分のものとなり、主体的に学習に進めていけるようになります。「テーマの卵」についで調べていけば、気になることや面白いこと、そして友だちに伝えたくなる内容が出てくることでしょう。それらが、自分のチームにおけるオリジナルテーマとなっていきます。

「テーマの卵」を設定することによって、教師も資料の準備やカンファランスなど、子どもたちの学習の方向性を予測して行うことができます。もちろん、子どもたちのオリジナルテーマを大切にすることができます。中学年の社会科ワークショップにおいて「テーマの卵」から選べるということは、子どもたちの学習主体性と教師の支援がちょうどよいバランスを保っている状態だと言えます。

埋め立て地を地図で説明する

よく聞かれる疑問

このあたりで、以下に示したような疑問が生じることでしょう。

❶内容は学習指導要領に基づいているの？
❷具体的な支援はどのようにするの？
❸決められない子どもはどうするの？
❹自分の選んだ学習テーマしか学習しないの？
❺子どもたちに個人差は生まれないの？

疑問1　内容は学習指導要領に基づいているの？

内容やテーマは、子どもの実態や学習指導要領に基づいて選択肢をつくり、学習指導要領とまったく関係ないテーマや内容を子どもたちが選択し、勝手に学習を進めるといったことがないようにします。ただし、子どもたちが自分の学習に主体者意識をもてるようにするため、できるかぎり子どもたちの選択したものを大切にして、教師が支援するようにしましょう。仮に、子どもが決めた内容やテーマが教師の意図するものとかけ離れていたとしても、カンファランスを通じて目標に近いものに修正したり、教師が提案したりすることもできます。

テーマを選択肢のなかから選ぶ場合は、最初に「テーマの卵」を提示しているので学習の目標や範囲が子どもたちに伝わりやすいですが、テーマを自分で決める場合、教師が予想をしていなかった人物やキーワードをテーマにする場合があります。子どもが選んできたものを諦めさせてしまうことは主体者意識や学習意欲の減退につながりますので、ユニットの最初に、しっかり学習の目標や範囲などを子どもたちと一緒に理解することが大切です。

疑問2　具体的な支援はどのようにするの？

子どもたちが自分でテーマを選んでしまうと、一人ひとりに支援をする必要が教師にあるため、支援が行き届かないのではないかと考えるのは当然のことです。

このような疑問をもつ教師は、おそらく社会科の授業を行う際、熱心に教材研究を行ったり、具体的な資料の準備をしたりして、クラスの子どもたちに分かりやすく楽しい授業を提供しようと努力している人でしょう。たしかに、クラス全体で一つのテーマを扱っていれば、教師がつくった読みやすい資料を提示することができますし、単元の流れを構成的に配列して、子どもたちが熱中する学習を展開することも可能でしょう。

しかし、社会科ワークショップでもっとも大切にしていることは、教師があらかじめ全部を用意してしまうという手厚い支援ではなく、子どもが自身の学習を自分のものとして考えられる、学習に対する主体者意識です。教師が用意すればするほど、子どもは教師の敷いたレールを意識して学習するようになります。言い換えれば、教師が主体となっている学習に子どもが便乗しているような状態です。

社会科ワークショップの初めの段階ならば、探究モデルを示すために教師が率先して教材準備などを行うことも考えられますが、学習が進んでくると、そのような手厚すぎる支援にうんざりする子どもが出てくることでしょう。たとえば、私が担任した四年生は、年度末、「先生の改善点は」という質問に対して次のように答えてくれました。

「先生に『これ何ですか？』と質問したとき、分かりやすく答えてくれるのはいいんですが、聞いていないことまで全部教えるというのは直してほしいです。先生が教えてくれるとまとめやすくなるけれど、簡単に全部分かってしまうと面白くなくなります。自分で調べるほうが、難しくてもいいと思います」

自分の学習に主体者意識をもち、自立的に学ぶ力が身につけばつくほど、教師の支援量は少しずつ減らしていかなければなりません。言ってみれば、支援の最適化です。四年生でも、学期末になると、ある子どもは与えられた本から意味をつくりだし、独自のアウトプットをしたりします。また、ある子どもは、実際にその場所を見に行って調査を行うなど、社会科の学習を自分の学習として楽しむことができます。

このようになると支援は、「教師からの具体的な支援」から「学習環境からの支援」へ、「調べる」への支援から「考え方やクリティカルに見直す方法への支援」へとニーズが変化していきます。

たしかに、教師が教材研究を熱心に行えば、もっと深く内容に迫ることができたり、もっと広く知見を得られるかもしれません。しかし、私たちが目指す子どもの姿は、教師の知識を受け継ぐ子どもではなく、自立した学び手です。子どもたちには、一人ひとりにあった支援という形でこたえ、教師がつくり込んだ教材を全員に与えるようなアプローチをとることはありません。

疑問３　決められない子どもはどうするの？

テーマをなかなか選べないという子どもがたしかにいます。社会科ワークショップの学習スタイルに慣れてきた子どもでも、テーマはなかなか決められないものです。テーマを決めるということは、学習全体を総括するほど大切なことだからです。だからといって、すべての子どもが学習の初めにテーマを決めなければならないというわけではありません。

四年生の「ごみ」のユニット（資料三四八ページ参照）では、最終処分場が二〇一五年に満杯になってしまいそうだという新聞記事からスタートし、「自分たちにできることを調べよう」とそれぞれの子どもたちがテーマを設定し、学校や家庭のごみについて調べはじめました（二〇一三年度の実践）。すると、学校のごみ置き場を観察してくる子ども、用務員さんや教頭先生に学校のごみについて話を聞いてくる子ども、給食の食べ残しの量を調べる子ども、ごみ置き場のカラスに注目する子ども、家のごみの重さや量を記録する子どもなど、さまざまな取り組みがはじまったのです。

もちろん、何の助けも借りずに動きだす子どももいれば、教師のカンファランスによって問題意識が芽生え、行動を起こす子どももいます。また、ごみの清掃工場に改めて見学に行ったり、埋立地やリサイクル施設の本を読んだりして、それらに関心をもつ子どももいます。すると、一人ひとりの学習の方向性が見えてきます。

また、子どもたちがテーマを早く決められたとしても、そのテーマを意識しすぎて視野が狭くなり、面白いものや情報があってもそれに着目することができなかったり、細かい情報ばかりにこだわりすぎて行き詰まってしまうことがあります。テーマを決められないということは学習をしていくうえにおいて自然なことであり、テーマを固定せず、子どもたちの状況に応じて自分で変えられるほうがよいでしょう。

子どもたちがテーマを定められれば、学習が目的を伴ったものになり、計画的に積み重ねていくことができます。ですから、子どもたちを急かせず、ある程度テーマが決められそうならば、教師のカンファランスによって段階的にテーマを具体化していきます。それまでは、ユニットの学習範囲で、興味のあることをいろいろ読んでみたり、体験してみたりすることが大切です。

大切なことは、テーマの決定に際して、子ども任せにせず、教師がしっかりカンファランスを行っていくということです。私の場合、振り返りのときに今のテーマを書かせてチェックしたり、一人ひとりを呼んでテーマにした理由を聞いたりすることでカンファランスを行っています。

カンファランスを通じて、子どもにとって明らかに難しいものには、教師がテーマに修正を加えたり、ほかのテーマを提案したりすることもあります。段階的に少しずつテーマを具体的にしていくこと（テーマを育てる）や、ほかのテーマに興味が移ってしまったら、今のテーマをひとまず置いて、そちらに移ってもいいということなどを教えます。

要するに教師は、子どもたちがどのようなテーマで学習を進めているのかについて、振り返りやテーマ表などで素早く把握する方法を習得していなければならないということです（「第10章多様な学びを評価する」を参照）

疑問４　自分の選んだ学習テーマしか学習しないの？

もしも、ある子どもがそのユニットのなかで一つのテーマにこだわって学習をしたならば、その子どもは指導内容のなかの一つしか学ばないことになるのでしょうか。たとえば、「ごみ」のユニットで「清掃工場」をテーマとして選んだ子どもは、「ごみ集積所のルール」や「リサイクルセンター」については学ばなくてもよいのでしょうか？

もちろん、そのようなことはありません。「清掃工場」に関心をもって学んでいる子どもにも、それ以外のごみに関する学習内容を学ぶためのチャンスを確保しなければなりません。たとえば、友だちの発表や共有の時間を通じて、清掃工場以外の学習について学ぶ機会があります。

友だちは自分と違うことを調べているので、友だちの発表はとても聞きごたえがあって魅力的なものになります。また、共有の時間において、自分とは違ったことを調べている友だちとペアを組んで、今調べていることをペアで報告する時間をつくることもあります。そうすることで、自らのテーマとの関連性に気づいたり、友だちの調べたことを自分のテーマにいかしたりすることができます。もちろん、そのような子どもを見つけたら、教師がクラスに紹介して、クラス全体の見本となるような学習を広げていきます。

また、ミニ・レッスンで、清掃工場を含めたごみ処理全体の流れについて教師の説明を聞く機会があります。ミニ・レッスンは、子どもたち全体にかかわることを凝縮して教えたり、子どもたちが調べていないことを補完して教えたりします。ミニ・レッスンは、教師が子どもたちの学習の偏りをなくし、さまざまな学習テーマを学ぶ機会としても活用できます。

さらに、子どもたち全員のテーマが出そろっているようであれば、誰がどのテーマについて調べているのかを紹介することで、全員のテーマをクラス全体で可視化することもできます。そうすると、自分がよく知らない内容について、誰が調べているのかが分かり、より関心をもって友だちの発表を聞くことができます。

注意しなければならないことは、夢中になって調べている子ども自身のテーマを、学習内容が偏るからといった理由で、教師が曲げたり替えさせたりしないことです。私たちが子どもに身につけてほしいことは、自立的に学ぶ力や学びに向かう力です。教えないと子どもは学べないという意識から抜けだしましょう。子どもによって内容の扱いに軽重が出ることはありますが、それは問題ではありません。子どもの主体的な学びを大切にしていきましょう。

疑問５　子どもたちに個人差は生まれないの？

すべての子どもに同じ学習活動を設定し、同じ手順、同じスピードで学習を行うことができれば、見かけ上の差は生まれないでしょう。つまずいている子どもを支援し、全員が一段ずつ学習を積みあげていけば子どもたちの差はなくなり、全員が教師の指導を効率的に受け取り、一糸乱れぬ学習レールを進むことができます。とはいえ、現実がそうでないことを、学校にかかわるすべての人は知っているはずです。

子どもたちの学力はさまざまです。テストでよい点をとる子どもばかりではないのです。書くことが得意な子ども、話すことが大好きな子ども、ダンスや身体表現が上手な子ども、それぞれ秀でている能力もさまざまです。さらに、一人で黙々と学習するのが得意な子ども、友だちと協力するほうが効率的に学べる子どもなど、得意とする学習スタイルも多様性に満ちています。加えて、学習経験、興味・関心、嗜好、家庭環境、さまざまなバックグラウンドも、個人差の拡大に拍車をかけています。

子どもたちに差があることは、当然のことではないでしょうか。むしろ、可能なかぎりその差に対応できる学習の仕組みや工夫のほうが必要になります。子どもたち同士の学習成果に差が出ることを当然のこととして受け止め、差がある子どもたちであっても、誰もが楽しんで学習できる環境をつくることが社会科ワークショップにおける考え方となります。

ポスター発表の風景

子どもの姿に応じた支援をする

不確実性の高い世界を生きていくために、教師は子どもたちを、生涯にわたって学び続け、変わり続けられる自立的な学習者へと育てなければなりません。予測できない変化を続ける現在の社会では、今まで大切だと思われていた学習や技能までも価値を失うことがあります。その事実を受け入れることができず、自分のもっている知識や技能だけにすがってしまうと、変化することに対して恐れを感じてしまいます。

より良い選択は、自分の置かれている時間や状況によって違います。その時々において状況判断が求められ、問題を解決できるように自分自身を変化させていくことが大切です。現実社会で私たちが立ち向かわなければならない問題は、テストのように明確化・明文化はされておらず、問題解決のための情報がすべてそろっていない状況となっています。さらに、自分自身の立ち位置や所属する組織などによって最適となる解決方法は違ってくるでしょう。しかも、重要度の違う問題が同時多発的に次から次へと起こるというのが現実の社会です。

そんななか、教師が情報のそろった教材や整理された質問を首尾よく提示し、学習ステップまで明確に決めてしまっているようでは、自立的に学習を継続していくといった姿勢を子どもたちがもつことはないでしょう。社会科ワークショップでは、子どもたちを責任ある学習の主体者と位置づけることで、継続的に成長できる学習姿勢を育てるようにしています。

自立的に学習できる子どもを育てるために、子どもたちを学習の主体者にすることを大切にしていますが、教師が学習のすべてを子どもたちに丸投げし、子どもたちをいきなりステージの中心にさらすようなやり方は危険です。子どもたちが少しずつ学習の主人公になるための階段を上っていけるように方法を提示し、段階的に学習の主体者へと導けるようにしていきます。それが「責任の移行モデル」です。

責任の移行モデル（『「学びの責任」は誰にあるのか』を参照）

①教師のモデルを見る。
②教師と一緒に学習する。
③友だちと一緒に学習する。
④個人で学習する。

このような学習をすべて経験することによって、徐々に学習の中心を教師から子どもたちに移行していくことができます。学習経験を積むに従って教師は支援を少しずつ減らし、子どもたちが主体となる学習活動を徐々に増やしていきます。自立的な学習者に育てるためには、「支援を受けながら学ぶ」から「自分の力で学ぶ」へとシフトしていかなければなりません。そのためには、支援を手放していく方法を見極める必要が出てきます。

教師は、支援を行っていくことと同時に、いつ、どのように支援を減らし、最適化させて、自立的な学習者に向かうための責任を子どもに移行していくのかについて評価していかなければなりません。支援の最適化を行わないと、子どもの教師への依存度が高まるだけでなく、逆のベクトルに向かえば学校や教師に対する過剰な反発原因ともなってしまいます。

子どもたちは、自由を愛し、責任を任されることで自らに誇りを感じるようになります。自分の決定を尊重してくれる教師に信頼を寄せ、安心してチャレンジできる学習姿勢をつくりあげていきます。しっかりと学習の責任を移行していくことで、子どもたちの自尊心を高めていくことにつながるのです。

しかし、あくまでも、目の前の子どもの状況を優先する必要があります。①から④へと順序よくステップアップする必要はありませんし、逆に戻って、教師の支援を再開することも日常的なことと言えます。とはいえ、①から④のすべての段階を子どもたちが経験しているということは大きな財産になります。それでは、事例を加えながらその様子を順番に見ていきましょう。

①教師のモデルを見る

教師が学習のモデルや学習に取り組む姿勢、楽しさをモデルとして示す段階です。主にミニ・レッスンを通じて行われますが、社会科ワークショップの導入段階や、ここでしっかり提示したい内容があるときなどは教師が主導権をしっかりと握って、子どもたちにモデルを示していきます。

モデルとは、具体的にやって示すという意味です。教師が学習している様子をデモンストレーションすることで、子どもたちも具体的に学習方法や意味、楽しさ、そして向きあい方が伝わります。言語的な要素と同じく、動作や姿勢、表情など、非言語的な情報も大切にすれば、多様な理解の仕方で学ぶ子どもたちに対応することができます。

たとえば、亮くんの社会科ワークショップ（第３章参照）の梨本先生は、教師がモデルを示すという方法を使って、ほかの地域との流通、地図の利用の仕方、継続的な探究、学習を楽しむ姿勢などを伝えていました。子どもたちが、梨本先生の伝えた内容や学習姿勢をさまざまに咀嚼（そしゃく）し、多様な理解のもとに自分のものにしている様子が描かれていました。

さらに、目的にあった情報を得るために、資料の探し方のモデルを示す教師もいます。実際に学校図書館司書とのやり取りを実演してみせることで、どのように図書のリクエストを出したらよいかをモデルで示します。また、教室のテレビに公共図書館の蔵書検索画面を出して、教師が本を探す方法もモデルとして見せています。

そのほか、細かい学習方法もモデルで伝えます。子どもたちとのカンファランスのなかで、気になるところに付箋を貼るという手本を示したり、実際に取材した教師のメモやノートを見せることで、どのようにノートを活用するのかを示します。さらに、アンケートの用紙づくりやインタビューを実際に行った動画など、「教師もみんなと同じように探究している」という姿勢を示します。

梨本先生のように、子どもと同じように探究し、そのなかで子どもたちに必要な情報やスキルをモデルとして示すというやり方であれば、具体的な大人の姿として明示することができますので効果的と言えます。

子どもはとても共感性の高い存在です。友だちが木に登っているのを見ているだけで、自分も木に登ったと言ってしまう幼い子どもがいますが、それは嘘をついているわけではありません。高い共感性が影響して、友だちの木登りの喜びが自分の喜びへと転移して、そのような表現になってしまうのです。

同じように、教師や友だちが楽しんで学習をしていると自分も楽しんで学習をしていると捉えることができるのです。これが子どもにとっては最大の武器となります。教師が真っ先に学習を楽しんで、その姿を子どもたちに示すことで学習効果の高い支援を行うようにしましょう。

②教師と一緒に学習する

これは、子どもたちと一緒にプロセスを共有しながら進めていく方法です。社会科ワークショップの発表成果物でミニポスターづくりをしたとき、私は「テーマ設定・調べる・考える・ポスターにまとめる・発表する」という探究のサイクルを、短時間で三年生の子どもたちと同時並行で学習しました。興味のあるテーマを出しあって、一番面白そうなテーマを選びました。そして、全員で工場見学に行って調べます。具体的な支援を受けながら画用紙に簡単なポスターをつくり、子どもも教師と同じように発表しました。

もちろん、力のある子どもはアレンジを加えて自分で行っていましたが、半数以上の子どもは教師のつくったものをなぞってつくりました。この段階では、まだ教師が主導権を握っているものの、部分的には子どもたちに学習をアレンジする余地を与えたり、力のある子どもが主体的に工夫を加えたりすることを認めます。

この過程を踏まえれば、自分でも実際に学習サイクルを体験しているので、活動の見通しをもつことができます。また、どの部分でどれくらいの時間や心的負荷がかかるのかも分かるので、頑張りどころを把握することができますし、短くても最後までやったということで自信がつきます。そして、簡潔に行うことで、ほかの学習段階に時間が使えるように工夫します。

教師と一緒にする段階は、グループ・カンファランスでも力を発揮します。探究的な学習がうまく進められない子どもを集めて、その子どもたちだけに具体的な支援をし、教師と一緒に学習を行っていきます。子どもたちの状況によっては、教師がテーマを決め、教師が何を調べてくるのか、何を書いてくるのかについても具体的な指示を出すことがあります。支援の量や質は、集まってきた子どもたちの状況によって変わります。

グループ・カンファランスを行っている間、ほかの子どもたちは、次の段階である「友だちと一緒に学習する」や「個人で学習する」に移行し、教師の支援からある程度離れた状態にしていなければなりません。そうすることで、その子どもたちも学習を自分のものとして感じながら進めることができますし、教師は支援を必要とする子どもに集中することができます。

一斉指導のように支援をすべての子どもに行うと、余計な支援を行って子どもの成長を阻害してしまったり、必要な子どもに支援が届かなかったりします。共通のニーズをもつ子どもを集めてグループ・カンファランスを行うことで、必要な支援を必要とされる子どもに届けることができるのです。

③友だちと一緒に学習する

教師の直接的な支援から離れ、子ども同士で協働的に学習を行う段階です。ペア、パートナーなどいろいろな形態がありますが、教師の支援はより少なくなり、友だち同士で活発にかかわりながら課題を乗り越えていく段階に移っていきます。「僕たちだけしかやっていないプロジェクト」、「私たちしか知らない情報」など、学習に主体者意識が生まれはじめるのがこの段階です。

学習に個性が反映され、多様性が生まれます。ますます子どもたちは友だちがやっている学習について知りたくなり、興味・関心をもって共有に参加することができます。友だちとの学習活動を通じて、社会科ワークショップはより多彩なものに発展していきます。

教師のカンファランスだけでは、約四〇人の子どもに支援を行きわたらせることはできません。一人に対して一分ずつカンファランスを行ったとしても、それだけで一時間が過ぎてしまいます。しかし、さまざまな支援の形を用いれば、必要な子どもには重点的に、自立的に学習を行える子どもには絞って支援を行うことが可能になります。社会科ワークショップでは子どもたちは多様であるということが前提となっていますので、平等に支援を振り分けることは「公平」とは言えません。

直接的な教師の支援だけでなく、学習環境（「第９章　もう一人の教師――教室環境」をブログにて公開しています。「あとがき」を参照してください）を利用した支援や子ども同士の支援（ピア・サポート）を有効に活用していきます。「友だちと一緒に学習する」段階では、学習環境やピア・サポートでの間接的な支援に重点を移していき、教師の直接的な支援はそれを必要としている子どもに対して行うための転換点となります。

ペアではなく、学習パートナーやグループという学び方があります。いくつかの活動を、二人や三〜四人のグループで継続的に探究を進めていく方法です。その場かぎりのペア活動とは違って、一つのユニットや複数のユニットにまたがった長期的な学習パートナーとなりますので、互いの関係が深まるにつれて思考もより深まっていきます。そして、パートナーやグループで校外の取材に行ったり、発表の劇を行ったりと、活動の幅も広がっていくことになります。

第３章で示した梨本先生は、子どもたちを継続的な学習パートナーをつくり、プロジェクトの運営や振り返りを任せています。三年生とはいえ、社会科ワークショップの中期ともなると、子どもたちに学習の主導権を委ね、亮くんのように、主体的に学べる子どもの支援は最低限にとどめて、具体的な支援が必要な子どもに対して重点的に行っています。梨本先生は、本書では描かれていない部分において、支援を求める子どもに対して必要な支援を行っていることでしょう。

④個人で学習する

より自立的に学習を行っている状態のことです。一人で行うばかりではなく、必要なときは友だちと連携して学習を行います。他者からの支援を一切受けないというわけではなく、子どもが自分から必要な支援を選択し、教師からの直接的な支援が必要となれば自分で支援を得ようとします。しかし、学習環境や友だちからの支援で十分な場合は、教師からの直接的な支援を得る必要はないと判断します。

学習中、教師は主に個人に対してカンファランスを行うか、または子どもが友だちとやり取りをしているときにカンファランスするといった形で支援を行います。カンファランスの対象は個人が中心で、その子どものニーズに応じた支援を提供します。ミニ・レッスンも、子ども自身が必要かどうかを選べるようにしたり、ミニ・レッスンのメニューをつくって、自分の聞きたい情報のミニ・レッスンに参加できるようにします。

子どもがより主体者意識をもつようになっていますので、教師は子どもの自己選択・自己決定を尊重しなければなりません。これまでのどの段階よりも、教師は一人ひとりの子どもを理解することに重点を置き、子どもの目標や学習のプロセスに対して注意を払う必要があります。

そのためにも、振り返りやポートフォリオにフィードバックを入れながら学習状況をつかみ、子どもたちが何を達成したいのかについて把握します。そうすれば、少ない授業時間のなかでも効果的にカンファランスをすることができますし、教師が自分のためだけに行ってくれた支援ということで、子どもたちも学習に誇りがもてるようになるでしょう。「君が興味のありそうな本を選んできたよ」や「君のテーマにはこの資料が役立つはずだ」といった、あなたのための支援というスタンスが大切となります。

また教師は、似ている目的や学習活動を行っている友だちを紹介して連携することを促したり、テーマを一覧にして貼りだして、誰がどのような情報に興味があるのかを可視化したりします。個人で学習をするということは、一人で黙々と学習することでは決してなく、より自分の責任で行動し、学習の方向性を自分で決められるようにすることです。必要な支援を、教師は惜しみなく提供するべきです。

責任の移行モデルをいかした社会科ワークショップ

四つの学習形態は、決して直線的に進んでいくものではなく、行きつ戻りつしながらすべての活動の経験値を高めていき、子どもたちは学習の主体者に向かってゆっくりと成長していくものです。一時間のなかに、ユニットのなかに、年間の活動のなかに、四つの段階をバランスよく経験できるようにすれば、今もっとも必要とされる学習段階が何であるかを教師が把握することができ、教師の支援に依存しないで進められる探究的な体力を高めることができます。決して、早急に一つの学習形態ばかりに固執したり、計画偏重で強引にステップアップしていくことがないようにしたいところです。

ペアで発表

学年およびクラスの実態にもよりますが、まずは子どもたちの実態把握（評価）が大切です。クラスのなかには、自立的に学習を進めていくことが得意な子どももいれば、苦手な子どもがいるはずです。一人ひとり、適した学習形態は違うのです。柔軟な学習デザインを行って、小グループ、ペア、個人などのグループサイズを子どもの実態に応じて提案し、一人ひとりの成長をつぶさに理解していく必要があります。

全員に一律の学習スタイルを与えるという発想ではなく、ベースとなる学習活動は何がよいのか、どの学習スタイルが望ましいのか、全体と個人という視点で柔軟に学習活動を設定していくことができれば効果的なものになります。

自己評価力を育てる

主体者意識があってこその自己評価

教師のために学習をしている状態では、自己評価力を育てることはできません。教師に褒められたいから行う学習は、子どもがいくら頑張っても評価の主体者は教師となります。教師の思惑を読み取ることのできる子どもは、教師が求めるものにかぎりなく近く、なおかつコピーではない学習成果物を提出することができますし、優秀な成績を収めることもできるでしょう。

しかし、それでは他人の意思を読み取る力ばかりを鍛えることになり、自分のやりたいことは何なのか、自分の強みは何なのかについて考える機会は生まれません。「忖度（そんたく）」する力ばかりを鍛えることになってしまうということです。自己評価力は、子ども自身が主体者意識をもち、自分の目指す学習をスタートさせて初めて身につけられますので、教師主体の学習を行っていると、逆に排除されてしまうことになります。

友だちのために活動したい子ども

矛盾しているように思えるかもしれませんが、学習で得たものを誰かに提供したいという気持ちから主体者意識が生まれてくる子どももいます。自分のなかから沸き起こる知的好奇心と並んで大切なことは、「友だちに自分の得意分野をいかして伝えたい」とか「ペアのために自分の努力で報いたい」など、大切な相手のために自分の力を使いたいという気持ちです。

言うまでもなく、子どもたちにはさまざまなタイプがいます。たとえば、単純に自分の知的好奇心で学習を進められる子どもも少なくありません。歴史が大好きで戦国武将のプロフィールを集めたり、進学などの大きな目標があってガリガリと勉強する子どもがそれです。このような「自分のために」という思考で行動できることを強みとしている子どももいれば、「誰かのために」行動することで主体者意識を発揮できるという子どももいます。小学生の場合であれば、「誰かのために」という思考で学習の主体性が強くなる子どものほうが多いかもしれません。

どちらの思考をもつ子どもも、学習の主体性をもって学ぶことのできる教室では学習コミュニティーの成熟が不可欠となります。「自分のために」という思考の子どもは、目標実現のためにコツコツと学習を続けられるワークショップに適応しやすいわけですが、誰かのために誰かと一緒に学習を行いたいという思考が強い子どもの場合は、教師の評価規準に近づこうとするのではなく、友だちによい情報を提供したい、パートナーとしっかり協力してよい発表をしたいという目標に沿って学習を進めていきます。それだけに、学習コミュニティー全体が成熟することが大切になるのです（「第８章　学習コミュニティーを育てる」を参照）。

子どもも教師も都合の悪い自己評価

これまでの学習では、自己評価は必要とされていませんでした。一部の子どもが発言した内容を全員が取り組む学習問題として教師が設定し、それについてしか話し合うことが許されず、学習を自分でつくりあげる能力や自己評価力が求められることはありませんでした。

それどころか、一人ひとりにあわせて学習をつくりあげることを許してしまうと、子どもたちは一律に行動しなくなり、教師は子どもの学習を掌握することができず、「ＡＢＣ」といった成績がつけられなくなります。自己評価をして自分の学習をつくることは、仕事をつつがなく進めたいと思っている教師にとっては無益なことだったのです。

また、子どもにとっても自己評価は苦痛でしかありませんでした。学習を教師が裏で操っていることは自明の理となっていますし、それに抗うような自己評価をした場合、好ましくない成績がついてしまうという可能性があります。

さらに、自分を見つめるというのは、苦しみを伴う場合があります。教師の期待にこたえられていないと考える子どもにとっては、「なおさら」と言えるでしょう。自信のない子どもやすぐに諦めてしまう子どもは、自己評価の機会をもつことで苦痛がより一層明らかになってしまいます。

単元の最後に自己評価の時間をとることで、子どもたちは何の意味があるのかも分からず従順に振り返りのワークシートを埋め、「受動的な主体性」を育ててきました。管理統制されたカリキュラムのなかでは、子どもにとっても教師にとっても自己評価は都合の悪いもので、学校現場においては軽視されてきたと言えます。

自己評価のいかされた自然な学習

ところが、本当の意味で主体者意識をもった学習が回りだすと、自己評価とはごく自然なものとなります。学習と評価は渾然一体として機能し、自分が実現したい目標に向けて進みはじめます。自己評価は、大海原に船出する航海士が使う羅針盤のような役割をもっているのです。

本章の冒頭で紹介したカナヘビの棲み処をつくりたいと思っている子どもたちは、常に自らの学習を調整しながら活動しています。最初はたくさんの水場が必要だと考えていた子どもたちでしたが、カエルとカナヘビは性質がまったく違うことを知るや否や、虫籠の大部分を湿らせることを止め、ゼリーのカップを水飲み場として置き、どこからか霧吹きをもってきて一日一回吹きかける程度になりました。いじりすぎてクタクタになっているカナヘビをよく見て、「触るな！虫籠に入れておけ！」と仲間を戒める子どももいました。その子どもも、前日までは授業中にカナヘビを触ろうとして私に叱られていました。

今行っている学習や行動が「カナヘビを大切に飼う」という目標に向かって進んでいるかどうかについて、常に自分たちで評価しながら活動していることがよく分かります。もちろん、その評価は間違えることもあるわけですが、トライ&エラーを繰り返し、教師の支援を得ながら自分たちの活動を評価し、判断しているのです。カナヘビを飼うといった見えやすい学習活動でも、歴史を探究するといった見えにくい学習活動でも、自分自身の目標を実現する主体性が発揮された学習では、呼吸をするように学習と自己評価が行われ、子どもたちは前進していくのです。

低学年の子どもは、風の吹くまま気の向くまま学習を行いがちです。社会科／生活科ワークショップを行うとき、教師が自己評価の支援を行わないと学習がつながっていかないという子どもがたくさんいます。幼い子どもの遊びと同じく、「散らかし学習」の状態です。

残念なことですが、この状態は高学年でも見受けられます。テーマ意識が散漫で、目についた教科書の資料などをノートに書き写し、何を意識して情報を集めているのかがよく分からない状態の子どもです。一見するとちゃんと学習しているように思えますが、ネットサーフィンのように情報の表面をこすっているだけで深く探究しているわけではありません。

ユニットの最初では、学習の場や範囲に何があるのかを探るために、子どもたちが遊びのように手を付けては手放すといった行為を認めますが、いつまでもその状態では学習に発展していきません。

自己評価力を育てるための視点

では、教師は子どもたちの自己評価力を育てるために、どのような支援を行ったらよいのでしょうか？　私たちは、三つの視点をもって自己評価ができると考えてきました。

①自分で立てたテーマや目標に向かってどれだけ進んでいきたいか、またはいけたか――自分が設定したテーマをどれだけ探究することができたか、自分の目指す姿にどれだけ近づけたかという視点です。自分の立てた目標に向かって自己評価をする機会をつくっていくことで、他者の規

準ではなく自分のための自己評価を行うことができます。

授業の最初のチェック・イン（授業の初めやはじまる前に恒例として行う自己評価）として、今日の授業でしたいことを発表してもらうと、自ずと自分のテーマを意識した活動になります。できたことや学習感想を授業後に漠然と振り返っていくのではなく、自分のテーマに向けて「今日できたこと」や「明日やりたいこと」を毎回の振り返りの時間に書き残したり、ユニットの最初に設定した目標をどのような形で実現したいかと振り返ったりして、テーマや目標を常に意識させていきます。

②コミュニティーにどれだけ貢献したいか、またはできたか——友だちの存在が自己評価力を高めるきっかけになります。友だちの目に留まる、友だちの思いにこたえる、友だちを楽しませるといった意識やクラス全体で向上していこうとするコミュニティーの意識から、自己評価する力を一段階高めることができます（「第８章　学習コミュニティーを育てる」を参照）

「友だちがやっていた劇形式の発表を自分もやって、みんなに分かりやすく伝えてみたい」、「分かりやすかったというファンレターを友だちからたくさんもらいたい」という目標を立てて、それについて振り返りや自己評価をすることでその目標を意識するようになり、それに向かって自分の力で進んでいくことができます。みんなで学習をして、お互いに高めあっていくことを学習の喜びと考える子どもたちの自己評価力を育むためには、このような視点が有効となります。

高学年になれば、「次の東京オリンピックの予算は高すぎるかについて友だちと話し合いたい」という目標を立てる子どももいます。自分の知的好奇心を満たしたり問題意識を深めたりしながら、それをコミュニティーに還元したり問題提起をして行動を起こそうとする子どもです。①と②の思考があわさった子どもということができます。

③**自分にどんな力をつけたいか、またはつけたか**――いつも同じ枠組み（学習のサイクル・探究のサイクルを回すこと）のなかで学習が回っていく社会科ワークショップだからこそ、「もっと上手に話せるようになりたい！」、「もっと人を引きつける資料をつくりたい！」、「伝記を一冊読んでまとめたい！」、「もっとみんなが『なるほど！』と言ってくれるような考えを言いたい！」など、自分がしたい／なりたいという目標をもつことになります。自分にどんな力をつける必要があるのか（もちろん、教師も考える必要がありますが）、子どもたちが自分自身の力について振り返り、メタ認知できるようにします。

「探究のテクニック」（三五六ページの資料参照）のように、探究の際に役に立つ方法をリスト化することで、それを意識して自分の目標をつくることができます（なお、この資料の項目作成においては、『理解するってどういうこと』と『増補版「読む力」はこうしてつける』の内容を参考にしています）。また、探究のサイクルを回していくときに必要となる力を掲示したり、ユニットシート（「第6章　ユニットで子どもたちの遊び場をつくる」を参照）にまとめておいたりして、自己評価の視点とすることもできます。「テーマをもつ」、「大切な情報を選ぶ」、「視覚的に整理する」、「考えをもつ」、「いろいろな視点から考え直す」、「分かりやすく発表する」、「友だちと対話する」などの言葉を手がかりにすることで、もっと魅力的な探究を行うための視点を与えることができます。自分がつけたい力を言葉で表現するためには支援が必要です。リストに並ぶ言葉は、子どもたちが探究を行いながら獲得していく語彙になっていくでしょう。

このようなリストを手がかりにすることで、子どもは探究に有効な力が何なのか、今自分が使っている力は何なのかについて考えることができます。教師が必要な力を求めていくことも必要ですが、自分自身の成長のためにどのような力を身につけたいのか、教師の支援を得ながら自分の力を振り返る機会が、これからの学び方・教え方には必要ではないでしょうか。

主体者意識のある自己評価

主体者意識の伴った学習が成立して、初めて本物の自己評価が機能しはじめます。その裏返しで、自己評価に対しても、自分自身で行っているという主体者意識が必要です。さらに、自己評価がいかされるからこそ学びの主体性が高まり、学習の質が深まっていきます。自己評価と学習の主体性は表裏一体で、不可分なものなのです。

ポートフォリオは、自分のための評価を蓄積し、量的にも質的にも可視化して共有しやすくする大切な方法です。（「第10章　多様な学びを評価する」を参照）とくに頑張ったページにシールを貼ったり、目次とインデックスシールなどで活用しやすくしたりして、しっかりと演出してあげましょう。

表紙は、オリジナルのイラストや学級マスコットなどで引き立てます。そのポートフォリオを大切に抱き、家に持ち帰ったときに保護者から「頑張ったね」と認められ、自分自身への自信と誇りを高めたのち、将来にいかされる自己評価の力を備えるだけの基盤が完成するでしょう。自己評価力の育成には、低学年からの学習経験が必要不可欠です。

子どもの自己評価の力は、これまでの学習で育った資質能力の集大成と言えます。学習の主体者意識を礎に自分の可能性を信じ、自分を適切に評価することで、未来の自分を展望する眼差しが育ちます。

第６章

ユニットで子どもたちの遊び場をつくる

第1章と第2章に登場した西田先生に再び登場していただきます。第1章では素晴らしい授業を行っていた西田先生にも、新人教師という時期がありました。この章に登場する西田先生は、そんな時期の姿です。第2章でも新人当時のことが少し語られていましたが、ここでは社会科ワークショップをはじめたばかりのときが中心となります。

以下で紹介する新米教師としての葛藤、現在教職に就かれている人にも、これから教師を目指す人にも、大いに参考になるかと思いますので楽しみながら読んでください。

西田先生の思いつき

こんにちは、西田です。五年生の担任をしています。

五年生の最初の社会科で、社会科ワークショップにチャレンジしようと意気込んでいました。社会科ワークショップでは、子どもたちが生き生きと自由に活動できます。そのような学習を自分のクラスでも展開してみたいと希望に燃えて、私は社会科ワークショップの新しい世界に飛び込んでみることにしました。

五年生の社会科は、農業、漁業、工業など、日本の代表的な産業を学習する内容になっています。そこで私は、はっと思いついてしまったのです。「産業にかかわるいろいろなことを子どもたちが自由に調べて、理想の国づくりをしたら面白いのではないか」と。

社会科ワークショップは自由？

さて、西田先生が話すように社会科ワークショップは自由なのでしょうか？　もし自由だとするならば、どのような自由が子どもたちをより成長させることになるのでしょうか？

たしかに私たちは、子どもたちを自立的な学習者へと導くために、そして子どもたちがより自分の学習に主体者意識がもてるようにさまざまな手立てを講じています。ですから、学習によっては、子どもたちはさまざまなテーマから内容を選ぶことができますし、発表方法なども自分にあうものを決めることが可能となっています。さらに、自分に適した学習ペースをつくりだすこともできるかもしれません。

しかし、それらによって生じる誤解があります。それは、子どもたちは何もかも自由に取り組めて、教師はどんな学習でも全面的に支援するといったようなものです。

ところで、私たち教師は、いかなる個性をもつ子どもたちでも、みんなが学習に夢中になれるようにユニットの準備をしたいと考えています。その際には、どのようなことに気をつけなければならないのでしょうか？　実際に生じた誤解からつくられた西田先生の物語、以下で詳しく紹介していきましょう。

西田先生の戸惑い

「さあ、これから水産業について学習していきます。そして、みんなで自分の理想の国を思い描いていきましょう！　農業や工業についても学習をして、理想の国についてもっと想像を膨らませられると面白いですね。みんなは、どんな水産業をもつ国に住めたらいいと思いますか？」

子どもたちが水産業について調べるきっかけをつかむために、私はこのように問いかけてみました。子どもたちは「理想の国づくり」という言葉にかき立てられて、やる気十分です。

あかりさんが勢いよく手を挙げて発言をしました。

「私は魚が好きだから、魚に囲まれた国に住んでみたいな。水族館みたいな感じ」

「たとえば、どんな魚が好きなの？」

「マグロ！　だって美味しいじゃん！　回転寿司に行ったら絶対マグロ食べるしさ。一年中マグロが食べられたら幸せだなあ」

その後も、あかりさんのグループはマグロの話題でもちきりでした。「理想の国づくり」というキャッチフレーズのおかげで、いろいろな子どもが魅力的な水産業をイメージしています。手ごたえはばっちりです。あかりさんは、いつでも魚と触れあえて、いつでも魚を食べることができる国をイメージし、意欲的に学習を進めていこうとする姿が見られました。

次の週、パソコンの前でしかめ面をしているあかりさんがいました。あまり学習が進んでいないようです。マグロがいつでも食べられるという水族館の構想はどうなったのでしょうか。あかりさんに話しかけてみることにしました。

「お！　魚のことを調べているんだね。この前の時間も魚のことをかなり詳しく調べていたけど、今はどんなことを調べているの？」

「私は魚が好きで、理想の国にはいろんな魚を取り入れた水族館をつくろうと思っているんですけど、いろいろ問題があって。餌とか環境とか……。あとはマグロを絶対入れたいんですけど、そもそもどうやって捕まえて、育てていくのかよく分からなくなってしまって……。

西田先生、どうしたらいいんですか？」

　あかりさんの学習を応援したい私は、悩みましたが何とかその場で答えを探しました。

「調べてもよく分からないのであれば、聞いてみるというのはどう？　たとえば、思いきって水族館に電話してみるとか」

「え!?　電話できるんですか？」

　あかりさんは笑顔を取り戻し、水族館に聞きたいことをリストにしてまとめています。私は、自分のカンファランスが成功したという自信をもつことができました。

　次の日のことです。

「先生！　聞きたいことノートに書いてきたんで、電話をしてもいいですか？」

「もちろん。じゃあ、ちょっと練習してみる？」

「大丈夫です！　昨日お母さんにも聞いてもらったんで！　早く電話したいです！」

　こう言ってあかりさんは、国内でも有名な水族館「沖縄美ら海水族館[1]」に電話をかけました。大人でも臆してしまうようなことを、あかりさんはあふれんばかりの好奇心でダイヤルしてしまったのです。横にいた私のほうが緊張してしまいました。

（1）〒905-0206　沖縄県国頭郡本部町石川424番地　TEL：0980-48-3748

「はい、美ら海水族館です」
「あの……第一小学校の五年生の吉田と言います。今、お時間よろしいでしょうか？」
「はい、大丈夫ですよ」
「今、いろんな魚のことを調べているのですが、魚を飼育するときに一番気をつけていることを教えてください」

電話をかけ終わると、周りで聞いていたクラスの友だちから拍手が湧き起こりました。あかりさんはといえば、嬉しそうにしています。今回のことに自信をつけたようで、さらに別の水族館にも電話をして、理想の国づくりのためにマグロの育て方を調べていくようです。

とはいえ、私のなかには疑問が残りました。

「水族館に電話をして魚の飼い方を尋ねることが、本当に社会科なのか？」

なぜ、マグロの飼い方を調べるのか

社会科ワークショップのユニットをはじめる前に、しっかりとしたゴールや育てたい力、それにかかわる内容などを整理しておきましょう。子どもたちがどのようなテーマを選ぼうとも、私たちは責任をもってユニットのゴールに導いていかなければなりません。

ユニットとは、学習指導要領をふまえながらも、目の前の子どもたちの実態を鑑みながら、教師が自分の強みや経験をいかしてつくりあげた学習活動のまとまりのことです。従来からある教科書の単元のように、目の前にいる子どもたちの姿を知らない他者がつくったものではなく、子どもたちの活動する姿からユニットをつくりあげていきます。本書では、その違いを際立たせるために「ユニット」という言葉を使っています。

ユニットがしっかりつくれていないと、子どもたちは自由で意欲的に活動するかもしれませんが、西田先生が行った授業のように、教師の目指す方向性とは違った学習を進めてしまうことになります。それでは、せっかくやる気を起こして進めている子どもたちの学習を大幅に方向修正したり、頑張ってもそれが正当に認められないといったこともありえます。このような状況は、ユニットのつくり方を間違え、子どもたちをミスリードしてしまった教師の責任と言わざるをえません。

西田先生における失敗の一番の原因は、水産業を学ぶことによって子どもたちにどのような社会的事象の意味や意義について考えてほしいのか、どのような力を身につけてほしいのかなど、ゴールを設定する前に子どもたちを動かしてしまったことです。

たとえば、身の周りの食糧生産にかかわる人々の工夫や努力について調べ、意見を伝えることをゴールに設定したとするならば、マグロの育て方を水族館に問いあわせるという学習活動がどのようにしてゴールに結びつくのかについて、もう一度検証する必要があります。

もし、マグロの養殖が技術的に可能になったことにあかりさんが着目して、マグロの養殖に関して、どのような点が難しいのかについて調べているのならば、あかりさんはゴールに至ることができるでしょう。しかし、養殖という言葉や水産資源という概念に触れないままマグロを水族館で育てることを目的にして調べたのでは、今回の社会科のゴールにたどり着くことは難しいと言えます。

あかりさんは、渾身の力を振り絞って「理想の国づくり」というテーマに向けて頑張って学習しているにもかかわらず、社会科で学ぶ内容とは離れてしまっています。西田先生はあかりさんの学習を止め、方向修正をさせなければならなくなりますので、あかりさんはとてもがっかりすることでしょう。もちろん、あかりさんは、いくら頑張ってもゴールの方向が違っていますので正しい評価を得ることができません。そうなれば、教師とあかりさんの信頼関係を崩してしまうという結果になるかもしれません。

このようにならないためにも、教師はユニットの準備をしっかりと整えて学習に臨まなければなりません。では、私たちはどのような準備を整えればよいのでしょうか？

ユニットづくりは遊び場づくり

一般的な授業を見ると、一品一品ていねいに配膳されるコースメニューのように、教師が発問や教材を出していくような単線型の構成となっている学習展開が多いのではないでしょうか。子どもは「分かった感」があるので、教師も子どももある程度の満足感を抱くでしょうが、本質的な力をつけるには至らないでしょう。

教師が一挙手一投足に至るまで学習問題や発問を設定すれば、子どもは教師の敷いたレールを安心して進むことができますが、教室の多くの子どもにとっては手厚すぎる支援となってしまいます。教師によって設計されすぎているため、子どもにとっては、日常生活から生まれた疑問とはかけ離れたものとなってしまいます。

本来、大人も子どもも、教師の思う学習展開のようには真っ直ぐ進まず、右往左往、行きつ戻りつしながら自分の探究を進めていくものです。狭いレールを走らせてしまうことで、失敗や回り道、寄り道の機会を完全に奪ってしまいます。子どもたちは、望むことを最短時間でインストールする「スマホ」のような存在ではありません。

私たちは、ユニットをつくるとき、単線型の学習展開ではなく、子どもたちを観察して、学習の範囲やそこで学ぶためのゴールを設計するという「遊び場づくり」のイメージをもっています。

たとえば、果てしなく広がる草原で子どもたちを遊ばせたとします。そこで子どもたちは、最初は無限に広がる草原にワクワクして歓喜の声を上げるでしょう。しかし、ある子どもは興奮して教師の助言が届かない遠いところまで走り去ってしまい、迷子になってしまうかもしれません。また、別の子どもは、何で遊んだらよいか分からず、途方に暮れてしまうかもしれません。

ユニットの設計ができていない学習に子どもたちを放り込んでしまうことは、遊び場の範囲を決める安全柵も遊び方を提案する遊具もない場所に子どもたちを放置してしまうようなものです。

私たちは子どもたちに「自由」と「選択の責任」を与えますが、それと同時に、明確に学習の範囲や条件、そして学習のゴールなども与えます。それは、かぎりない草原に活動範囲をつくり、遊具などを配置して、遊び方や目的を設定したうえで、子どもたちをそのなかで自由に遊ばせる

遊び場をつくる

といったような環境です。

子どもたちは自由や責任を与えられて学習を楽しみますが、それはゴールを達成することができると考えられるものに限定されています。学習の範囲を乗り越えて遊ぶ子どもや、目的が分からずに学習を進める子どもには、教師がしっかりと助言をしていきます。

学習範囲の広さは、その教師の力量によって異なるでしょう。教師の力量が高ければ、広い学習範囲でも子どもの目指したい目標にあわせて適切な助言ができます。これまでの教材研究や教師がもっている自前の資料、地域の材といったレパートリーが幅広いでしょうから、子どもがいろいろなテーマを提案しても、それに応じた支援を提供することができます。

しかし、経験の浅い教師であれば、小さな遊び場で子どもたちを遊ばせることを考えなければなりません。教材研究の蓄積がまったくない教師は、子どもの学習内容に対してよい助言をすることができないのです（では、経験の浅い教師はどのように社会科ワークショップを行えばよいのでしょうか。「第10章　多様な学びを評価する」の対話のなかに、その手がかりとなるものを書きましたのでご覧ください）。

このように、遊び場の広さを教師の力量や得意分野などに応じて変えるようにし、子どもたち一人ひとりが自由と責任をもちながら学習のゴールに到着できるように、教師がしっかりと導いていく必要があります。

明確なゴールとそれを達成する内容

では、ユニットをつくるうえでどのようなことを意識すればよいのでしょうか。例を示しながら、実際に自分でユニットを考えているような視点で説明をしていきます。ここでは、六年生が「武士の政治」というユニットを学習するときにどのようなことに注意すればよいのかについて、ユニットシートを作成するところまで考えていきます。

ユニットシートとは、子どもたちがユニットのゴール、自己評価の観点やユニットのスケジュールなどが一覧できるシートのことです。今行っている学習がゴールに向かっているのか、困ったときにどのような手がかりがあるのかなど、子どもたちが知りたいときに役立ちます。

もし、子どもが自分でテーマをつくりだしたときには、教師がユニットシートに「そのテーマを認めます」というサインをします。サインをすることで教師は、子どもたち一人ひとりの大まかな学習内容を把握し、子どもたちがゴールを見失ってしまわないように支援を行うという狙いがあります。

ユニットシートは、ユニットがはじまるときに必ず子どもたちの歴史家ノートに貼ってもらい、いつでも見返せるようにしておきます。

資料　「武士による政治」ユニットシート

＿＿組　名前＿＿＿＿＿＿＿＿＿＿

ゴール

◦ペアで協力して武士がどんな政治を行ったかについて調べ、資料をいかしたポスター発表で伝えよう。

◦貴族から武士の世の中になったように、政治や世の中の中心は今も変わり続けているのかについて考えよう。

◦資料をいかして自分の考えを伝えよう。

◦武士がどんな政治を行ったかについて調べよう。

テーマ

A 平清盛と源頼朝　　B 北条政子と鎌倉幕府　　C 北条時宗と元寇

私が選んだテーマは＿＿＿＿＿

スケジュール

内容	計6時間
先生のロング・レッスン（平清盛・源頼朝・北条政子・北条時宗）	1時間
探究の時間、発表前の時間に最終発表テーマを先生に伝える	4時間
ペアでポスター発表し、聞いてくれた友だちからファンレターをもらう	1時間

最終発表テーマ＿＿＿＿＿＿＿＿＿＿＿＿＿＿

ふり返り

ペアと協力して探究サイクルをまわすことができましたか？	点
理由	
現在も世の中の中心は変わり続けているかについて、 自分の考えをもてていますか？	点
理由	
考えの理由が伝わるように、ポスター資料をつくることができましたか？	点
理由	
武士が行った政治はどんな政治だったか、例を挙げて説明できましたか？	点
理由	

質問集

◦武士の生活から武士はどんなことを大切にしている？

◦平清盛と源頼朝、二人はどんな関係？

◦御恩と奉公、良い点と悪い点を挙げると？

◦北条時宗の軍師になったら、元軍を追い返すために何をする？

 ユニットのゴールづくり

もっとも大切な、ユニットのゴールをまず考えていきます。ユニットのゴールを設定する際に意識しなければならないことは以下の三つです。

・子どもたちの実態・思い
・教師の願い
・学習指導要領やカリキュラム

五月末、歴史学習をはじめたばかりの子どもたちを見ると、社会科ワークショップの学び方にまだ慣れていない様子がうかがえますが、意欲は高く、歴史に興味をもっていることが分かります。学級の様子は比較的穏やかですが、子どもたちは友だちとのつながりがまだ弱く、学びあうコミュニティーが育っているとは言えません。友だちと協力して学習することを望む子どもが多いように見受けられます。

前回のユニットの「大陸からの文化・日本風の文化」では、社会科の基本的な力である事実と意見を関連させる力をターゲットにしてミニ・レッスンをしてきましたが、まだまだ発展途上で

表6－1　ゴールづくりの視点

「子どもたちの実態・思い」から	「教師の願い」から	「学習指導要領やカリキュラム」から
・ワークショップの学び方は、まだ指示待ち的である。 ・友だちの学び方を見習いながら学習を進めたい子どもが多い。 ・歴史の面白さに気づきはじめている。 ・自己満足的な表現になってしまう。 ・調べたことをノートにまとめられる子どもが多い。	・ペアで探究させて、学びあうコミュニティーの基礎をつくりたい（**態度**）。 ・天皇・貴族・武士のように、政治や力をもつものは変わり続けていることを考えさせたい（**概念**）。 ・資料をいかして疑問・質問に答えるべく探究し、相手に伝わるように発表させたい（**技能**）。	・源平の戦い，鎌倉幕府のはじまり、元との戦いを手がかりに，武士による政治がはじまったことを理解させたい（**知識**）。

す。相手に対する意識が薄く、表現力も不足して、自己満足的な発表になりがちでした。とはいえ、調べたことをノートにまとめる力は、今の段階でもほとんどの子どもがもっているようです。さらに、狙いを焦点化して高めていきたいところです。

「子どもたちの実態・思い」、「教師の願い」、「学習指導要領やカリキュラム」の三つがしっかり噛みあったゴールを設定しましょう。「子どもたちの実態・思い」だけでユニットをつくると、ユニット同士の関連が薄くなったり、学習指導要領から逸脱しすぎたりしてしまいます。また、「教師の願い」だけだと、教師のビジョンで進んでしまう独りよがりの学習になります。もちろん、「学習指導要領やカリキュラム」だけでは教師の育てたい力がないがしろになってしまいます。

ゴールを考える際、「態度」、「技能」、「知識」などといったいろいろな観点が存在しますが、私たちがとくに大切にしていることは「概念」です。これは、単元をまたいでも応用可能で、ベースとなる考え方のことを指します。たとえば、「鎌倉幕府」という言葉を覚えたり、仕組みを覚えたとしても、テストが終わった段階で忘れてしまうかもしれません（テストではよい点が取れるかもしれませんが）。どの時代の歴史、または公民分野、そして他教科を学んでいたとしても、活用することができる「考える視点」を身につけさせたいものです。

天皇から貴族、そして武士へと、各時代で力をもつ者が移り変わっていく「社会の変化」という概念は、どの時代においても考える視点となってくれます。たとえば、その後の廃藩置県や四民平等によって武士による政治が終息していった時代を学習するときでも、貴族から武士の時代へと移り変わっていった時期を取りあげて、社会の変化について考えることができます。

たとえば、白鳥くんは、六年生末の「平和な社会を実現する」ユニットのなかで、これからは国以上にＧＡＦＡ（Google Amazon Facebook Apple などのＩＴ企業）のような国際的な企業や団体が大切で、個人の生活を豊かにしていくというような考えを述べ、国からＧＡＦＡのような企業へと社会の中心は移り変わっていくのではないか、という考えを述べました。

学習しているときにこのような時代の流れをつかんだり、各時代を比較して考えたりするような学び方は、学習している時代のことばかりを暗記していたのでは身につきません。「概念」は、何を学ぶときにでも、物事を捉えるための視点として働くことができるでしょう。(2)

ほかの項目についても説明しましょう。

「知識」は、言うまでもなく知るべきことです。しかしそれは、テストの穴埋め問題をこなすことがゴールとはなっていません。今回のユニットでいえば、子どもたちが「武士が力をつけて政治の中心を担ったこと」を理解することが大切となります。子どもたちは、どのような内容を選択しようとも、武士が政治の中心にいたことを学習します。

---

(2)　概念について詳しく知りたい方は、『ワールド・スタディーズ』（ERIC訳・発行）がおすすめです。そのなかには、原因と影響、コミュニケーション、対立、協力、力の分配、公平さ、相互依存、似ている点・異なる点、社会の変化、価値観と信念という一〇の基本概念が紹介されています。この本が出たあと、中高の社会科の先生たち（七～八人）と、これらをどのように活用できるかについて約一年間勉強した経験がありますが、参加者全員が社会科でそのまま有効に使えるという判断をしました。同じく、ERICから出版されている『テーマワーク』も、社会科のテーマを明らかにするときに参考になります。なお、このあとに説明がある知識、技能、態度についても、『ワールド・スタディーズ』はとても参考になります。これらを柱にして開発されたプログラムであるからです。

「技能」は、学習する際に使うスキルです。今回のユニットでいえば、「資料をいかして、疑問・質問に答えるべく探究し、相手に伝わるように発表する」です。社会科ワークショップにはまだ不慣れで、相手に見せる資料もないまま発表をしてしまう子どもをステップアップさせていきたいという教師の意図が、この項目に含まれます。

「態度」は、自立的な学習者へと成長するためのステップとなります。協働的に学ぶことを見据えて、学習コミュニティーへの主体的な参加の仕方やリーダーシップ、または粘り強さやレジリエンスなど、内面における成長などについてもゴールとして設定することがあります。

「態度」、「概念」、「技能」、「知識」という四項目は、社会科ワークショップに出合った当時から一貫していたものではありません。どのようなゴールを設定したら子どもたちは成長できるのか、と試行錯誤しながら至ったものです。これからも、子どもたちに応じて変わり続けていくことになるでしょう。

子どもと共有するゴール

「態度」、「概念」、「技能」、「知識」のゴールを子どもたちに分かる言葉で書き表して、子どもたちに伝わりやすいように文章にしました。

・ペアで協力して武士がどんな政治を行ったかについて調べ、資料をいかしたポスター発表で伝えよう。
・貴族から武士の世の中になったように、政治や世の中の中心は今も変わり続けているのかについて考えて伝えよう。

ゴールは、必ず子どもたちと共有できるものでなければなりません。子どもたちが主体者意識をもてるようにするわけですから、学習のゴールを子ども自身が理解し、ゴールを意識しながら今回のユニットを学びます。

子どもたちが学習をはじめる前に、子どもたちと共有するゴールをしっかり考えておくことが大切です。そして、ユニットの導入において、あまりにも子どもたちの反応が予想外のものであったり、実態にあわないようならばゴールを調整します。

また、子どもたちが取り組みやすいと思って教師が限定しすぎたゴールに対して、子どもたちのほうからほかの選択肢を求めることもあります。さらに、あまりにも学習の範囲が広すぎて、もっと狭めたいと伝えてくることもあります。しっかりと子どもたちの反応を見て、あとから調整するようにしましょう。

テーマの選択肢づくり

今回は、「テーマの卵」（一六六ページを参照）と呼んでいる最初の選択肢をつくり、そのなかから子どもたちが選べるようにしたいと思います。このやり方のほうが、まだ慣れない子どもたちにとっては、テーマ、疑問、問いを設定する際に負担感が少ないからです。知識のゴールである「武士の政治」が大切な内容ですから、どれを選んでもゴールに結びつく選択肢をつくることにしました。

表6－2　テーマの卵

A 平清盛と源頼朝
B 北条政子と鎌倉幕府
C 北条時宗と元寇

ご覧のように、どれを選んでも武士が政治の中心を担っていたことが分かります。たとえば、Cを選んだ子どもは、若くして執権（第八代）の座についた北条時宗（一二五一～一二八四）が各地の御家人をまとめて集結させたり、土塁を造って元軍の攻撃を防ごうとしたことなど、政治の力が北条時宗に集まっていたことが調べられるでしょう。

Cを選んだ子どもには、そのような政治が行える鎌倉幕府や執権が各地の御家人にとってどのような存在であったかについて考えさせたいところです。また、その後の鎌倉幕府が凋落していく原因を探ることで、幕府と御家人の関係がより一層理解できるかもしれません。

発表の仕方は、調べたことと考えたことが意識しやすいように、ポスターをつくって発表するという形式を基本にしたいと思います。そのほうが、どの資料が根拠になって考えているのかについて、聞く人にとっても捉えやすく、教師としても支援をしやすいからです。子どもが学習をはじめたら、適宜子どもの実態に応じて発表方法の相談に乗るようにします。

ユニットの評価表づくり

子どもたちが学習中、または学習のあとに振り返りができるように、ユニットでの自己評価の視点を定めておきましょう。これも、子どもたち自身がしっかりと使えるものでなくてはいけません。

あくまでも、評価の主体者は子どもたちであること忘れないでください（「第10章　多様な学びを評価する」を参照）。とはいえ、教師も、カンファランスや振り返りの時間などを使って、視点に基づいた自己評価を子どもたちに促していきます。

適宜行う形成的評価やカンファランスの際には、「今、☆いくつだと思う？」と聞くことがあ

表6－3　振り返り

ペアと協力して探究サイクルを回すことができましたか？	点
理由	
現在も世の中の中心は変わり続けているかについて、自分の考えをもてていますか？	点
理由	
考えの理由が伝わるように、ポスター資料をつくることができましたか？	点
理由	
武士が行った政治はどんな政治だったか、例を挙げて説明ができましたか？	点
理由	

ります。そして、ユニットの最後には、一〇〇点満点で何点かと自分の学習成果を自己評価し、その理由を書きます。ユニットの評価表には、自分たちがユニットでどのように学び、どのような力がついているのかについて、意識できるという効果があります。

この自己評価の質問を手がかりに、発表前にペアでカンファランスを行って、発表のときにどのような考えを伝えたいのかを確認する場合にも使用します。

ユニット全体を通して、「政治の中心」、「中心の移り変わり」、「考えを伝えるための資料」など、ゴールに向かうための質問をカンファランスのなかで頻繁に使用することになります。

表６－４　スケジュール

内容	計６時間
教師のロング・レッスン（平清盛・源頼朝・北条政子・北条時宗）ABCのなかからテーマを選ぶ。	１時間
探究の時間、発表前の時間に最終発表テーマを先生に伝える。	４時間
ペアでポスター発表し、聞いてくれた友だちからファンレターをもらう。	１時間

ユニットのスケジュール

子どもたちがユニットで学べる時間を教師が正確に伝えないと、計画的に学習することはできません。子どもが見通しをもって学習できるようにしましょう。

今回は小さなユニットですが、それでも子どもたちは四時間を探究の時間に使うことができます。また、設定したテーマの発表を最後に行いますので、計画的に学習したいと思うことでしょう。最初はＡＢＣのテーマから選び、探究が進むに従ってテーマを発展させていき、最終となる発表まで「テーマの卵」を育てていきます。

発表に関しては、一日で全ペアが発表するという計画としていますので、教室を四つに区切り、同時に四つのペアが発表を行う形式で行いたいと思います。聞きたいテーマのポスター発表に参加することができますが、どの発表においても話し合いができる程度に人数を散らばらせるといった配慮を教師がします。

テーマの卵を育てる

「テーマの卵を育てる」（一〇九〜一一二ページ参照）とは、最初に教師が選択肢として提示したＡＢＣのテーマから、自分で調べて絞り込んだり、修正したりして、自らの探究内容にあうように表現を変えていくことです。前述したように、最初の選択肢であるＡＢＣのテーマを「テーマの卵」と呼び、それを育てて最終発表テーマへと成長させていきます。たとえば、坂田くんは毎時間書くことになっている自分のテーマを次のように書いていきました。

坂田くんは、教師のロング・レッスンから面白そうという理由でＣを選びましたが、図書室の本やインターネットの資料から、時宗がしっかりと武士たちを統率して元軍を迎え撃ったという結論に至ります。多くの子どもたちが「天気のおかげで勝った」と言っていることに対して、「そうではない」と自分の意見を伝えたいようです。

坂田くんの最終発表テーマは、「天気で勝ったわけじゃない！　北条時宗の作戦」です。テーマの卵から自分の探究を進め、テーマを成長させていった様子がうかがえます。

今までの社会科では、「テーマ・疑問・問い」は教師が与えるものでした。そのほうがカリキ

表6－5　坂田くんにおける「テーマの卵」の成長

7月1日	北条時宗と元寇　（テーマの卵）
7月4日	元寇ってなんだろう？
7月7日	そんなに強い元軍にどうして勝つことができたのか？
7月9日	土塁はどうやって造ったのか？

ユラムの計画どおりに学習することが容易だったからです。しかし、学習を調整することや創造的に学習することが重要視されている現在は、教師が与えていた「テーマ・疑問・問い」を自分なりにアレンジしたり、自らの力でつくりだす力が必要となっています。

「作家の時間」における「題材選び」、「読書家の時間」[3]で言うところの「選書」は、社会科ワークショップでは「テーマ・疑問・問い」となります。それを深め、自分の探究を表現するものに変容させていきます。

支援

最後に、子どもたちの支援となるような情報をユニットシートのなかに載せます。もちろん、ワークショップに慣れてきた子どもたちならば載せる必要はないのですが、不慣れな子どもたちに対しては効果的な支

(3)　リーディング・ワークショップおよびそれを基本にした日本での実践記録については、『リーディング・ワークショップ』および『読書家の時間』を参照してください。

援となります。「質問集」、「キーワード解説」、「資料リスト」などが有効となります。

質問集は、教師がつくることもあれば子どもがつくることもあります。教師が子どもたちの探究の手助けになるように、調べはじめるのに取り掛かりやすい質問をそろえて、それを調べることで探究における最初の一歩を踏みだしやすくします。

一方、子どもがつくる場合は、家庭で教科書を一読したあとにどのような疑問が浮かんだかを書き、提出させます。「どうして？」、「どんな〜？」、「どうやって？」など、オープンクエスチョンで書くように指導するとよい質問がたくさん集まるでしょう。次に掲載した質問集は教師がつくったものです。

質問集

- 武士の生活から、武士はどんなことを大切にしている？
- 平清盛と源頼朝、二人はどんな関係？
- 御恩と奉公、良い点と悪い点を挙げると？
- 北条時宗の軍師になったら、元軍を追い返すために何をする？

テーマから大きく逸れてしまった子どもには

社会科ワークショップは、ゴールをしっかり見据えることさえできれば、時間はかかってもゴールへと近づくことができますが、子どもたちのなかには、夢中になって調べているうちに学習のゴールから逸れてしまうことがあります。たとえば、三年生を対象にして行った「市の様子のうつりかわり」といったユニットでの様子を紹介しましょう。

「横浜市の今と過去を比べて、街の人の生活の様子について考える」というのが、私と子どもたちで共有したゴールでした。スポーツが大好きな渡辺くんがテーマに選んだものは、「スタジアムの歴史」でした。市内にはいくつかのスタジアムがあり、学区の近くにもあるためしばらくの間観察を続けていましたが、渡辺くんは自分がよく行く「日産スタジアム」の歴史や収容人数を、インターネットを使って夢中になって調べていました。しかし、「日産スタジアム」は歴史的にもまだ浅く、人の生活の様子について深めるのは難しいと私は考えました。そこで、ユニットシートのゴールに立ち返らせるカンファランスを行いました。

私は「日産スタジアム」に興味をもって調べはじめた渡辺くんを認めながらも、歴史が浅いため、今と昔の様子を比べることは難しいと伝えました。その代わりに提案したのが「横浜スタジアム」です。以前は「彼我公園」と呼ばれ、外国商人（彼）と日本人（我）がともにくつろげる公園であった「横浜スタジアム」について分かる資料をわたして、「渡辺くんのスポーツへの情熱をいかして、横浜スタジアムの昔について調べてみない？　昔の人もスポーツが好きだったのか、分かるかもしれないよ」と提案しました。

「横浜スタジアム」からはじまった渡辺くんの社会科ワークショップは、彼我公園から山下公園へと広がり、山下公園が関東大震災で崩壊した建物の瓦礫で埋め立ててできた公園であることにたどり着きました。また、渡辺くんは「公園めぐりをしたい」と両親に話したようで、家族と出掛けて、横浜スタジアムと山下公園の写真をたくさん撮ってきました。山下公園の写真を見せながら、関東大震災の被害が足の下に眠っているという発表となりました。

当時の生活は、今とはまったく違うつらくて険しいものでした。渡辺くんの発表は、三年生とは思えないほど素晴らしい発表になりました。

教科書本位では気づけないユニット開発の難しさと楽しさ

本章の冒頭にあった「西田先生の戸惑い」（一四五ページ）は、実際にあった私たちの経験をもとにして記したものです。社会科ワークショップの学び方は、子どもたちが勝手気ままに調べるのではなく、教師の支援が得られる環境のもと、子どもたちがゴールの意識をもち、ユニットの遊び場でそれぞれの興味関心に応じて学習できる学び方です。

だからといって、ユニットシートをつくり込みすぎて、子どもたちの主体者意識を損なってしまうようなことがあってはいけません。遊び場に教師が立って、「ああしろ、こうしろ」と指示をするようでは「遊び場」とは言えないでしょう。

どこまで子どもたちを信頼し、委ねるか、ユニットシートを作成するときにいつも迷いながら考えていますが、ユニットの設計がうまくいくと、子どもたちはいきいきとそのユニットで学びはじめます。子どもたちが楽しそうに学ぶ様子を間近で見られるというのは、教師という仕事の醍醐味とも言えます。

教科書の指導計画を脱して、ユニットづくりのポイントや面白さを感じられたことで、西田先生もまた一つ視点が高くなりました。教科書どおりに学習することに疑問を感じ、子ども本位で学習をつくりだそうとしたがゆえに気づく課題ですので、教師中心や教科書中心で学習を進めるような教師では考えることすらないでしょう。

私たちは西田先生の悩みを共有したことで、ワークショップで自立的な学び手を育てる教師として、また一つ高めあうことができたように思えます。

第7章　カンファランスで子どもたちの学習を支える

カンファランスとは、教師が一人ひとりの子どもの様子を観察し、話をしっかりと聞くことでその子どもの学習状況を把握し、子どもにあった助言や指導を行っていく方法のことです。さらに、その助言や指導の成果を評価し、指導の仕方を調整しながら支援していきます。カンファランスの成功が、社会科ワークショップの成功の鍵を握っていると言っても過言ではありません。

カンファランスとは素晴らしいものです。何といっても教師は、子どもたち一人ひとりのやりたいことに応じてその手助けをすることができるのですから。学習にいきいきと取り組む子どもたちの姿を、教壇の上からではなく、子どものすぐ隣に座ってかかわったり、喜びあったりすることができます。

教師を目指した人であれば、子どもたちにたくさんかかわりたいと夢を膨らませた人も多いことでしょう。教壇の上から降りて、子どもたちの側に座って、頷きながら話を聞いたり教えたりすることができるかかわり方、それがカンファランスです。

とはいえ、カンファランスは決して簡単なものではありません。社会科ワークショップでは、それぞれの子どもたちが自分の興味関心のあるテーマに取り組んでいます。一斉授業のように全員が同じテーマに取り組んでいるわけではないので、どのような声かけをすればよいのか、それぞれによって変えることはもちろん、タイミングも変えていかなければなりません。

子どもたちは、進度も違えば、抱えている課題や悩みも違います。だからこそ、子どもたち一人ひとりをていねいに見ることが大切です。カンファランスがうまくいけば子どもたちの学びは加速し、私たちの予想をはるかに超える姿で学ぶようになります。時間はかかりますが、一人ひとりの子どもを大切にした学習を実現することができるでしょう。

素晴らしきカンファランス

私たちは、カンファランスを行うときに次のことが大切だと考えています。

カンファランスを行う子どもを決める

四五分のなかで全員をカンファランスするというのは無理なことです。ですから、声をかけられていない子どもや、学習に行き詰まっている子どもを中心として、その日に話しかける子どもを誰にするのか、おおよその見通しをもっておくとよいでしょう。

共有の時間に書いた学習の記録やこれまでの学習の姿などから、最初に声をかけたいと思う数人をピックアップして教師が声をかけるようにすると、具体的な支援を届けることができます。また、記録用の名簿を持って、カンファランスした子どもに関するメモをとっておくと、声をかけやすい子どもばかりに集中するといったことも防げます。

子どもたちの様子を把握する

カンファランスを行う際、「子どもたちの様子を把握する」ことが一番大切だと私たちは考えています。子どもたちをよく観察して、学習状況を把握します。たとえば、「じっくりと資料を読み込んでいる子どもには、あえて話しかけずに遠くから見守る」、「資料を前にして固まっている子どもには、『今、どんな感じ？』と話しかけ、相談に乗る」、「友だちと対話を繰り返している子どもには、その対話に参加してみる」などのことが考えられます。

一人ひとりの学習状況によって、声のかけ方や助言の内容は違ってきます。観察したあとは、質問をすることで学習の様子を捉えたり、対話の糸口を探したりします。

短い時間で行う

一人にかける時間は短いほうがよいです。子どもと話をしているのが楽しくなってしまって、無意識に時間が長くなってしまいがちですが、一人にかける時間は長くても五分程度に収めるように私たちはしています。

一人に長い時間をかけるのではなく、「短い時間を複数回で」を意識してカンファランスを進めていくほうが効果的です。そうすれば、多くの子どもたちに言葉をかける機会をつくることができます。子どものノートに書き込みをしておいたり、付箋でコメントをわたしたりするだけのこともあります。

子どもを勇気づける

話を聞いていると、いろいろな点を指摘したくなってしまうというのが教師の性分ですが、それをグッと堪えて、まずはその子どもがこれまでに行ってきた学習を認めるところから入りましょう。何も書いていなくても、これまで悩んできたこと自体が学習の成果なのです。

もちろん、学習の軌道修正をする必要もあるでしょうが、そのときには、その子どもの学習の軌跡をしっかり認めたうえで軌道修正をすれば、より良い探究へとつながっていきます。

前回のカンファランスとつながりを意識する

簡単な記録をとっておくと、前回のカンファランスでどのような状況だったのかを思い出すことができます。「そういえば、○○はどのように解決させたの？」といったように、学習経過を知ることができますし、最終成果物だけでなく、その子どもの学習プロセスを認めることができます。

すぐれた最終成果物を生みだすためにカンファランスをするのではなく、より良い探究者を育てるためにカンファランスをするという視点が大切です。

簡単な記録をとる

誰がどこで困っているのか、現時点でのユニットの到達度などについても簡単な記録をとっておくと、次のカンファランスに役立てることができます。児童名簿に直接書き込んだり、ノートの各ページに氏名印を押して、子ども別にメモをとるようにします。

記録をとることで、前回のカンファランスを引き継いで行うことが可能になり、対象となる子どもが苦労した場面や活躍した場面を文脈として思い返す手がかりとなります。もちろん、カメラなどを活用することも有効と言えます（「第10章　多様な学びを評価する」参照）。

カンファランスの成果を評価する

カンファランスを行ったあと、子どもに教えたことや伝えたことがどのような形で受け止められたのかを観察します。対象となった子どもがすぐに取り組めれば成果の確認も早くなりますが、教師の伝えたことを間違って解釈してしまい、時間がかかってしまうという場合もあります。その際は、次の学習のときにその様子を尋ね、カンファランスの成果を確認します。

カンファランスを振り返る

カンファランスには教師の個性がかなり出るでしょう。積極的に具体的なカンファランスをすることが得意な教師もいれば、子どもの学習を尊重するために励まし続けることが得意な教師もいます。カンファランスは教師と子どもの相互作用から生まれるものですから、正解があるというものではありません。しかし、自らを客観的に見つめることでかかわり方を改善していくという視点が不可欠となります。声をかけやすい子どもばかりにカンファランスをしていたり、手厚すぎる／薄すぎるといった支援に終始してしまっている自分自身に気づくかもしれません。

以下では、実際に教師がカンファランスしたときの様子を具体的な形で紹介していきます。教師が子どもたちをどのように観察し、声かけをしていったのかについて説明していきましょう。

四年生――野口くんと太田くんペアの場合

　野口くんは、四年生の「先人の開発」のユニットにおいて、この地域における新田開発について、私（冨田明広）が用意した資料を読んで調べていました。野口くんは資料集の文章をぼんやりと読んでいましたが、あまり自分事としては捉えていない様子です。文章からでは、自分の生活とつながることや楽しそうなことを見つけることができないようです。ペアの太田くんとともに、分かったことやこれから調べたいことについてプレゼンをする計画となっていますが、自分だけでは決められないといった感じです。

　私はまず、野口くんと太田くんペアの活動の様子をじっくり観察することからはじめました。野口くんは子ども向けに書かれた本校の記念誌をペラペラとめくっているのですが、私には文章が頭に入っていないように見えます。また、写真やイラストをよく見ながら太田くんと話をしていますが、自分の生活経験とつなげて理解できているようにも見えません。

　私は、野口くんの生活経験と記念誌に書かれている内容をふまえて、何につなげられるかを考えながらカンファランスすることにしました。

私（冨田） 今、何を調べているの？

野口 埋め立てです。先生が用意してくれた本に埋め立てのことが書いてあったので、読んでいます。

私 分かる？

野口 分からない……。

太田 一緒に読んでいるけど、難しくて分からないなあ。

私 この本から分かったことはある？

野口 これを読むと、学校の周りは海だったってこと。海をみんなで埋め立てて陸にしたってこと。

私 それについてどう思った？

野口 埋め立ては大変だったと思う。

私 太田くんだったらどう？

太田 やりたくないなあ。土を運ぶの大変だもん。

野口くんと太田くんは、資料集に掲載されている「もっこ」（二人で担いで土などを運ぶ道具）の写真を見て、当時の人の気持ちを想像することができていました。

私　野口くんも太田くんも、よく資料を読んでいるね。頑張っているじゃん！　じゃあ、この工事を自分たちでやるとしたら、野口くんはどう思う？

野口　うーん、やりたくないです。だって、もっこで土を運ぶのはきっとすごい大変なことだと思う。

私　じゃあ、どうして埋め立てをしているのだろう？　やらなくてもいいじゃん！

野口　うーん。

私　じゃあ、野口くんに宿題ね。まず、この埋め立てをしているリーダーは誰なのか？　どんな人なのか。そして、どうして野口くんの言ったように、こんなにも大変なことをしているのか、その理由を調べてみて。この資料集にも、理由につながることが書いてあると思うよ。

もっこ体験

そう言って、私は野口くんの社会科ノートに、今日の日付と「リーダーの名前は？」と「大変なのに埋立するのはどうして？」と書き、サインをしてノートを戻しました。

野口くんは一つの資料から概要を読み取っていますが、複数のページにまたがった情報だと、それらを関連させて読むことに苦労しているようです。そこで私は、これから調べていくうえでキーワードとなる視点を与えることにしました。それが、「リーダーの名前」と「埋め立ての目的」です。

次の時間の社会科のミニ・レッスンでは、浮世絵をみんなに提示しました。この浮世絵を見ると、学区のある土地が昔は海であったことが分かります。これは、野口くんのチームへのカンファランスからヒントを得て、ミニ・レッスンとして取り上げたものです。もちろん、「野口くんと太田くんは、昔海だったことをもう調べているんだよね」とみんなに伝えると、「すごい」とか「僕も知っているし」といったつぶやきが聞こえてきました。このミニ・レッスンは、ほかのチームが行っている「鉄道」や「街道」といったテーマにとってもよい情報となります。

平沼橋の浮世絵（横浜平沼橋ヨリ東海道神奈川台并カルイ沢茶店又遠ク大師河原ノ裏ヲ見ル）

ミニ・レッスンのあと、野口くんチームのところへ行きました。

私　この前の宿題できた？

太田　あのあと、すぐに調べて分かりました。

野口　リーダーは、平沼さん（平沼久兵衛〈五代～七代〉）と苅部さん（苅部清兵衛・一〇代）と……たくさんいます。尾張屋さん（尾張屋九平治）って、橋の名前になっていますよね。尾張屋橋。

私　すごい！　やるなあ。それってどこにあるか、プレゼンでみんなに伝えたらいいよ。どうやって伝えたらいい？

野口　太田くんと自転車で行って、写真を撮ってきます。先生、カメラ貸して！

私　いいね。地図も持っていっていいから、実際に行ってごらん！

野口くんのなかで、学習に変化が起きていることが分かります。これまで、学習は資料集のなかだけで展開されていましたが、野口くんは埋め立てが新田開発のために行われていたことを調べました。そして、そのリーダーの名前が、地域にある大きな橋の名前と同じであることに気づきました。野口くんの学習が、自分の住んでいる町のことであると改めて認識し、それについて自分の足で確かめてこようとしています。

私は、野口くんの知っていることや身近なことと新田開発がどこでつながるのか、と考えながらカンファランスをしていました。野口くんが橋の名前と学習内容を結びつけられたところに着目し、実際に見てくることでもっと土地と資料集に書いてある内容を結びつけて、自らの行動で確かめるように促しました。よい方向へ学習を導けたことを嬉しく感じました。

数週間後、野口くんは尾張屋橋を見たり、実際に埋め立てられた土地の大きさを自転車で回ることで確かめたりしました。太田くんの力を借りることで、学習を主体的に進めることができたわけです。

ある日、太田くんが地図を持ってきました。その地図は、資料コーナーに置いてある自分の町の防災マップでした。その防災マップには、地震のときの広域避難場所や、津波のときに避難を必要とする地域などが記されています。この地図を見ながら野口くんと太田くんは、先日自転車で回ったルートを確認していましたが、ここここそ二人がより一層自分の体験と学習を結びつけるチャンスと捉え、私はカンファランスを試みました。

私　いつもと違う地図を見ているね。

太田　地図のコピーがなくなっていたので、先生の地図を使っていました。

私　さすが太田くん。地図が代わると新しいことに気がつくんじゃないの？

太田　え⁉

私　この地図は、九月頃にやった防災マップだよね。太田くんのチームが調べた新田開発とこの防災マップをつなげたら、どんなことに気づくかな？　野口くんが行って写真を撮ったところはどこ？

野口　僕が行った尾張屋橋や新田の場所はここです。

私　何か書かれている？

野口　水色に塗られているけど、これってどんな意味ですか？

私　ここに書いてあるよ。

太田　分かった。雨がたくさん降ったとき、洪水に注意するところだ。あとは、液状化って書いてあるところもある。

野口　ということは、埋め立てができていないってこと？

太田　本当にそうなの？　雨がたくさん降ってきたら、また海に戻ってしまうってこと？

私　いいね。埋め立てされた土地は、海だったところに土をたくさん載せているから、大きな地震が起きたときに地面が柔らかくなって、建物が傾いてしまったり、道路がひび割れてしまったりするかもしれないよ。

野口　じゃあ、この地図とこの前つくった新田開発の地図、二つの地図を使ってプレゼンしたら面白いんじゃない？

私　先生も、二人がそんなところを発見したことに驚いているよ。すごいなあ、ぜひやってほしいね！

野口くんと太田くんは、自分たちしか発見していない新田開発と浸水危険地域や液状化とのつながりについて、共有の時間のプレゼンで意気揚々とクラスの友だちに伝えることができました。二人は、学習は教えられるものではなく、自分たちで獲得していくものであることに気づき、その楽しさを感じています。まさに、社会科ワークショップが目指す子どもの姿です。子どもたちが自分でつかみ取っていくことを大切にしたカンファランスが、この二人の姿を引き出したように思います。

五年生——和明くんと太樹くんの場合

和明くんは、五年生の社会の学習をとても楽しみにしていました。四月にとった事前アンケートには、社会科が好きであること、そして四年生のときには、年度末に取り組んだまとめのポスターや新聞を書くことに夢中になっていたことが書かれていました。実際に私（西田雅史）は四年生の担任であった教師から作品を見せてもらったのですが、字や色付けがとてもていねいにされていて、完成度の非常に高いものでした。

彼は絵を描くことも得意なので、消防署見学に行ったときの新聞には消防車のイラストが見事に描かれていました。あまりにも上手だったので、私は五年生がはじまって間もないころの給食の時間に、消防署見学に行ったときにつくった新聞のことを話題に出して、和明くんに聞いてみました。

私（西田）　四年生で消防署見学に行ったときの新聞を見たんだけど、とても絵が上手だね。

和明　ありがとうございます！

私　そういえば、この前とった社会のアンケートにも「社会科が好き」と書いていたけど、絵を描くのが得意なことと何か関係があるの？

和明　はい！　だって社会科の時間って、たいてい最後にはポスターや新聞を書いてまとめるじゃないですか。そのときに絵が描けるので社会科が好きなんですよ！

絵が好きな和明くんらしい答えでした。和明くんは、社会科の学習自体に興味関心があるというよりは、ポスターや新聞にイラストを交えて学習内容をまとめることに興味関心が高いようでした。

五年生の五月、社会科では日本の低い土地、高い土地、暖かい土地、寒い土地について学習します。社会科が好きな和明くんは、学習がはじまるのを心待ちにしていました。「先生、今週の社会科の時間はどれくらいありますか？」と、私のところに聞きに来るくらいです。彼の表情から、「五年生でもポスターや新聞を書くのを頑張るぞ！」という気持ちが伝わってきました。

私は子どもたちに、「学習した四つの土地のなかから興味をもった土地を一つ選んで、その土地における生活の工夫について友だちに紹介しましょう。名付けて、『ガイドツアーキャストになろう』です」というユニットの概要を伝えてから、低い土地、高い土地、暖かい土地、寒い土地に関する基本情報を教えました。

プロジェクトの一日目、和明くんは「ガイドツアーキャスト」についての説明を聞いたときから、友だちに紹介する場所を決めていたようです。早速、和明くんは北海道の地図をノートに描きはじめました。さすがは絵が得意な和明くん、かなり精密に北海道の地図を再現しています。

私　おっ！　和明くんは寒い土地の北海道を選んだんだね。また、どうして？

和明　四年生の夏休みに家族で北海道旅行に行ったときに食べたジンギスカンの美味しさが忘れられないんです。あれは美味しかったなあー。もう食べられない、ってくらいお肉を食べたんですよ！　それ以外にも美味しい食べ物がたくさんあるので、北海道の食べ物を紹介しようと思っています。みんなにも、北海道に行って美味しいものを食べてほしいんですよ！

私　そうなんだ！　いい思い出だね。先生は生まれてから一度も北海道に行ったことがないから、和明くんがうらやましいよ。どんな食べ物を紹介してくれるのか楽しみにしているね！

このように言って、私はその場を離れました。

今回の学習目標は、「各地方の特産物を紹介すること」ではなく、「人々が地形や気候などの自然条件をいかして、工夫して生活していることを理解する」です。和明くんは、ポスターにまとめたい思いが強いあまり、その土地の地形や気候をいかしてつくられている特産物を紹介するという目標を見失っているような感じでした。

和明くんにカンファランスを行ったあと、何度か様子を見に行ったのですが、和明くんは一心不乱に北海道の地図をノートに描いているだけでした。「せっかくやる気になっている和明くんに水を差してはいけない」と思い、その日はこれ以上声をかけないことにしました。

プロジェクトの二日目、この日も和明くんは途中となっていた北海道の地図を描いています。プロジェクトの一日目から和明くんのことが気になっていた私は、和明くんの学習に一歩踏み込む覚悟をもって質問することにしました。

私　今日も、北海道の地図を描いているんだね。ちなみに、地図を描き終わったら次は何をするの？

和明　北海道の美味しい食べ物のイラストを描いて、あとはこのあたりで食べることができるよというものを、見た人がひと目で分かるようにポスターに描こうと思っています。

この回答は予想どおりでした。きっと和明くんは、きれいにポスターを仕上げて、それをもとにして「美味しい食べ物がたくさんあるので、ぜひ北海道に行ってみてください」と紹介することでしょう。

たしかに、北海道に美味しい食べ物がたくさんあることはポスターから分かるでしょうし、きっとポスターを見た友だちは、和明くんの絵のうまさをほめることになるでしょう。でも、これでは、「北海道に住む人々が地形や気候の特徴をいかして生活をしている」というテーマに気づくことはないという、危機感にも似たあせりが私のなかに生まれてきました。

そんななか、和明くんの隣で同じ北海道をテーマに調べていた太樹くんが神妙な顔つきで図書資料を眺めていました。太樹くんは書くことがとても苦手で、ほかの子どもがノートを書いているときには筆箱を拳銃にして、見えない敵と闘っているような子どもです。

私　太樹くん、なんか困っていそうだけど、どうかしたの？

太樹　あ、先生。北海道って、小麦もトウモロコシもダントツで一位なんですよね。

（私は、作物のランキングが書かれた資料をのぞき込みました。）

私　どれどれ、おっ本当だ！　すごいね。二位にかなりの差をつけているんだ。広いからなあ北海道は。

太樹　そうなんですよ。ぼくもそう思ったんですけど、いくら広いからといってもこんなに差がつくとは思えないんですよね。ほかにも理由があるんじゃないかなあ。

私　調べてみたらどう？

太樹　それが、どの本を見ても理由が載ってないんですよ。

このようなやり取りが、和明くんに対するカンファランスのブレイクスルーのきっかけとなりました。

プロジェクトの三日目、私は二日目の太樹くんとのやり取りを子どもたちに紹介してからミニ・レッスンをはじめました。この日のテーマは「推測する」です。「思いつき」や「妄想」ではなく、調べた事実に基づいて考えを広げるといったことを教えるためです。

私　最近、みんなの学習の様子を見て気になっていることがあるんだけど、みんなはいくら調べても探している資料が出てこない、知りたいことが資料に載っていないってことはない？

若菜　あるある！

未来　私も！

真吾　オレなんて、昨日の社会科の時間、調べても調べても出てこなくてとても困ったんだよね。それで、気づいたら授業が終わってて、「オレ、何してたんだろ」ってなったよ。

私　みんな経験があるんだね。そんなときに、みんなにやってほしいことがあります。それが今日のミニ・レッスンのテーマである「推測する」です。たとえば、北海道って、みんなどんなイメージがある？

若菜　寒い！

陽斗　雪！

私　うんうん。じゃあ、どれくらい寒いんだろう。

光里　めっちゃ寒い！

私　うん。先生も昨日調べてみたんだけど、冬は毎日のように氷点下になることもあるそうなんだ。冬になっても、東京だとそこまで気温は下がらないよね。氷点下になることはほとんどない。昨日、太樹くんに教えてもらったんだけど、北海道はトウモロコシの生産量がダントツで一位なんだ。でも、東京ではほとんどトウモロコシは栽培されていない。北海道と東京の差ってなんなんだろう。推測してみよう。

五分間のミニ・レッスンを終え、子どもたちはこれまでと同じように、自分がテーマにしている土地について調べはじめました。しばらくすると、和明くんが私のところにやって来てノートを見せてくれました。そこには、これまでの精密な地図とは違って、かなり大雑把に描かれた北海道の地図が描かれており、北海道全体がいくつかに色分けされていました。

和明　先生こんなふうにしてみました。

私　おっ、色分けされているみたいだけど何か意味がありそうだね。ちょっと説明してくれる？

和明　はい。北海道では生産されている食べ物がたくさんあるんですけど、この資料に載っていた「ウニ」、「カニ」、「メロン」、「ジャガイモ」、「トウモロコシ」がだいたいどの辺りで育てられているか色分けしてみたんです。

私　なるほど。色分けしてみて、何か新しく分かったことはあったの？

和明　カニとウニは海側、メロン、トウモロコシは真ん中に固まっています。ジャガイモは、どっちかというと下のほうかなあ。

私　うんうん。まあ、カニとウニは海で捕れるから海側なのは分かるとして、メロンの生産地はどうして真ん中に固まっているんだろうね。ジャガイモも、どうして下のほうに固まっているのか気になるよね。今日、ミニ・レッスンで学習した「推測する」を使うと、何が理由だと考えられる？

和明　さっきのミニ・レッスンでもやったけど、気温が関係しているのかなあ。下のほうが涼しいのかもしれません。

（私は、早速ミニ・レッスンで扱った「推測する」を和明くんに提案してみました。）

私　北海道って広いからさ、場所によって気温に差があるのかもしれないよ。先生は毎日天気予報見ているんだけど、北海道のなかでも、場所によっては気温の差が激しいみたいだよ。実際に調べてみたら？

和明　はい、次の時間に調べてみます。

プロジェクト四日目、この日は、今までの「お絵かき状態」だった和明くんとは明らかに様子が違っていました。

和明　先生！　今日はジャガイモとメロン、トウモロコシがどこでつくられているのかをもう少し詳しく調べて、気候と関係しているのかどうか推測してみます！

私　おっ、昨日のミニ・レッスンでやった「推測する」を今日も使ってみるんだね。楽しみだなぁ。何か分かったことがあったらまた教えてね！

和明くんのことを気にしつつも、ほかの子どもたちのカンファランスをしているとき、和明くんが神妙な面持ちで私に話しかけてきました。

私　どうしたの？

和明　先生、北海道の気候の特徴は分かりました。やっぱり、昨日先生が言っていたように、北海道は広いだけあって場所によって気温に差があることが分かりました。でも、北海道でジャガイモとかメロン、トウモロコシの生産が盛んなのは、気温以外にも何か要因があるんじゃないかと思うんですよね。

私　やっぱり「気温が低い」というのは関係ありそうなんだよね？

和明　はい。それは間違いないと思います。だって、北海道より気温が高いほかの地域ではあまりつくられていないし……。

私　もう一度、和明くんがこれまで読んでいた資料を読み返してみたら？

ここでチャイムが鳴ってしまい、二時間目の社会科の授業が終わってしまいました。ところが、和明くんは資料を読むのをやめません。和明くんから、「何としてもこの疑問を解決させたい！」という気持ちがひしひしと伝わってきます。すると……。

和明　先生、これ見てください！　気候だけじゃなくて緯度の高さも関係していることが書いてありました！　こんなに小さく書かれていたら気づかないよなぁ。

（和明くんは、不満を言いつつもとてもうれしそうな表情を浮かべています。）

私　おっ、そうかそうか。緯度の高さも関係しているんだね。これは地図帳が必要だなあ。たしか、地図帳に緯度の高さが分かるようなページがあったと思うんだけど……。

和明　あります、あります！

この日、地図帳を忘れてしまっていた和明くんは、近くにいた友だちに「地図帳貸して！」と、やや興奮気味にお願いして、貸してもらっていました。夢中になって地図帳で地域ごとの土地の高さを確かめている和明くんが気になったのか、同じ北海道を調べていた友だちが集まってきました。先ほど、トウモロコシの一件で頭を悩ませていた太樹くんです。

太樹　何でまだ調べているの？　もう、授業終わったよ！

和明　これ見てよ！　何でこんなふうに色分けされるのか分かったんだよ！

太樹　え!?　どういうこと？

和明　だからね……。

その後、休み時間になっても資料と地図帳を交互ににらめっこしながら、北海道の地域ごとの緯度の高さを確認して、和明くんは作物の生産と緯度の高さが関係していることを突き止めてい

資料と地図帳を交互ににらめっこする様子

ました。

カンファランスにおいて大切なのは、目の前の子どもが現在何に取り組んでいて、どんなことで悩んでいるのかについて把握することです。一斉授業では、一つの発問（しばしば、教師側が子どもたちに行き着いてほしいと願っている答えであることが多い）を全体に投げかけますが、これは一人ひとりの学習状況を鑑みて、カスタマイズされているわけではありません。

和明くんのカンファランス事例のように、子どもの実態に応じて、手を引いたり手を差し伸べたりするタイミングを測ること、そしてカンファランスの土台となりうるような知識を教師が身につけておくことが求められます。

少し補足をしておきます。トウモロコシは、日中、実を大きくさせるために呼吸を活発に行います。しかし、日中の気温が高すぎると、蓄えられている糖分がエネルギーとして使われてしまいます。そこで鍵になってくるのが夜の気温です。夜の気温が下がれば下がるほど呼吸量は減少し、日中につくられた糖分が実に送り込まれて蓄えられていきます。そのため、寒暖差が激しければトウモロコシは育ち、美味しくなるわけです。また、日照時間が長ければ長いほど大きく育ちます。緯度が高いほど日照時間が長いので、函館よりも緯度の高い旭川（北海道のほぼ中心）あたりのほうがトウモロコシの栽培には適していると言えます。

六年生――麻友さんと美久さんペアの場合

六年生の社会科では、一、二学期に歴史分野を主とし、三学期には政治分野を扱うことになっています（二〇一七年の実践です）。私（西田雅史）は、三学期の最初に行う社会科ワークショップとして、「条例をつくって市長に提案しよう！」というユニットを子どもたちに提案しました。ペア、またはグループをつくって条例を作成して、まずはクラス内で提案をします。クラスでの投票の結果、可決された条例のみを市に提出するという内容です。

私たちは、社会科ワークショップを通じて主体的に政治や社会に参加し、自分の意見を伝えられるという、子どもたちの成長した姿をイメージしています。条例というものは、偉い人から与えられるものではなく、今よりももっとよい条例はないか、今の条例で得をしたり損をしたりするのはどんな人たちなのかとクリティカルに考えたり、自分たちが政治を行う立場に立って条例を考えたりする経験が、将来の成熟した市民に成長するきっかけになるのではないかと考えているわけです。

また、今ある条例の役割を学ぶことに加えて、自分たちも政治を行う市民の一人であるという意識をもつこともねらいとしています。

条例ができるまでのおおまかな流れをミニ・レッスンで学習したり、社会科見学では参議院特別プログラムの「法律採択体験」にも参加したりして、法律ができるまでの流れも十分に押さえた子どもたちは、「早く条例をつくりたい！」という意欲に満ちあふれていました。子どもたちのなかには、家庭学習で自分たちの住んでいる町にある条例を調べてきて、まだつくられていない条例をつくろうと意気込んでいる子どももいます。

一日目、まずは「どんな社会にしたいか」をテーマにして、ペアで意見を出しあうことにしました。

「みんなが幸せな社会にしたいよね」
「ごみが一つも落ちていない町をつくりたいな」
「それだったら、犯罪のない社会もつくりたい」

子どもたちの「こんな社会にしたい」、「こんな町で暮らしていきたい」という「未来像」がとてもキラキラしていて、私のほうが嬉しくなってきます。なかに

ペアで意見を出しあう様子

は、「待機児童が問題になっているから、保育園関係のことを条例にしたいな」と言っている子どももいました。子どもたちは、日本社会が抱えている問題について、ニュースなどで断片的に知っているようです。

二日目、早速、どんな条例をつくるかをペアで話しているのですが、自ずと「今の日本社会は何が問題なのか」が知りたくなったようです。きっと、「問題、課題がある→条例をつくって規制、緩和しようとしている」という発想が子どもたちのなかに生まれたのでしょう。タブレットを使って、現在日本で起こっているさまざまな問題について資料を集めはじめるペアが出てきました。待機児童問題をはじめとして、長時間労働やいじめに関する問題など、調べてみると課題山積であることに子どもたちはすぐに気づきました。

「日本って問題だらけなんだね」
「うん。問題があることは知っていたけど、解決していない問題が多すぎてびっくりしたよ」

キラキラした未来像を思い描いていた子どもたちは、現実を目の当たりにして驚きを隠せないようです。しかし、「早く条例をつくりたい！」という高い意欲をもっている子どもたちは、自分たちが思い描く未来に近づくためにはどんな条例があったらよいのかと、現実問題と照らしあわせながら考えはじめました。この段階では、単なる「思いつき」とか、実際には成立することがないと思われる非現実的な条例も乱立しています。

そんな状態が続いたある日、自分たちの思いだけが先行して、現実の問題から目を背けはじめたペアが増えてきました。「事実を受け入れて理解する」、「事実から生じた問題点を明確にする」、「自分の社会生活を見直す」という、社会科における大切な視点が抜け落ちているのです。

このまま非現実的な条例で終わってしまっては、それは社会科でなくなってしまいます。もっと子どもたちに現実の問題と向きあわせて、理想だけを語ることをやめさせたほうがいいんじゃないだろうかと考えた私は、次の時間から子どもたちへのカンファランスの回数を増やし、事実を直視するように促すことにしました。

次に挙げるカンファランスの例は、「労働時間をどの会社でも一律にする」という条例をつくろうとしている麻友さんと美久さんペアの様子です。

私（西田）　どんな条例をつくろうと思っているの？

麻友　今、長時間労働のことが問題になっているじゃないですか。この前、それが原因で自殺した人のことがニュースに取り上げられていたし。

私　よく知っているね。ニュースはよく見るの？

美久　いや、そんなに見ないんですけど、うちの親も「仕事の時間が長い！」と毎日文句言ってるんで、ちょっと興味があって。

私　そうなんだ。先生たちのなかでも結構長い時間働いている人が多いけど、労働時間がみんな同じになったら、みんな幸せになれるのかなあ。

麻友　なれると思います。だって、長く働こうと思っても働けないわけだから。その分、早く帰れるし。

美久　そうそう。九時から一七時までしか働けません！　長時間働いたら罰金くらいの条例にしちゃえばいいと思います。

私　そうかあ。でもさ、なかにはその時間で働けない人、長く働かないと仕事が間にあわない人とか、いろいろいるんじゃないかなあ。実際に働いている人に聞いてみた？　この条例どう思うって？

美久　いえ、聞いてません！　あっ、「土曜公開」が来週あるから、そのときに保護者にアンケートをとってもいいですか？「私たちの考えている条例をどう思いますか？」って。

私　それ、いいね！　理想だけで終わらない条例にするためには、生(なま)の大人の声を聞くのが一番だもんね！

教師が先手を打って、「必ず大人に意見を聞かなければならない」といったようなことを言ってしまうのはよくありません。カンファランスを通じて、子どもたち自身が自分たちに足りていない視点を自覚し、それを補うことができるように進めていくことで、子どもたちは自立した学びができるようになります。

ところで、美久さんの発言のなかに「土曜公開」という言葉が出てきましたが、これは文字どおり、土曜日に学校内を保護者に公開するといった行事です。この土曜公開が終わった翌週の社会科の時間、麻友さんと美久さんのペアはどこかどんよりとしていました。

私　おっ、結構アンケート集まったね！　どれくらい集まったの？

麻友　一三枚集まりました。

美久　でも、そのなかの八人の人が、私たちの考えている条例に反対しているんです。

（だから、こんなに重い雰囲気だったのか……。）

私　どれどれ。おお、結構厳しい意見もあるねえ。

麻友　そうなんです。これだけ反対する人が多いので、考えている条例を変えようかって話していたところなんです。

私　その気持ち、よく分かるなあ。でもさ、毎日のようにニュースで労働時間のことが取りあげられているなか、二人がそこに注目して、条例を考えていること自体に先生はとっても価値があると思うよ。「現実に即して条例を考えていきたい！」っていう思いも感じとれるしね。今、働き方改革の議論が盛んに行われているから、この資料読んでみてよ。

（と言って、私は先日の新聞に掲載されていた働き方改革に関する記事をわたしました。その後、二人はしばらく新聞を読んでいました。）

美久　そうか、働き方って、人それぞれで違うんですね。たしかに、私たちの考えていた条例は無茶だよね。

麻友　うん。全員一緒にするのには無理があることがよく分かりました。

私　それは、先生たちにも当てはまることなんだよね。保護者の方が書いてくれたアンケートをもう一回見直して、もう一度、二人で考えてみたらどうかな。

このように言って、私はその場を立ち去りました。二人は、保護者アンケートというリアルな声によって方向を修正せざるをえなくなりました。彼女たちなりに考えてきた条例だっただけに落ち込んだとは思いますが、おそらく保護者アンケートを実施していなかったら現実の社会で起きていることを直視せず、理想だけを求めて突き進んでいたことでしょう。

私は、これこそ「真の学びだ」と考えています。頭で考えていることと現実は違います。その違いに直面したときに考え直すことができるだけの余地が十分に残っていること、これもワークショップのよさだと言えます。

　ここまで三つの事例について書いてきましたが、私たちも、幾度となく子どもたちへのカンファランスで失敗を重ねてきました。子どもの学習状況に関係なく、情報をたくさん与えてしまったこと、学習が遅々として進まず、厳しい口調で子どもを問いただし、学習意欲を損ねてしまったことなど、失敗例を挙げればきりがありません。そのような経験から一番大切だと感じていることは、冒頭でも述べたように、「今、目の前の子どもたちが何を求めているのかを見極めること」です。

　時には、じっと寄り添うだけのカンファランスが必要なこともあるでしょうし、社会科ワークショップをはじめたばかりのころは、勇気づけるために、子どもの意見をまずは肯定するといったカンファランスが必要なときもあります。

「この子どもは何に困っているのだろう」、「この子どもには、もう少し支援が必要だな」、「この子どもには、今は声をかけずに見守ろう」など、常に子どもの「今の姿」を観察して、かかわり方を調整していくことがカンファランスの鍵だと言えます。

第8章

学習コミュニティーを育てる

「日本国憲法では戦力はもたないと言っているのに、日本には自衛隊があります。どう思いますか？」

「選挙は大事！　分かりましたか？　でも、これを見てください。投票率は下がってきています。どうしたらよいと思いますか？」

「義務教育は無償。でも、僕たちが小学校に行くのも、これから中学校に行くのも、これぐらいのお金がかかります。これを見て、どう思いますか？」

冬休みが終わって卒業を意識しはじめた六年生の教室、社会科ワークショップは活気にあふれていました。各テーブルでは、発表者が調べたことを土台にして、友だちに問いかけ、それが呼び水となって活発な議論が生まれています。どのテーブルも、問いかけに対して真剣に考えたり、

表８－１　コミュニティーの成熟のステップ

第１段階	発表してファンレターをもらう。
第２段階	ペアで探究する。
第３段階	相手意識をもった発表方法で伝える。
第４段階	質問を考えて、友だちに答えてもらう。
第５段階	発表を参加型にしてディスカションをする。

ディスカションが生まれたりして、発表を聞くだけにとどまらず、テーマに参加をしています。

あるテーブルでは、集まった友だち全員にホワイトボードを配って、書いたうえで話し合うように工夫しています。また、あるグループは、賛成と反対のチームに分かれて、意見を対立させようとしています。問いかけのための資料を用意したり、話し合う場を工夫したりして、教室は発表する子どもたちを中心とした「分散的な学びの場」となっています。

社会科ワークショップでは、教師を中心にした中央集権的な学習から、子どもたちが主体の分散的なコミュニティーへとシフトしていきます。教師が問いかけるのではなく、子ども自身が参加しているほかの子どもたちに問いかけます。全員が、さまざまなかかわり方で学習コミュニティーに参加しているのです。

学校生活の大半は授業です。行事や学級会を通じて、学級経営をしていくことはもちろんですが、学習こそがクラスを成長させていく核となるべきです。そして、その延長線上に、地域社会の成熟、主体的な市民としての成熟があります。

本章では、社会科ワークショップを通じて、どのように学習コミュニティーを成熟させていくのかについて話を進めていきます（前ページの表８－１参照）。

第１段階　発表してファンレターをもらう

初めに教師は、子どもたちが安心してお互いの学習にフィードバックができるように「ファンレター」という方法を教えます。ファンレターとは、友だちや教師が、発表した子どもに贈るメッセージのことです。よいところはもちろん、感想やもっと知りたかったこと、発表に対する自分の意見や提案などが書かれていることが多く、子どもたちはそのファンレターをノートに貼ったりポートフォリオに入れたりして保管しています。自分の発表の成果として、大事にする子どもが多いです。

ファンレターという仕組みには大きなパワーがあります。自分の発表に、友だちがファンレターをくれるのはやはり嬉しいものです。自分の発表に多くの人が集まり、たくさんファンレターをもらえば、「やってよかった」という気持ちになります。そこで、ファンレターをていねいに書くという指導が必要となります。

ファンレターにはルールが必要です。学習規律が守れないと人を傷つけるものになってしまうので、教師が最初にルールを確認し、よいファンレターを紹介して、その意味を伝えていく必要があります。「相手が不快に思うかもしれないことは書かない」、「遊びではなく学習である」、「友だちの学習を後押しするために書く」などが、繰り返し伝えてきたルールの一部です。

では、よいファンレターとはどのようなものなのでしょうか？　私は以下に示したようなことだと思っています。

・相手のよかった内容を具体的に書いている。
・分からなかったところを質問している。
・自分の意見とは違ったところを質問している。
・調べたことよりも、意見について書いている。
・次の学習に向けてやる気が出るファンレターが最高！

よいファンレターを書くためには、発表を聞く姿勢、つまりよい聞き手になることが大切です。「発表をしっかり聞くこと」からはじまり、「よかった点をしっかり発言すること」、「分からなかった点や自分の意見とは違う点について質問をすること」といったように発表者を大切に扱う聞き方を行い、課題となる点を指摘するような発言をせずに、質問の形を活用しながら聞きます。

発表後、よかったところや質問を伝える時間が充実すると、ファンレターの質も向上していきます。とくに、社会科ワークショップのスタート時期は、受動的な子どもたちの学習に対する不安感を軽減していくことにつながります。

ファンレターの質をさらに向上させていくためには、ミニ・レッスンや共有でよいファンレターを子どもたちに示すなど、お手本を見せていく必要があります。なかでも、発表者の調べたことよりも、発表者の意見に対してメッセージを送るようにと伝えることが鍵となります。

発表者の意見に対して、「納得」、「異議があり」、「違った視点から」、「考えをさらに深めると」など、ファンレターのなかに自分の考えを重ねるように書こうという指導を行います。このような指導を行えば、発表者も意識して発表内容を準備するようになりますし、聞く側の子どもたちも、発表者の考えをしっかり聞き取ろうと意識するようになります。ファンレターは、調べたことばかりが羅列される発表から、自分の考えを発信するといった、内容のある発表へと飛躍していくツールになるということです。

第2段階　ペアで探究する

社会科ワークショップの取り組み方にはさまざまな形があり、子どもたちも楽しい学び方を探し求めています。教師がモデルを示すことで学び方を伝えていくこともできますが、それだけではもったいないです。子ども同士で社会科ワークショップの楽しみ方を学びあう機会をつくってみましょう。

私（冨田明広）は、夏休み明けぐらいからペア探究を行っています。「読書家の時間」でいうところの「ペア読書」に近いものです。ペアのかかわり方をカンファランスで支援し、ペア探究をどんどん新しいステージへと進化させていきます。

ペアでの探究は、子どもたちの組み合わせによって思わぬ相互作用や議論が生まれたり、活動に変化が生まれたりして、教師だけでなく子どもにとっても楽しいものです。あまり早い段階でペア探究やグループ探究を行ってしまうと、「できる子どもにお任せ」や「自分の独壇場」のような、互いに依存しあう探究になってしまうことがありますので、夏休み明けぐらいに行うようにしています。

ペアを組んでの探究を、子どもたちは大好きです。たとえ、ペアとなる相手が教師の意図やくじ引きで決まるとしても大好きになります。今まで不安を感じていた一人旅に共通の思いをもてる仲間が誕生するわけですから、子どもたちはペアになることを喜びます。とはいえ、社会科ワークショップも後半になってくると、一人でやりたいという子どもが増えてきます。自分のやりたいことを実現させたいという気持ちも、とても大切です。

ペアでやるか、一人でやるかについては、子ども自身が決めるようにしていましたが、ペアの相手を誰にするかについては、教師が決めるようにしていました。その理由は、同じような考えをもつ友だちとペアを組むより、自分とは違った思考をもつ友だちや得意不得意が異なる友だちと組み合わせたほうがより成長につながると考えたからです。気心の知れた仲間もいいのですが、これをきっかけに、日頃会話をしてこなかった友だちとつながることになったら、クラス全体の関係もよくなっていきます。

その価値についてもクラスで話をしていました。子どもたちは「ブーブー」と文句を言いましたが、クラスの成長のためにはこの方法がよいので、これに関しては譲りませんでした。

自称「歴史オタク」の大月くん、歴史への関心が高く、戦国武将がテーマのときにはマニアックな知識を披露して、そのオタクぶりをアピールしていました。当然、その発表は聞く人のニーズを満たすものではなく、完全に知識自慢であり、自分の欲求を満たすためだけのものになっていました。テーマが幕末となって、大月くんはさらに暴走しようとしていました。

彼のペアは誰がいいかと考え、私は「歴史は苦手、歴史用語なんて覚えられない」と言っている日高さんにしました。たしかに彼女は、歴史への関心があまりありません。しかし、表現力やまとめる力があり、自分が理解したことを誰にでも分かりやすく伝えることができます。

大月くんと日高さんのペアを呼び、カンファランスをはじめました。もちろん、会話がうまく成り立っている感じではありませんでしたが、「二人は最強のペアだ」という話をしました。「日高さんは、分からないところは徹底的に分からないと言って、一人でも多くの人が幕末のことがよく分かるように、大月くんを『利用』していくんだよ。日高さんが分かるように伝えないと、聞きに来てくれた人は誰も分からないと、大月くんは考えたほうがいい。それが嫌なら、人形に話しかけるのと同じだよ（私がやってみせたら、二人とも笑っていた）。大月くんは知識量をいかして、日高さんはその表現力を発揮して、自分の伝えたい歴史の魅力を分かりやすく伝えていくんだ。二人は最強タッグだね」

こんなことを言っても、すぐにコミュニケーションが円滑になるわけではありませんが、二人はギクシャクしながらも、大月くんの言っていることを日高さんが画用紙にまとめ、日高さんは分からないことを大月くんに確認しながら発表の準備を進めていきました。大月くんも、自分の言いたいことを一〇〇パーセント出すのではなく、エッセンスをしっかり伝えていくことに重点を置いてくれているようです。

結局、発表のときは大月くんが八割ほど話していましたが、日高さんのつくった画用紙（フリップボード）が有効に機能していました。そして、大月くんの周りには、これまで決して集まらなかった、歴史オタクではない女の子たちが話を聞くために集まってきたのです。二人は、その女の子たちからファンレターをもらっていましたが、大月くんは新鮮な感覚を、日高さんにとっては「歴史のシャワー」というういつもの発表とは違う感覚を味わったことでしょう。

歴史の学び方や考え方にはいろいろな形があります。大月くんと日高さんのように、友だちとペアを組むことで相手の思考を体験的に味わうことができます。不安感の強い子どもには意図的に気質が似ている子どもを組ませることもありますが、基本的には、前述したように思考スタイルの違う子どもを組ませるようにしています。友だちの思考に踏み込むと、今までにない「気づき」があるということです。

しかし、ペア探究の初期は、「あなたはA、僕はB」のような役割分担が多いのが特徴となっています。それでもいいのですが、さらに高みを目指すためには、お互いのもっている考えや強みを化学反応させていくことが必要となります。

フリップボードを見せる女の子

第3段階　相手に伝わるように発表を工夫する

「一番目の人お願いします」や「質問や意見はありますか？」など、司会担当の子どもたちが発表の運営を行っているケースが多いでしょう。子どもたちは、グループで発表といえば、こういう枠組みでやるのが普通だと思っています。そろそろ、このような定型化したやり取りは脱却したいところです。

その理由は、このような発表の仕方だと型にはまったものになってしまい、探究も堅苦しいものになってしまうからです。仲間同士の意見を重ねあわせ、新しい意味を協働でつくりだすようなコミュニティーには決してなりません。

ペア探究をはじめたばかりのとき、ポスター作成を半分に分担しているペアがいました。せっかくのペアなのに、比べる部分も重なる部分もないという状況が生まれています。たとえば、一枚の紙の左側には「織田信長」、右側には「豊臣秀吉」というように分担してしまったら、対話という機会が生まれづらくなります。また、調べる担当と書く担当に分かれてしまって、二人が同時に進められないなど、経験不足が理由でうまく進められないペアも生まれます。

このような状態では、協働することによって生まれる価値は半減、いや半減以下になってしまいます。私は、このような子どもたちの様子を観察して、学習コミュニティーを育てていくよい機会だと捉えました。

風見くんは元気な男の子ですが、熱くなると友だちに意見を譲ることができず、ペアになって協力する学習の仕方に課題があるという子どもでした。もちろん、私はそれを承知のうえでペア探究のユニットに入りましたが、やはりペアになった高橋さんは大変そうでした。

高橋さんは誰とでもコミュニケーションをとることができ、歴史にも興味のある女の子で、もしかしたら風見くんとはいい関係になれるかもしれないと私は予想していました。探究したいテーマも近いものだったので意図的にペアにしたのですが、実際のところは予想以上に難航することになりました。

「日本は弱いんだよ！　ここで、どんどん外国に出ていって、植民地とかを広げればいいんだよ！　だからだめなんだよなあ日本は。ペリーにビビってんだよ」

風見くんは、普段からこんな感じの論調で自分の考えを展開していきます。決して学習の邪魔をしてやろうと思っているわけではなく、とても強い意見をもっているうえに頑固なところがあるので、人に意見をあわせるということはしません。風見くんの頭の中には、植民地や列強の弱肉強食的な情報がこびりついているようです。軍事力のある国がパイを切り取るかのように世界中を切り取っていくさまが、風見くんには衝撃的なことだったのかもしれません。

「うーん……でもさあ、戦争はだめだよ。外国の人と仲良くなって、商売とか交流とか、いろいろなことをしていったほうがいいよ……」

「そうじゃない！　だから高橋さんはだめなんだよ。強い国が、やっぱり商売でも優位に立てるんだぞ！」

私は、この様子を見てピンと来ました。そう、この対立構造は、幕末から明治、それ以降の諸外国との関係のつくり方と似ています。風見くんと高橋さんも、時代背景についてもっと情報を集めれば、このような議論を進めることができるはずです。

私（冨田）　風見くんと高橋さん、とってもいいペアだね。とても探究が進んでいるよ。

風見　先生、何言ってるんですか？　高橋さんの意見は全然だめですよ。

高橋　えっ⁉　私たち、意見がまとまらなくてぶつかってばかりなんです。

私　そう！　そのぶつかっている状態をそのまま発表にすればいいんだよ。ペアの探究は、一つの意見にまとめなくてはいけないと勘違いしていない？　たとえば、さっきみたいに、風見くんは外国と争うことがあってもどんどん海外に出ていって、武力で他国を従えたいと思う人の役になる。そして、高橋さんは、外国とはできるだけ争わずに貿易をして国の力を高めていくという立場の役になる。もちろん、歴史の学習だから、明治時代に生きていた人の役になるんだ。そして、みんなの前で意見を対立させて、聞いている人にも参加してもらえばいいんだよ。

風見　あっ！　それいいね。じゃあ、おれは明治の総理大臣になる！

高橋　風見くんと私の話をみんなに聞いてもらうのはいいかも。いつもの感じを発表でやればいいのなら、できるかもしれない。

この瞬間、二人は自分の調べたことを発表して、友だちからファンレターをもらうという基本的な構造を打破しました。最初は意図しないでディスカションをしていましたが（その学習自体に価値があることを私が伝えています）、発表のときには対立する意見で役割をつくり、意図的にディスカションを見せて、ある程度議論が進んでから聞いている人にも参加してもらうことにしたのです。

すると、二人の発表を中心に、それを聞きに来た友だちで小さな学習コミュニティーが誕生します。このコミュニティーは、教師が深く介入しなくても、お互いの意見を比較したり、重ねあわせたりしていくことができます。このカンファランスは、二人の成長に加えて、クラス全体にとってもコミュニティーが大きく成長する大切な一歩となりました。

第4段階　コミュニティーに問いかける

発表する、聞く、コメントを書くという定型的な関係に、そろそろ飽きが来ているのではないでしょうか。双方向的に、もっと活発なやり取りが行われる学習コミュニティーへと進めていきましょう。発表することと同時に、「問いかけること」が大切になってきます。

普通、発表というと、調べたことや考えたことを伝えるだけ、となりがちです。それも大切なのですが、それだけだと子どもたちのなかでも「伝える側」と「聞く側」に役割が分かれてしまい、活発なやり取りを生みだすことを考えると最適とは言えません。そこで子どもたちに、伝えることと同時に質問を入れるように促します。教師が授業の学習問題を考えるのと同じように、子どもたち自身が友だちに聞きたい質問を考えるのです。

よい質問を出せると、聞くだけだった友だちが前のめりになって食いついてきて、コミュニティーが活性化します。また、質問の力が分かれば、子どもたちは自分の質問をよく練りはじめます。聞く人がしっかり考え、回答があったならば、そして聞く人同士でディスカションが生まれたならば、自分の質問で学習が活性化したと感じ、問いかけた子どもも喜びが倍増します。学習コミュニティーへの貢献が、ファンレターを上回る醍醐味となっていくのです。

表8－2　パワフルな質問のポイント

あまり盛りあがらない質問	パワフルな質問
知っているか知っていないかを問う質問	正解も間違いもない、その人の考えを聞くことができる質問
「○・×」のような閉じた質問	「どんな～？」、「できるだけたくさん挙げましょう」のようなオープンな質問
発表内容と関係ない質問	発表内容がいかせる質問
何も見せないで考えさせる質問	資料などを手がかりに考えられる質問
全員同じ意見になる質問	いろいろな意見が出て、コミュニティー全体の視野が広がる質問
学習中の時代にかぎった質問	今の社会や私たちの生活につながる質問

とはいえ、パワフルな質問にはポイントとなることがあります。そこで、ミニ・レッスンで全体に、あるいはカンファランスで個別に教えていく必要があります。

社会科ワークショップで個人の探究力も高まり、仲間同士で刺激しあいながらコミュニティーとしての成長が感じられるようになってきました。この時期、教師が質問や学習問題をつくってクラス全体に投げかけるのではなく、子どもたち自身が聞く人に考えを促すような質問を投げかけ、発表者を中心とした一つ一つのグループが学習コミュニティーとして機能していくように働きかけていきます。

教室の中は、教師中心ではなく子ども

たちが中心となり、中心が複数ある分散的な関係になり、子どもたち同士の相互評価や相互支援も活発になります。学習コミュニティーのなかでやり取りが生まれるので、発表後のディスカションで盛りあがるグループが生まれ、発表内容よりも議論したいテーマで参加するコミュニティーを選び、それについてのディスカションを楽しむ子どもが出てくるようになります。

教師は、すかさずそれを見つけ、主体的に参加している子どもを認めていきます。子どもたちが質問づくりを行うことで、クラスのコミュニケーション量は劇的に増加していきます。

ただし、カンファランスも適切に行っていかなければなりません。自分の知識を自慢するような誘導的な質問を考えてしまったり、相手を論破することで自己満足に浸ってしまったりと、相手よりも自分が有能で、学力が高いとアピールしてしまう子どもがいます。また、子どもたちのソーシャル・スキルも大きくかかわってきます。学習を通じて、目指すコミュニティーの姿やソーシャル・スキルを育てていく観点も大切になっていきます。

相手の意見を認めること、自分の意見を重ねること、論点がはっきりとした生産的な対立とそうでない感情的な対立とは違うなど、コミュニティーへの参加の仕方について、学習場面をいかして子どもたちを育てていく必要があります。高学年の後期にふさわしい内容と言えますが、もちろん一学期から計画的に導入することも可能です。

私は、発表を行う前に、発表する子どもが聞く人にどのような質問を用意しているのか事前に見せてもらって、赤でコメントを入れていました。また、ファンレターには、発表内容のほかに質問に関する意見も書いてもらい、友だちから適切なフィードバックがもらえるようにしました。これを三月まで繰り返すと徐々によい質問がつくれるようになっていき、教室全体が活性化するという結果につながりました。

第５段階　発表を参加型にして、ディスカションをする

問いかけることの力を感じた子どもたちは、コミュニティーで友だちと一緒に学習を深めていく楽しさも感じられるようになっています。問いをさらにいかして発表を工夫したり、場をもっと活性化したりして、コミュニティーをさらに成長させていきましょう。子どもたちが、質問を道具として伸び伸び使いはじめる段階です。

この章の最初に紹介した教室の風景のように、各ペアが自分たちでつくった問いをテーマにして、ディスカションへの参加を呼びかけています。発表前の時間は小さな文化祭のようです。

「このテーブルは、国際連合がテーマですよー。これから国際連合に何ができるか考えまーす。聞きに来てくださーい」

「ヴェネツィアやツバル（南太平洋）が海に沈んでしまいます。みんなで考えて、地球温暖化を

食い止めましょう！」

参加者は、今回の発表者たちの質問リストを見ながら、参加するコミュニティーを選びます。発表者は、より参加者が集まるような質問をつくろうとしたり、参加しやすくなるような仕掛けを用意したりして、準備を進めています。

たとえば、参加者がホワイトボードに発表者の質問への回答のキーワードを書いて、クイズ番組のように出してもらうといった工夫をしているチームがありました。参加者は、自分の考えをほかの参加者に説明していきます。自分の意見となる回答を最初に表明することで、その後のディスカションにおいて、自分の考えを言いやすくしようと発表者が工夫をしているのです。

さらに、みんなで表を完成させて考えるという方法を提示しているチームもありました。たとえば、持続可能な社会というテーマにおいて、「原子力発電所の再稼働を行うと、どんな良いことや悪いことがあるのか」という問いにみんなで答えて、大きなホワイトボードにまとめていくという手法です。その表を埋めていく過程でディスカションが生まれていきます。

もちろん、このような問いかけの工夫や手法を、子どもたちの力だけで最初から使いこなせるわけではありません。教師のカンファランスが不可欠です。この段階になると、教師のカンファランスの中心は、学習内容よりも質問やディスカションの仕掛けについて助言することに移っていきます。

子どもたちの時間の使い方にも変化が現れます。「世界の人々とともに生きる」のユニットでは、情報収集や発表資料の制作に時間を使うよりも、どんな質問を用意しようか、問うためにどんな資料を用意しようかといった仕掛けの準備に時間を使うようになりました。環境問題についてたくさん調べることよりも、ニュースやほかの教科などでもっている情報を再利用したり、調べ慣れている図書資料で情報を集めたりと、これまでの学習経験をいかして資料を素早く作成し、問いかけを準備することに多くの時間を使っていました。

かぎられた発表時間を発表者がほとんど使ってしまうと、ディスカションをするだけの時間が確保できず、盛りあがらずに終わってしまいます。事例をふまえて効果的な時間の使い方を子どもたちには伝えています。そのため、「ディスカションに一〇分はとろう」など、発表者は見通しをもって計画的に発表を行います。もちろん、この質問や効果的な時間の使い方についても教師のカンファランスが重要となります。

この段階では、ファンレターを使わず、話し合いの時間をより多くとっていました。ファンレターを書くにはそれなりの時間がかかるので、ファンレターは思い切ってなくし、ディスカションでしっかりと自分の考えを発信してもらうことにしました。

また、共有の時間には、自分がどのようにディスカションに参加できたのか、自分たちが用意した問いかけがどれくらいパワフルだったのかを振り返るようにしました。私の場合は、探究のサイクルの「発表」に至るまでにすべての発表ペアを呼び、「どんな質問を準備しているのか」、「どのように問いかけるのか」という二つを中心にしてカンファランスを進めていきました。

学習コミュニティーの力をいかせば、もっと協働的で、探究的な学習を行うことができます。ブッククラブ（『読書がさらに楽しくなるブッククラブ』を参照）のように、まずは自分たちでテーマ設定や質問の設定を行い、学校でも家庭でも継続的に探究を行って、二週間に一回程度、探究過程を報告しあうというのも面白そうです。また、パワフルな質問の活用の仕方を学期の最初から教えていき、学習内容が重なっていくにつれて質問のつくり方や問いかけ方を成熟させていくということも可能でしょう。

私たちは、残念ながらそこまでに至ることはできませんでした。しかし、究極的には、そのような卓越した学習コミュニティーの姿があるのではないかと思っています。本書を読まれたみなさんが、私たちを超えるコミュニティーの姿を具体的にイメージされ、さらなる高みへと子どもたちを誘うことができれば、きっと実現できるでしょう。このような願いを、実践者のみなさんに託したいと思っています。

第10章 多様な学びを評価する

社会科ワークショップをはじめてみようというとき、一番気になるのは評価の問題でしょう。学年末になって、成績をつけるときにどうしたらよいのかと、心配をする教師も多いことでしょう。実は、社会科ワークショップのような学び方は特別なものではなく、すでに学校現場のなかにあふれていて、私たちはすでに、子どもたち一人ひとりが多様に学ぶ学習環境のなかで子どもを評価しているのです。

現場に立つ多くの教師がすでに気づいていることですが、評価は成績をつけるために存在するのではなく、その時点の子どもの力を捉え、次の一歩をどのように踏みだしたらよいのかを適切に助言するためにあるのです。さらには、子ども自身が探究を進められるようにサポートをするためでもあります。それができなければ「評価」とは言えません。

社会科ワークショップでは、評価はどのような考えのもとに行われているのでしょうか。さらに、多様に学ぶ子どもたちの力をどのように捉えているのでしょうか。この章では、「多様な学びを評価する」という見出しのとおり、子どもたちの学びに関する評価について、現職の教師がどのように考えているのかについて見ていきます。

新年度がはじまったばかりの四月中旬、横浜市立宮谷小学校の会議室には三名の教師が集まって、何やら話し込んでいました。普段から、それぞれがあまりにも忙しい日々を送っていますので、こうして三人の教師が一堂に会してじっくりと学年会をするというのも、現在では難しくなっています。

教師になって二年目という桐谷先生（二〇代男性・仮名）は四年生を担当しています。桐谷先生は、二〇年のキャリアをもつ学年主任の杉田先生（四〇代男性・仮名）が行う実践や学習のあり方について憧れているようです。杉田先生が行っている社会科ワークショップの実践を自分もやりたいと思い、同じ学年を担当している田口先生（四〇代女性・仮名）に相談をもちかけました。しかし、職歴一〇年目となる田口先生は、社会科ワークショップの学び方を聞いて、少し不安感を抱いているようです。

本書を読まれているみなさんも、桐谷先生や杉田先生、田口先生になったつもりで以下のやり取りを読み進めていただき、評価という問題について一緒に考えてみてください。

やっていることがバラバラなのに評価なんてできるの？

田口　ちょっと待ってください。気になることがあります。

桐谷　何が心配なのですか？

田口　まず、子ども一人ひとりが、それぞれ学ぶことが違うなんてありえません。先生だって、単元には単元目標があり、全員がそれを到達できるように、子どもを指導しなくてはならないことをご存じでしょう。単元目標はどうするのですか？

杉田　そうですね。私たちは指導を行うために、目標を念頭に置かなくてはなりません。田口先生のおっしゃるとおり、目標はとても大切です。けれど、全員が同じ目標に向かって、同じことをしなければならないことに違和感をもたれたことはありませんか？　田口先生も桐谷先生も、それぞれの仕事で学校の教育目標に向かって実現したいことをもっているように、子どもたち一人ひとりも、それぞれの学習において実現したいことをもっているのが自然だと思います。私たちは同じ学校の教師ということで、仕事のうえでは同じ目標を共有していますが、校務分掌や経験年数、置かれている立場によってやれることはさまざまです。子どもたちも、年齢が同じとはいえ、得意なことや置かれている立場はさまざまです。私たちとよく似た状況ではないでしょうか。

田口　それは分かりますが、教室の場合、一斉に指導を行わなくてはならないわけですから、子どもたちの学習がバラバラだと指導できないじゃないですか。教師は指導しなくてもいいのですか？

杉田　当然、教師は指導をします。教師ですから、子どもたちに疑問を投げかけたり、活動を提案したり、求めていることに応じて助言をしたりします。それが、全体に対して行われるよりも、個人やグループに対して行われることのほうが多いということです。そのほうが、一斉に指導するよりも一人ひとりに応じた指導ができます。職員室でも、経験年数が少ない教師に向けて指導をしたり、ベテラン教師を対象にして研修を行ったりしますよね。それに加えて、一人ひとりに対して助言まで与えています。

田口　言うだけならば可能かもしれませんが、一人ひとりに対して指導を行うなんてことは不可能です。うちのクラスは四〇人もいるんですよ。一人ひとりに三分を使ったら、単純に一二〇分もかかります。全員に対して指導を行うのに二時間もかけるのなら、全体に一回、指導を徹底すればいいだけのことじゃないですか。

桐谷　たしかに時間はかかります。杉田先生のおっしゃるように、教師が子どもたち一人ひとりに声をかけることはとっても大切で、僕も今挑戦しているところです。結局、実際のミニ・レッスンで一斉指導をしたあと、まだ分からない子どもに対して、何度も何度もカンファランスを通じて指導をしていますからね。杉田先生が言うように一人ひとりの子どもに対しての助言も必要ですし、田口先生が言うように、全体に指導することも必要ですよね。

杉田　桐谷先生、そのとおりですね。僕が言いたいことは、一斉指導は必要ですが、すべてにおいて一斉指導で学習を進めていく必要はないということです。子どもの理解に応じて声をかけることは、すべての教師がやっていることなのです。

通常の社会科の場合、「浄水場について画用紙にまとめよう」のように、一つの方法に活動を制限して教師が観察しやすくしていますが、それだと、子どもたちが自立的に学ぶ力を伸ばしていることにはなりません。なぜなら、子どもたちは教師の指示どおりに学習を行っているだけで、自分自身で学習を選択決定していないからです。たとえば、画用紙ではなく、話すことが好きな子どもはスピーチでもいいし、絵が好きな子どもは絵本をつくってもいいでしょう。学習成果を示す方法についても、自分の得意なことに応じて選択する力が身につけば、自立的に学ぶ力を伸ばすことができます。

社会科ワークショップの場合、子どもたちが学びたいことを学べる環境のなかで、子どもがまず何に興味をもっており、何を調べているのか、何を探究しているのかをつかみます。そして、そのあとに、子どもにあった助言や提案、指導を教師が行っていくわけです。基本的には、教師が行ってきた全体に向けての指導が、一人ひとりに応じた指導（カンファランス・アプローチ）に代わるだけです。

田口　単元目標や本時目標はどうするのですか？　子どもたちが学ぶものをそれぞれ選択している教室で、単元目標や本時目標を設定することはできないんじゃないですか？

杉田　もちろん、単元の目標はもっていますよ。私たちの学年（四年生）では、水道施設が計画的、協力的に、安全で安心できる水を安定して供給しているシステムを学びます。その目標を学ぶためであれば、子どもたちがどこを学んだっていいのです。ダムを造って安定した供給量を確保していることを調べている子ども、水源涵養林を守っている人たちがたくさんいることを調べている子ども、いろいろな子どもがいてもいいのです。そうだと思いませんか？　さらに、一人ひとりが学んだことをみんなで共有できれば、もっと対話的な学びが成立します。

本時目標のように、今日の一時間で実現する目標というものは、本来、子ども個人のなかにあるものです。私たちは、子どもたちそれぞれが、個人のなかに目標がもてるように支援をしていかなければなりません。そして、それが到達できたのかどうか、自己評価できる力をつけていかなければなりません。

しかし、今日の一時間で子どもたち全員が達成しなければならない目標はありません。もし、社会科ワークショップのなかで設定したとしても、一部の子どもしか達成できない目標になるか、すでにほとんどの子どもが達成してしまっている目標にならざるをえません。そんな目標に意味はないですよね。

子どもたちと教師が同じ方向を向いて学習をするために単元目標はあると思いますが、あまり目標が具体的になりすぎてしまうと、子どもたちの学びたいことを狭めてしまうことになります。だから、水道に関することであれば、計画的、協力的、安全で安心できる水を安定して供給できるようにしていることを学ぶかぎり、水道にかかわるさまざまな学習内容から選択できるようにしています。

桐谷　すっごく面白そうですね。一人ひとりが自分の学びたいことを自分で選べるなんて。でも、僕は心配です。横浜市にやって来てまだ三か月ですから、横浜市の水道のことなんて分かりません。指導書には教え方が書かれていますが、子どもたち一人ひとりに役立つ内容を教えられるだけの自信がありません。

杉田　桐谷先生はいいところに気づいていますね。そう、クラス全員の子どもに教えることもあるでしょうが、基本的に教えることは一人ひとり異なるはずです。水源林についての情報を求めている子どもには、その子どもの話をよく聞いて、調べられる方法や内容についてしっかりと教えるべきだと思います。子ども一人ひとり、基礎や基本は異なるのです。

しかし、桐谷先生の気持ちはとてもよく分かります。でも、桐谷先生自身も、今とても水道について勉強をしているじゃないですか！　桐谷先生がどのように水道を学んでいるのかが、子どもたちにとってはもっとも価値のある学ぶべき姿（モデル）になっているのです。だって、桐谷先生が夢中になっている姿以上に、学ぶことが楽しいということを伝える材料はほかにありませんから。水道の学習内容以上に大切な学習になるはずです。

桐谷　どうも、ほめられるのは苦手だなあ。ありがとうございます。杉田先生は水道に関して詳しいのですか？

杉田　四年生は三回目ですから、子どもたちとこのような学び方をしていると、自分も水道について探究することが楽しくなってきます。だから、毎回、何を調べてみようかとワクワクしていますよ。今年は、水源林を守るボランティアの人と知りあえたので、一緒に森林を守る間伐ボランティアに参加してみたいと思っています。ボランティアの人々が行っている、間伐材を利用した温浴施設についても調べてみようと思っています。

　僕の体験してきたことを子どもたちに伝えますが、僕がそれを伝えることによって、水源林について学ぶことを子どもたちに強要しているわけではありません。ダムについて興味をもって調べてきたり、家で水質検査をやってみたりする子どもがいて、教室の中で盛んに情報交換が行われていくのです。

　これからも僕の学び方をどんどん公開していきますが、「水源涵養林を資料集で調べてきなさい」なんてことは言いません。それぞれが学びたいことを学べている状態が一番バランスのよいときですし、何よりも楽しい状態だと思います。

田口　杉田先生、ちょっといいですか？　みんながバラバラだと、具体的なことは教えられないでしょう。私たちは、ダムについても、水質検査についても、水源涵養林についても具体的な情報をもっていません。杉田先生にしかできない教え方をされると、学年としての足並みがそろいません。不平不満を言う子どもたちが出てくるのではないでしょうか？

杉田　田口先生のおっしゃるとおりです。ですから、担任の個性を十分に発揮しながら、どのクラスでも、子どもたちが自分の意志で選択できる学習を「足並みをそろえて」つくっていこうではありませんか。私たちは、教える内容をそろえているのではなく、目指す子どもの姿や学び方を分かちあっているのです。

桐谷先生は子どもたちと近い感覚で探究を行っていけるからこそ、子どもたちに学ぶ姿勢を見せることができると思いますし、田口先生も、小さいお子さんのいるご家庭で水に直接かかわっているからこそ、安全性の問題とか、節水の工夫とか、実生活に根ざした探究的な学習を子どもたちに示せると思うんですよね。恥ずかしながら、仕事人間の僕にはそんな授業は難しい。僕がそのような学習をやるよりも、きっと桐谷先生や田口先生のほうが魅力的な形で子どもたちに提示できるような気がします。

桐谷　どこか、図工や体育の学び方に似ていますよね。この前、学校の風景というテーマで絵を描かせたのですが、子どもたちは校庭の鉄棒や教室の机など、テーマに沿ってさまざまな風景を描いてきました。子どもたちには思い入れのある風景がそれぞれあり、それを選択しているんですよね。その子どもたちに、教師が「朝礼台の位置から見た校舎を正しく描きなさい」なんて言ってしまったら、楽しくないですよね。

体育でも、運動能力に差があるのは当然で、鉄棒で空中逆上がりをグルグルとやってしまう子どももいれば、前回りを一生懸命練習している子どもがいます。その子どもたちに、鉄棒の安全な握り方や逆さ感覚の体験など基本的なことを一斉に教えていますが、全員に空中逆上がりをやらせるような指導はしていません。苦手な子どもには鉄棒の前にマットや台を置いて怖くないように指導していますし、得意な子どもにはもっときれいな姿勢で空中逆上がりをするためにはどうしたらよいかを指導しています。それぞれの子どもがもっている目標にあわせて、教師は助言をしているわけですね。

杉田　桐谷先生が情熱をもって仕事をされていることがよく分かります。桐谷先生は体育部ですから、本当によく勉強されていますね。体育でも、全体に指導することがあります。安全にかかわることはもちろんですが、その運動の基本的な動きや感覚を身につける場をつくったり、技の手本を示したりと、子どもたち全員に指導したい内容がありますよね。

社会科ワークショップにとっては、そういうことがミニ・レッスンで基本的な情報を伝えたり、教師の学び方を見せたりすることなのです。そのあと、それぞれの目標に沿って自分の表現や技能を探究する時間があります。体育や図工の学び方と社会科ワークショップは、とても似ていると言えます。

どうやって評価するの？　テストできるの？

田口　杉田先生のおっしゃることは、私も教室の中で感じていました。好きなことや興味のあることは、それぞれの子どもたちが千差万別にもっているわけですが、それに応じられず、教師が一律に同じことを教えすぎているという違和感がありました。杉田先生のおっしゃることは魅力的であると私も感じます。

けれど、杉田先生、評価はどうやって行うのですか？　子どもたちに成績をつけられないのではないですか？　だって、一人ひとりがダムや浄水場や水源などバラバラなことを調べている状況で、どの子どもがAで、どの子どもがBと、比べることができないのではないでしょうか？　また、テストだって、一人ひとりがバラバラのことを学んでいる場合、水道のテストはできないんじゃないですか？　浄水場のことをたくさん調べている子どもはテストの点数がよくて、水源を守るボランティアについて調べている子どもはテストの点数が悪いということが起こるような気がします。どちらも十分に価値のあることを学んでいるのに……。

桐谷　そうなんです、田口先生。とても大切なポイントです。学校は、テストを行うことを前提に学習を進めているという点に気をつけなければなりません。テストは、多くの子どもたちのもっている知識を効率的に数値化し、測定することに役立ちます。「浄水場」という言葉を知っていれば「B」、知っていなければ「C」のように。しかし、社会科ワークショップの学びでは、一人ひとりが個性豊かに学んでいくため、テストという評価方法だけで子どもの力を正しくつかむことができません。

田口　そうですよね。テストで子どもの力を測定できないのであれば、成績はつけられません。だったら、この学び方は学校ではできないということになります。学期末になって困るのは私たちなんですから。

桐谷　そうですね。学期末に成績をつけられないいんじゃ困りますよね。よい学習だとは思うのですが、テストができないいんじゃ……。

杉田　桐谷先生、ちょっと誤解していませんか？　私たち教師にとってもっとも大切な役割は、子どもたちの成績をつけることではないでしょう。子どもたちに力をつけることであったり、探究して学び続ける楽しさを感じられるようにすることではないですか。私たちの仕事はすべて、結果的に子どもたちの成長に結びつくものでなければならないと思います。もちろん、理想と現実は大きくかけ離れていますけどね。だから、私たちが考えなければならないことは、子どもの力を伸ばすことができる学習を優先することです。その学習にあった評価方法を見直さなければならないと思いますよ。評価の方法は、テストだけではありませんから。

ところで、図工や音楽のように、ペーパーテストでは測りにくい教科の場合、どうやって子どもの力を評価しているのですか？

桐谷　そういえば、僕たちの学年では図工や音楽でペーパーテストを行っていませんよね。それでも、僕たちはちゃんと評価をしています。なんで、社会科ではテストをしなければ評価できないと考えてしまうのでしょうか。

田口　それはね、音楽でも図工でも、評価の観点が設定されているからなの。たとえば、今学習している音楽の教材は、曲想を感じとって、それにあった表現を工夫することがねらいでしょう。それって、テストでは測れないわよね。

つまり、子どもたちが音楽に対してどのような曲想を感じているかは、たとえ同じ言葉で曲想を表現したとしても、自分の心で感じたことは一人ひとり違っていて当然でしょう。それをテストで測ろうとしてしまったら、「この音楽の正しい曲想はこれ！」と教師が決めつけることになってしまうわ。そんなことをしたら、音楽を楽しむ豊かな心を育てることなんてできないわ。

図工でも、画面の構成を工夫したり、彩色をていねいに行ったりする評価の観点があるけど、これもテストでは測れないわよね。もしかしたら、レポートを書かせて、画面構成についてどのような工夫をしたのか、彩色で工夫したところはどこかと書かせることはできるだろうけど、四年生のなかには、そういうことを文章で表現することが苦手な子どもも多いわよね。絵は本当に魅力的なんだけれど、振り返りシートには何も書いていない子どもがたしかにいます。そういう子どもには、つくっている最中にいろいろと質問したり、説明をしてもらったりして、その子どもが描く絵を一緒に理解すると、どのように画面構成を工夫しているのか、彩色の工夫をどのようにしているのかがだんだんつかめてくるの。だから評価ができるよね。

うーん、社会科も音楽や図工と同じ要領で評価ができるのかしら……。説明責任が果たせるのかしら……。

杉田　田口先生の音楽や図工に対する思いが伝わってきます。たしかに、どんなきれい事を言っても、私たちは学期末に子どもたちの成績をつけなければなりません。だから、テストという方法ではなく、田口先生がおっしゃったように音楽や図工を楽しんでいる子どもたちと対話をしながら、何を考えながら学習しているのかを知るのです。そして、単元の目標と照らしあわせながら、この子どもにどんな助言を送ったらよいか、どんな学習に誘えばよいのかを考えるのです。このシンプルなやり取りを記録にとっておいて、成績をつければいいと思います。

もちろん、子どもたちが提出をした学習成果物や振り返りに書いたことを評価の材料にすることもできます。子どもたちがそれぞれ得意な力を使って学習成果物をつくることができていれば、きっと子どもたちはいきいきと学習しているはずです。そちらのほうが、教師は子どもたちの力をしっかりと把握することができますし、子どもたちの力を引き出せる評価として成長に結びつけられるはずです。

田口　たしかに、音楽や図工でやっているように、子どもたちの姿を見て評価をしていくイメージね。でも、知識の観点はどうするのですか？　やっぱり、成果物や対話から評価していくのですか？

桐谷　えっ、それならテストしたほうがいいんじゃないですか？　やっぱり、浄水場とか水源林とか、知ってほしい言葉はあるし、理解しなければならない事象があるのでは？

杉田　桐谷先生、そうですよ。テストを使ってはいけないと言っているわけではありません。テストにおいて、一律に子どもたちがどれだけ水道に関する知識をもっているのか、また理解をしているのかについて確認したほうがいい場合もあるでしょう。そういうときには、教師がテストをつくってもいいんじゃないですか。

でも、気をつけなければならないことがあります。まず、知識は活用されてこそ意味があり、それはテストのなかで答えられることを目指しているのではなく、自らの探究のなかで獲得した知識をどのように活用できているのかについて、私たちは捉える必要があります。テストのなかに登場する「浄水場」や「水源林」という言葉は、言ってみれば標本のようなものです。しかし、探究のなかで活用している「浄水場」や「水源林」という知識は、泳ぎ回り、飛び回る生きた言葉です。自分なりに意味づけされた知識を理解し、活用している状態を、私たちは具体的な子どもの姿として捉える必要があります。

そして、テストを、しっかりと子どもたちの成長に結びつけるということです。テストから適切なフィードバックが子どもたちに返ってきたり、子どもたちの学習意欲が高まったり、振り返りが進んだりすることで、テストの結果を子どもたちの学習に返してあげなければなりません。成績をつけなければならないからテストを行うというのはよく分かりますが、それは私たちの仕事においては二次的なものでしかありません。もっとも大切なことは、子どもの興味関心を育てたり、力を伸ばすことだと思います。

だから、子どもたちの学習状況をいろいろな角度から見られるように、いわゆるペーパーテストを受けさせるだけではなく、ミニ・レポートで説明する子どもがいたり、教師が質問をして、それに答える形でテストを行う子どもがいたりと、子どもがもっている知識理解を存分に引き出せる方法が取れるといいですね。子どもたち自身が評価の方法を選択し、挑戦できると、自分の振り返りもきっと深まっていくと思います。大切なことは、評価方法はテストだけではなく多様にあり、そしてその評価は、子どもたちの学習が深まるために使われなければならないということです。

田口　そうですね、杉田先生がおっしゃっていることはよく分かります。でも、私たちにそんな時間があるかしら。パーッとテストをやっちゃえば簡単だけど。

杉田　たしかに、私たちに与えられている時間はあまりにも少ないですね。でも、そこは、みんなで知恵を出しあって改善していきましょう。お医者さんが忙しいからと言って、風邪を引いている人を全員診察室に呼んで、「熱は何度ですか？」とか「痛いところはどこですか？」と、ペーパーテストをすることはないでしょう。患者さんとの問診やお医者さんの知識と経験に根ざしたプロの目があるから、正しい薬の処方ができるのです。

教師の場合、子どもたちとあまり会話を交わすことなくテストを配り、ＡＢＣをつけて子どもの仕分けをして「仕事は終了」というケースがあります。言うまでもなく、子どもは自信を失ってしまうことになります。もし、そんなやり方に進もうというのであれば、考え方が間違っていると言えます。

桐谷　たとえば、効率的に子どもたちの学習を捉える方法にはどんなものがありますか？

杉田　ポートフォリオという方法があります。桐谷先生は、ＳＮＳとかやっていますか？

桐谷　やってますよ。Twitterとか、Facebookとか、Instagramとかです。僕はラーメンが好きなので、ラーメンの写真ばっかりを投稿していますが。けれど、ラーメン好きの人たちからフォローされていて、「このラーメン食べたい！」とか「違うラーメンの写真が見たい！」という反応をもらっています。すると、僕もやる気になっちゃって、新規オープンしたラーメン屋に真っ先に行って、ラーメンの写真とかメニューのリスト、ラーメンをつくっている様子の紹介なんかをアップしちゃうんですよ。さらに食べた感想を詳しく書くと、みんなが喜んでくれます。☆が五つとかって、評価するんですよ。逆に、僕が知らないラーメン屋の情報をフォローしている人から教えてもらったりしています。また、友だちにＳＮＳでカレーについて投稿している人がいるので、気分を変えて美味しいカレー屋に行くこともあります。

田口　私は、家族のことがついつい多くなっちゃうわ。うちの子の可愛い写真が撮れると、みんなに見てほしくなるの。あと、最近縄跳びが上手に跳べるようになったので、動画でアップしちゃったわ。そして、うちの子がつくった図工の作品も写真に撮って、親戚みんなが見られるように設定しています。ＳＮＳのタイムラインをさかのぼると、昔の子どもの姿も見返せるので、思い出のアルバムみたいになっているの。

杉田　田口先生もやっているのですか！　楽しそうですね。ポートフォリオは、まさにＳＮＳに近いものです。子どもたちは、学習のなかでつくった成果物や振り返りカード、友だちからもらったファンレターや学習に使ったプリント類、資料など、使ったものを大切に残しておくファイルです。

あるときは、友だち同士で自由に見られるようにして、「見たよ」という印としてポートフォリオにファンレターを入れます。僕もポートフォリオを評価して、子どもの学習状況を把握し、ファンレターを挟んでおきます。子どもたちは、そのポートフォリオを自分でデザインしたり、整理整頓したりしています。

子どもたちは、そのポートフォリオを宝物のように大切に扱っていきます。どうしてかというと、自分の学習の思い出、友だちからの手紙、先生からのフィードバックが残っているからです。一年間の頑張りが残るわけです。シールや好きなお絵かきをして、自分好みにアレンジしている子どもがたくさんいます。自分のやってきたことを大切にとっておける宝物のようなファイルなので、「お宝ファイル」と僕は名づけています。学年費で、子どもたちのファイルを買いませんか？　みんなでやったら、クラスで交換しあったりして、絶対楽しいですよ。

田口　いいわね……私もやりたいわ。そのポートフォリオに、社会科だけでなくて特活でつくったものも入れていこうかしら！

杉田　いいですね、すごい！　クラスの成長もそこに入れちゃうんですね。僕には思いつかなかったなあ。「お宝ファイル」がさらにパワーアップしますね。

そうそう、加えてもう一つ大切なことがあるんですよ。話に出てきている振り返りや自己評価・相互評価のことです。自分自身の学習を自己評価することを、僕の場合は学習のまとまりであるユニットごとに行っています。ユニットシートに自分の学習成果を得点で評価したり、パートナーのよいところや感謝などといった相互評価を書き込んだりしています。もちろん、教師の評価コメントも書き込みます。これで、責任をもって自分自身の学習を評価し、次の学習へとつなげる習慣を身につけるのです。

社会科ワークショップではこの振り返りを積極的に行い、自己評価する力を育てていきます。それは、学習は自分のものであって、学習を改善するのは最終的に自分だからです。もちろん、子どもたちが学習につまずいたときにしっかりと助言して、支えてあげることが教師の重要な仕事となります。しかし、なぜつまずいたのか、次に走りだすときにはどうやったらつまずかないのかについて考える機会を、教師が子どもたちから奪うことはよくありません。

子どもたちはこれから、教師からの評価を受け取るばかりではなく、自分自身で振り返り、自らの学習を改善していく力が必要になるでしょう。その力を成長させる機会をつくってあげることが教師の仕事だと僕は思います。要するに、自立的な学び手を育てるということです。

桐谷　なんか、僕は社会科ワークショップに挑戦したくなってきました。今度、杉田先生の社会科の時間を見学に行ってもいいですか？

田口　私も、不慣れだけど取り組んでみようかしら。その代わりと言ってはなんですが、私も学年で取り組みたい音楽や特活の取り組みがあるのよ！　杉田先生、桐谷先生、協力してもらいたいんだけどいいかしら？

杉田　ぜひ、やりましょう。今度、詳しく聞かせてください。みんなの得意な分野をパッチワークのようにつなげあわせて、楽しいことをたくさんしていきましょう！　みんなのよさがシェアできて、今日はよい学年会になりました。今年も楽しくなりそうです。

みんながよさを共有して、よい実践をつくっていくって、社会科ワークショップの子どもたちの姿と同じですね。私たちの連携のあり方こそが、子どもたちのよいモデルになります。お互いに授業を改善しあって、それぞれがもち味をいかした、魅力ある学級、魅力ある学年をつくっていきましょう。僕も、みなさんからたくさん学びたいです！

桐谷　おお！　なんかやる気が湧いてきたぞ！　僕もいろいろなことに挑戦しよう！

多様に学ぶ子どもを短い時間で把握するためのアイディア

杉田先生の目指したい学習が田口先生の心にも届いてよかったです。社会科ワークショップを実践する前に、このように同僚と思いを分かちあって、同じ方向性で進んでいけるとボタンの掛け違いが起こらず、余計な心配をする必要がなくなります。

子どもたちの学習コミュニティーづくりと、教師たちのコミュニティーづくりは入れ子構造になっています。私たち自身がていねいにお互いをケアしながらコミュニティーづくりをすることが、子どもたちにとっての安心できる学習環境づくりにつながっていきます。杉田先生のように、同僚を信頼しながら学年会で提案したいものです。私たち自身が子どもたちのモデルとなる関係を築きあげなければなりません。

さて、杉田先生が言うように「音楽や図工のように評価する」といっても、子どもによって学びの形が千差万別な社会科ワークショップにおいては、全員の学習を手際よく把握することは難しいでしょう。そのための視点や方法をもっていないと、子どもたちの素敵な学習の様子がどんどん流れていってしまいます。心動かされる学習場面があったならば、記憶に頼らずに記録をしましょう。

では、どのように一人ひとりの学習を把握していけばいいのでしょうか。ちょっとしたポイントがあります。先ほど紹介した杉田先生たちが行った学年会には出てこなかったものを中心に説明していきましょう。

学習後に振り返りを書かせる

基本的なことですが、学習後の振り返りを読むことによって、一番手軽に子どもの状態を知ることができます。一枚の紙にユニット全体の振り返りが集約されていくように工夫すると、全員の振り返りを集めたときでもかさばることはありません（資料三四九ページ参照）。「簡潔に三分程度」や「過去（やったこと）・今（振り返り）・未来（したいこと）の三文で」と時間や文型などの枠組みをつくり、そこに「分からないこと」、「先生に聞きたいこと」などを必要に応じて加えて振り返りを書かせていくと、振り返りを苦手にしている子どもへの支援となります。

私自身も、一つ一つに対しててていねいにコメントすることが難しく、印象に残った振り返りに赤線を引いてすますという日が多かったのですが、最近は学習が終わったその日のうちにざっと目を通すようにしました。振り返りのおかげで、子どもたちが取り組んでいること、迷っているところなどがよく分かり、次のカンファランスやミニ・レッスンのトピックが浮かびあがってきました。

また、振り返りの欄に教師が質問を書き入れることで、簡単な紙面上のカンファランスを行うこともありました。対面でのやり取りが苦手で黙り込んでしまうときには、振り返りを通じて教師とコメントを交換していく形で助言をしていきました。

ペアの友だちに振り返りのコメントを書いてもらうことも大変有効です。頑張った自分をそばで見つめ、応援し続けてくれたわけですから、その子どもが成長できる情報をもっているのは、教師よりもペアの友だちかもしれません。一緒に頑張った学習成果に言葉を送りあうことが、子どもの成長や学習への意欲を促進することになるでしょう。

自分の探究しているテーマの表現にこだわらせる

探究テーマは、いわば自分の学習のキャッチコピーのようなものです。キャッチコピーでしっかりアピールをして、たくさんの友だちが自分の発表を楽しみにしてくれるように工夫させます。教師がテーマを読むことで、子どもたちの学習を短時間で把握することに役立ちます。

実は、テーマの表現にこだわることで自身のテーマを俯瞰的に見れるようになり、自分の探究の重要なポイントはどこなのか、聞き手にとって魅力的な部分はどこなのかなど、振り返る機会ともなります。「振り返りましょう」と指示を投げるよりも「自分の探究のキャッチコピーをもっとかっこよくしよう」と投げかけたほうが、子どもたちは今の探究にしっかりと向きあうことになるでしょう。

私の場合は、振り返りの文章と並べて、今行っている探究テーマを常に書くようにしていました。探究のテーマは、最初に決めてしまって固定化するのではなく、探究の軌跡に応じてどんどん変わって成長していくものです（「第6章　ユニットで子どもたちの遊び場をつくる」参照）。

学習の様子や発表の様子を記録する

「あれどうなった？」と、カンファランスの最初に学習の具体的な経過が聞けると、カンファランスの時間も短くてすみ、子どもたちも教師が自分の学習に関心を寄せていると感じて信頼関係が築きやすくなります。そのためにも、子どもたちの様子を記録することが大切です。

私（冨田明広）の場合、そのメモを名簿に書いていました。名簿をまとめてファイルしておいて、日付を記入し、時間の経過で子どもの学習の様子が追えるようにしています。子どもの名前ごとにノートのページを割り当てて、そこに記録を蓄積するというやり方をしていたこともありましたが、多くの子どものメモをとる必要があるのでページをめくるのが大変になり、やめてしまいました。日付の入った名簿一枚にその日の学習の様子がすべて書き込めるほうが、ページをめくる手間が省けるのでよいように思います。子どもたちの頑張った姿を学期末の所見に書きたいとき、このメモが一番役に立ちました。

観察記号を決めて、文章での表記と併用して使うと記録が楽になります。小さなことでもメモをしようと、教師の心理的なハードルも下がります。事前に、観察記号を簡単に決めておくとよいでしょう(1)（**表10-1**を参照）。

授業の最後、共有の時間にその日のよい学習をしていた子どもをメモから選んで紹介するというのも、子どもたちを勇気づける方法になりました。子どもたちは、自分の探究に夢中になれば

表10－1　観察記号の例

活	活発に学んでいる	資	自分で用意した資料を活用している
止	停滞している	図	図表をいかした資料をつくっている
ぺ＋	よく連携がとれている	テ	テーマがよく成長している
対	よい対話ができている	ノ	ノートに情報が蓄積されている
P＋	プレゼンが上手	ズ	ズバリポイント（意見）がいい
＋や－の数で程度を表します　＋＋＋（とってもいい！）－－（うーん）			

なるほど、友だちのよい学び方に目が向かないものです。教師は、教室のサーキュレーターになりましょう。お互いの素敵な姿を紹介することで風通しをよくし、常に新しい空気に触れられるようにすることも教師の大切な役割です。

自分で記録を残せるようにする

ノートやポートフォリオに学習記録を残しておき、自分の学習を見返すことで、振り返る意味をミニ・レッスンで伝えていきましょう。テストや制作物だけの評価とは違って、ノートやポートフォリオの評価はその子どもの物語を知ることになります。取材したメモ、興味のある

(1)　観察記号の効果的な使い方については、『最高の授業　スパイダー討論が授業を変える』を参照してください。

ページのコピー、制作物の写真など、色とりどりの思い出が流れるＳＮＳの「タイムライン」のように学習の文脈が流れ、見ている教師もその子どものドラマを味わうことができます。何といっても、子どもたちの頑張りを感じることができますので、評価がより楽しい仕事になっていきます。

もちろん、教師が指定した課題やプリントなどで評価する必要もあるでしょう。しかし、テーマや調べ方、自分の考えなど、いろいろな選択をしてきた子どもたちがどのようにして今に至っているのかについて教師が知り、認めることは、学習者自身の決定を大切にしているというスタンスを示すことにつながります。「作品がよかった」と認めることよりも、「その学習を選択し、探究を続けた子ども」をノートやポートフォリオという物語のなかで認めるのです。

コピー機を教室に置いておき、子どもたちが必要な資料を自由に（または許可を得て）使うことができるようにすると、ノートづくり、ポートフォリオ、発表資料の制作などにおいて表現の幅が広がります。板書や資料をていねいに書き写すことが必要な場面もありますが、それだけに多くの時間を使ってしまうと、自分のテーマを育てたり、意味を見いだしたりすることが後回しになってしまいます。自分に与えられた時間をどのように使っていくのかについて考えることは、自立的な学び手においては大切なスキルとなるのです。

たとえば、「子どもたちや保護者にアンケートを取りたい」、「集まってくれた友だちにまとめプリントを手わたしたい」など、コピーを使えるという選択肢があるからこそ、子どもたちがチャレンジしたくなる学習方法となるのです。学び方の選択肢を、学習環境の支援から拡張してあげることを考えてもよいでしょう。

カメラやタブレットなどで、画像や動画を記録できるようにしておくことも大切です。生活科で収穫した野菜や制作したドングリのおもちゃと記念写真を撮ることぐらいならば、子ども同士でも可能です。もちろん、印刷した写真はポートフォリオに入れます。私が教えている子どもたちは、お気に入りの写真にコメントを書き入れて大切にしまっていました。

高学年ならば、教室の四か所で行われる発表においても、動画を撮る役割の人をつくって教師があとで確認することもできます。発表の様子を自ら確認するといった子どもも出てきましたし、共有の時間によい発表のビデオを見ることで、資料や発表方法の効果について考えることもできました。

シートに基づいてカンファランスをする

ただ闇雲にカンファランスをしても、時間を有効に使うことは難しいでしょう。とくに、自分でテーマを決めるユニットの最初や、もうすぐ発表となるユニットの後半では、全員の学習状況を確認して助言する時間が必要となります。そんなとき、教師が何の準備もしないで授業にのぞんだとしたら、アピールができる子どもにしかカンファランスを行うことはできないでしょう。

カンファランスが行き届かないと、袋小路に迷い込みやすい子どもたちは安心して学習に没頭することができません。選択の幅が広い社会科ワークショップだからこそ、教師の指導と評価を求めている子どもがたくさんいます。そのため、事前にシートに記入してもらって、それに基づいてカンファランスをする方法が有効となります。

たとえば、発表前にその内容を一枚のシートに記入してもらい、それに基づいてカンファランスを行うのです。最初に調べたことを伝えるのか、それとも問いかけるのか、聞く人にどのように参加してもらうのか、といったことに対して的確にアドバイスをすることができますし、そのシートをまとめることによって子どもたちも、発表の手順や問いかけなどについて見直すきっかけとなります。

テーマを決めたすぐあと、全員に対してカンファランスをすることも大切にしています。テーマが的を射ていなかったり、今回の目標から逸脱するものだったりすると、教師の都合でやり直しをさせてしまうことにもなりますし、大切な学習意欲を萎（しぼ）ませてしまうかもしれないからです。シートに記入してもらい、テーマを修正する必要のある子どもにだけカンファランスを行うなど工夫をすれば効果的に支援をすることができますし、かぎられた時間を大切に使うこともできます。

評価を取り戻そう

練人くん（「第13章　生活科ワークショップで学習をつくりだす子どもたち（二年生）」ブログにて公開しています。「あとがき」を参照してください）が、生活科ワークショップの時間になると毎日のように裏庭の竹が生えているところに行くのはどうしてなのだろう？　恥ずかしがり屋の彼が、ボソボソと語る声に耳を傾けてみました。すると、「タケノコのような芽が少しずつ顔を出している」と言っていました。

どうやら、彼はタケノコの成長を観察していたようです。気づきませんでした。練人くんは絵を苦手としているので、描きたがらないのかもしれません。さらに、話もしたがらないから、いったいどうすればいいのか分かりません。折り紙、カメラ、クラスのみんなを裏庭に連れていく？　教師は評価をして、これからの指導を考えなければなりません。

一方、四年生の愛さんは、水道の学習において、水道の水と川から取ってきた水を毎回自分の机の上に置いています。どちらも最初はきれいだったのに、川から取ってきた水には、薄緑色の藻がうっすらと生えはじめていました。

愛さんは、それをどんなふうに考えているのだろう？「水道の水はやっぱりきれいでいいなあ！」かな、それとも「水道の水がいつまでもきれいなのは普通の水ではない？」かな？　明日の社会科ワークショップのときに愛さんに問いかけてみよう！　教師はこのような評価をして、次の指導を考えました。

評価とは、これまでの子どもたちの様子から現在を見つめ、次の進むべき道を一緒に考えることです。いろいろなことにチャレンジする子どもたちを見てきたからこそ、子どもの今の姿を見つめることが楽しくなり、次の一手に思いをめぐらせます。

みんなが同じアサガオを観察した結果、壁に整然と掲示されたアサガオの観察カード。たしかに、子どもたちの活動はそろっているので比較がしやすく、評価も行いやすいわけですが、それで練人くんの今の考えや思いを汲みとることはできるのでしょうか？

水道についてテストを行うことは簡単です。テストをすることで図や表から答えを見つける力を確認することはできますが、愛さんのように疑問や問いが芽生え、それに向けて探究しようとする気持ちをテストで後押しすることはできるのでしょうか？

教師が評価しやすいように子どもたちに同じ活動や同じ課題を要求し、B基準ができない子どもをふるい落として、その基準を軽々とこなす子どもをつまみあげるといった評価では、子どもの「これまで」がまったく分かりません。つまり、記号化された断片的な「今」しか残らないというということです。教師の仕事は楽になるかもしれませんが、子どもが夢中になっている学習を勇気づけるといった優しい声にはなりません。

子どもたちに「自ら学ぶ力をつけよ」と変化を求めるのであれば、真っ先に変わらなければならないのは、子どものほうではなく教師自身です。教師の評価と子どもの見方を真っ先に変えなければなりません。

大量となる歴史のテストの丸つけ、教師にとっても負担感は相当なものです。それは子どもにとっても同じなのです。社会科ワークショップに夢中で取り組んでいた子どもが、テストで少し間違えただけで、「僕は、歴史はそんなに得意じゃないんだ……」とつぶやきました。その子どものがっかりした気持ちを感じてしまい、私（冨田明広）はとても悲しくなりました。いかに励まそうが数字の力は強く、子どもたちの心に突き刺さるのです。

「そんなテストで、今の君の頑張りを測ることはできないし、今頑張っているテーマの『浮世絵』についてもっと探究して、楽しんだらいいと思うよ」

こんな言葉を彼にかけましたが、彼の心にどのように響いたのかは分かりません。こんな子どもの姿が見たくて、苦労して大量のテストに丸つけをしているわけではありません。毎年、学年費で購入している社会科のテスト、悩みが大きくなる種の一つです。

正直に言えば、テストのための学習を行うことが力を伸ばすことにつながるとはまったく思えません。テストの点数が自分の存在価値となってしまい、疲れ果てた目をしている子どもをこれまでに何人も見てきました。テストの点数がよいことは「一瞬の快楽」でしかないのです。

四年生を担任したときに同学年の教師と相談して、後期だけでも社会科のテストを購入しないで子どもの「今」を評価してみようと、みんなで挑戦しました。地域教材のテストはほぼ意味がありませんし、興味のある県下の市町村をテーマにした場合、テストが有効に働くことはありません。

これまでテストを大切な評価材料としてきた教師には苦しさもありましたが、子どもの足跡をたどり、今を見つめ、そして未来を拓くことに協力して取り組むことができました。ユニット後の評価は、知識の定着を見るために簡単なテストを教師がつくりました。制作物や文章、教師から子どもへのインタビューなど、複数の方法で評価を行いました。

社会科ワークショップの評価は、テストのない科目の評価方法とほとんど同じです。分かりやすい数字で子どもを見るのではなく、分かりにくいけれど、リアルな子どもの学習の姿を見たのです。そんなことを学年みんなでできたことは、小さな一歩ですが、大きな可能性をもっているように思います。

「テストによる客観的評価で説明責任を果たす」と言われますが、教師にとってもテストの評価は苦行になっています。子どもの学習意欲、教師の準備時間、子どもに対する情熱と、失っているものは計り知れません。しかし、本来評価とは、これまでの子どもの探究の楽しさや苦しさを認め、次のビジョンやステップを提案するといった、極めて人間味に満ちた価値のあるものなのです。

　テストで、社会科における今の頑張りを捉えることはできません。また、一律の観察カードで子どもたちが前のめりになる姿を見ることもできません。評価とは、教師だけでなく子どももワクワクして、やりがいのあるものなのです。教師も子どもも、評価を本来の形に取り戻す必要があります。

パート3

社会科ワークショップで彩る一年間

「パート3」では、長い一年間をいくつかの時期に分け、その時期の子どもたちがどのような学習を行っているのかについて書きすすめていくことで、子どもたちが成長していくプロセスを表現していきます。

第11章では「探究する力」を少しずつ高めていく六年生の姿を、第12章では「主体者意識を持って学ぶ力」を少しずつ身につけていく五年生の姿、そして第13章では決められた学習ではなく、収束と拡散をしながら「自分たちで学習をつくりあげる力」を高めていく二年生の姿を描写していいます。

教師の都合で学習方法が決められるのではなく、第5章で説明した「責任の移行モデル」のように、子どもたちの姿によって社会科ワークショップの学び方は変化していきます。これまで描いてきた各章のポイントも重ねつつ読み進めていただければうれしいです。もちろん、文章という表現力には限界があるかもしれません。それだけに、みなさんの想像力に期待したいところです。

なお、一つお断りをしておくことがあります。ivページで「お断り」として述べさせていただきましたが、「パート3」の第13章は「パート2」の第9章と同じく本書の原稿として書きあげたものですが、紙幅の関係でカットせざるを得なくなりました。そこで、筆者の一人である冨田明広のブログにおいて公開させていくことにしました。アクセス先などは、ivページおよび「あとがき」を参照していただければ幸いです。

第11章　探究する力を身につける子どもたち（六年生）

探究をはじめる前に

二〇一八年度、私（冨田明広）は六年生の担任になりました。社会科ワークショップを通じて、子どもたちには、自立的に学ぶ力や探究する力、学習コミュニティーを築いて仲間とともに高めあう力を育てていきたいと思っています。六年生の社会科はついつい知識偏重になって、教師の教える時間が多くなりがちです。そこで、社会科ワークショップの学び方を使って、子どもたちが自分で設定したテーマを仲間同士で情報共有しながら、情熱的に学んでもらうことを目標にしました。

まずは、子どもたちが社会科に対してどのようなイメージをもっているのか、あるいは、調べることや発表することに対してどのような意識をもっているのか、簡単なアンケートに答えてもらいます。社会科への意欲、本やインターネットでの調べ学習、やったことのある発表方法、歴史に関係する好きなメディア、歴史好きな家族など、いろいろなことを答えてもらいます。子どもたちの実態を把握しておかないと、教えることができないからです。

このアンケート用紙（資料三五〇～三五一ページを参照）は、子どもたちとのやり取りをメモする教師のカンファランスノートに貼りつけておきます。そうすれば、子どもたちと出会ったばかりのころでも、好きな歴史マンガや趣味について話を広げていくことができます。「社会科、苦手なのかあ。どうして？」といったような話を切りだすことができるので、まだ子どものことについてよく分かっていなくても話しかけることができます。

子どもたち一人に一冊の資料集を買うという学校も多いと思います。私は、同じ金額で違う出版社の資料集を数種類用意して、それぞれの子どもが一番気に入ったものを買えるシステムをとっています。つまり、一人ひとり持っている資料集が違うということです。同じ資料集の同じページを開いて一斉指導をしたり、話し合いをするという学習場面はまずありません。

一人ひとりが違う資料集を持っていれば、同じことを調べても違う写真が使われていたり説明の仕方が異なっていたりして、多くの情報に触れることができるようになり、学習効果が上がります。ペアやチームで探究を行う際にもコミュニケーションの機会が増えることになり、積極的にかかわれるようになります。一人ひとりに手わたすという手間はかかりますが、金額は同じなので会計上の処理は問題なく進めることができます。

五月　政治ユニットで社会科ワークショップの学び方を自分のものにする

教室に、たくさんの新聞（最新の全国紙や地方紙、子ども新聞を二週間分ぐらい）や雑誌（朝日新聞出版の「ジュニアエラ」や毎日新聞出版の「NEWSがわかる」など、子どもが読めるもの）を並べました。選挙（二〇一九年の参議院議員選挙）の記事や近隣諸国の動向など、たくさんの情報が掲載されています。

移動式の書架には、政治の単元に関連する本をどっさりと用意しました。公立図書館から借りてきた四〇冊に、学校図書館で使えそうな本を加えています。さらに、インターネット上の活用ができそうな資料を印刷しておきました。各省庁や衆議院などのホームページには「子ども用のページ」がつくられていて、比較的読みやすい文章で説明されています。子どもたちは、これらの資料から好きなものを手にすることができます。

今年度も高学年は教科担任制なので、どの教室にもこの移動書架を運びながら入っていくことになります。圧倒的な資料の多さに、子どもたちは驚きを隠せない様子です。

ニュースの解説者になろう

「さあ、みなさんは政治解説者です。あなたの話を聞いてくれる友だちに、『今のわたしたちの政治』を分かりやすく説明してあげましょう！」

子どもたちの学習に対する期待にこたえようと、久しぶりに気合の入った導入を試みました。そして、「池上彰さんのような解説者って、どんなことをしていると思う？」と、子どもたちに質問してみました。

・ニュースを分かりやすく解説している。
・そのために、新聞や今起きていることをしっかり調べている。
・自分の意見をもって解説している（意見を表に出さないようにしている人もいる）。
・町の人やコメンテーターに質問して、意見を求めている。
・自分の意見や視聴者の意見を政治家にぶつけている。

このような答えが返ってきました。子どもたちも、優秀な解説者は分かりやすく説明するだけではなく、自分の意見をもち、質問で議論を深めていくことを、テレビ番組を通してよく知っています。まさに、これからはじまる社会科ワークショップの子どもたちの活動そのものです。「そう、優秀な解説者がやっていることは、みんなが楽しんで社会科をやっているときと全然変

表11－1　テーマ例

	国の政治の働きのテーマ選択肢	日本国憲法のテーマ選択肢
A	法律ってどうやってつくられるの？（国会・衆議院・参議院・選挙）	国の主人公は私たち国民？（国民主権・選挙・世論）
B	どうやって政治を動かしているの？（内閣・総理大臣・省庁）	すべての人が幸せに生きられている？（基本的人権の尊重・教育を受ける権利）
C	争い事や犯罪をどうやって裁いているの？（裁判所・陪審員）	戦争は絶対にしない？（平和主義・憲法９条）

わらないね。社会科ワークショップは、優秀な解説者のように調べたり、伝えたり、質問したり、時には行動もしていくよ」と、私は子どもたちに伝えました。

小さな探究のサイクルを回す

教師の少しオーバーな演出で効果的に導入したあとは、社会科ワークショップの進め方を子どもたちに分かってもらう必要があります。最初は、小さな探究のサイクルを何回も回し、基本的な社会科ワークショップの構造や楽しさ（ある意味での大変さも）を感じてもらいます。そのため、テーマを選択肢のなかから選べるようにしました。

国における三つの権力や、日本国憲法における三つの原則などの部分は、小さなサイクルを回して調べて発表するという流れがつくりやすいユニットです。まずは、私が大切な最低限の基本的な情報を簡単に教えて、土台をつくります。基本的なキーワードは、掲示物でいつでも確認できるようにしておきます。完全に覚えさせる必要はありません。子どもたちは、自分の探究や友だちの発表などを通して繰り返しその内容に出合うため、この段階ではテーマが選べるぐらいの情報がもてていればＯＫです。

最初から自分でテーマをつくらせるような、子どもたちが主体で自由度の高い学習を四月からはじめる必要はありません。とくに、六年生がスタートしたこの時期は、子どもの情報が少ないために最初は教師が教えることが多くなります。教師がモデルになりながら学習をスタートさせ、子どもたちが安心して学習が続けられるようにすることが必要です。年間を通じて、少しずつ子どもたちに学びの主導権をわたしていきます。

五月の子どもの姿

義務教育の無償に疑問をもった山田くん

基本的な人権の尊重から教育を受ける権利について調べていた山田くんは、すべての人が幸せに生きるために教育が必要であることにうなずいていましたが、「日本国憲法第26条」に書かれている「無償」に引っかかりました。

「学校って、たしかお金を集めてるよね。修学旅行も、給食も」

義務教育において、一人当たりどれだけのお金がかかっているのかを調べたり、国によっては大学まで無償のところもあることを突き止めたりして、クラスの友だちに発表をしました。

投票率の向上を願った島崎くん

新聞記事から参議院議員の選挙が近いことを知った島崎くんは、国の主人公は私たち国民であり、よい国会議員を選ばなければならないにもかかわらず、投票率が下がっていることに違和感を覚えていました。

「その理由は、賛成できる議員がいないから？」という私の質問に対して彼が下した結論は、「反対したい議員のライバルに投票することも大切なのでは！」でした。そして、「投票率の上昇がこれからの社会をよくする」と訴えていました。

六月　社会科ワークショップで探究テーマにこだわる子どもたち

社会科ワークショップの歴史学習がはじまります。歴史好きの子どもたちは、歓喜の雄叫びを上げて待っていることでしょう。いや、自分のもっている知識を自慢したくてウズウズしているかもしれません。ところが、それを冷ややかな目で見ている子どもたちがいます。漢字の多い教科書の文字列を覚えなくてはならないのかと思ってうんざりし、歴史オタクの熱に応じきれずにドギマギするといった自分の姿を想像している子どももいます。歴史を学習するとき、その学習意欲にかなりの差があることを教師は認識すべきでしょう。

とはいえ、多様な子どもたちがいる教室だからこそ、社会科ワークショップには面白さが生まれます。知識のある子どもだけでなく、絵が上手な子ども、物語が語れる子ども、ジオラマづくりが好きな子ども、劇で表現できる子どもなど、多様な子どもたちが同じく多様な友だちと協力するのです。発表を聞いてくれた仲間が「分かりやすかった！」と言ってくれたり、「僕はこう思う！」と違う意見を言ってくれたりして、すべての子どもが思考を深めていく教室、それが社会科ワークショップです。

どの教科や内容においても、学習意欲には差があります。それを悪いことと捉えずに、違いをいかすように進めていきます。事例を紹介しつつ、説明していきましょう。

テーマをつくる力を育てる

基本的な社会科ワークショップの学び方を知った子どもたちが次に目指すことは、自分でテーマを発見することです。テーマをつくりだし、テーマを育てることができるようにすると、今後の社会科ワークショップにも弾みが出ます。五月は、教師が具体的なテーマを出して、それについて調べるというのが基本的な展開でしたが、六月は子どもの実態に応じてテーマ選択の支援を徐々に少なくしていき、子どもたちが自立的に学べるように指導していきます。

段階的に支援を減らし、テーマをつくる力を育てる

①教師が設定した具体的なテーマのなかから、自分が調べられそうなものを選ぶ。
②教師が設定したキーワードのなかから選び、自分でテーマを加工する。
③自分で調べられそうなキーワードを選び、そのままテーマにする。
④自分でキーワードを選び、興味関心に沿ったテーマへと文章化していく。
⑤すぐにテーマを決めず、探究の経過にあわせて、興味関心に基づいてテーマを文章にしていく。
⑥すぐにテーマを決めず、探究の経過にあわせながら、発表を聞く人のニーズを意識してテーマを文章にしていく。

歴史の学習に入ったばかりの子どもたちなら、全体には②を説明し、力によっては③や④、または①をカンファランスのなかで声かけしていきます。

表11－2　子どもたちが実際につくったテーマ例（鎌倉時代）

- ・元（げん）との戦いはなぜ起こったのか。
- ・平氏と源氏がなぜ対立したのか。
- ・武士の暮らし、生活はどんな工夫がされていたのだろうか。
- ・北条政子はどのように幕府をまとめたのか。
- ・武士はどのようにして力を伸ばしたのだろうか。
- ・北条政子はどうやって幕府を支えたのか。
- ・能とは何だろうか。
- ・室町文化は今の文化とどのようなつながりがあるのか。
- ・武士はどんな暮らしをしていたのか。
- ・鎌倉幕府の御家人たちはなぜ不満をもったのか。

「テーマづくりは学習の柱づくり」と教えています。テーマを自分の力で決めるためには、興味関心や背景となる歴史の知識、そして気になるところで立ち止まる力などが必要となります。しかし、それができるようになるまで教師が教え込んでいたのでは、時間数がいくらあっても足りません。ですから、資料を読むにしても、情報をまとめるにしても、今自分がやっている学習の目的をしっかりともち、稚拙な言葉でもよいので自分でテーマを決めるようにしています。

決めたからといって、そのテーマを終始もち続ける必要はありません。途中で大きく変更したり、最初は一日ごとに変わっても問題ありません。むしろ、どんどん深まっていく（育っていく）テーマであれば学習が深まっていくことを意味しますので、テーマが育つことによって自らの探究を大切にするようになっていきます。

ワクワクして楽しめるような掲示物を置く

対象となる時代を深く理解して、思考すればするほどテーマも深い思考を表すものに変化していきます。そのため、テーマを言葉にすることが難しくなっていくでしょう。歴史の初心者でも、最初は簡単なテーマを設定して学習を続けていくと、次第に深いものへと発展していきます。教師にとってもテーマは、子どもたちの探究の進み具合を短時間で把握する本の背表紙のような役割となります。

教師がテーマのキーワードを与えたほうがスタートを切りやすい子どももいます。「武士の暮らし」、「源氏と平氏の戦い」、「元軍の戦い方」など、調べやすくて子どもが興味を引きそうなキーワードの選択肢を教師が与えてスタートし、学習のエンジンをとりあえずかけてしまうという方法です。これは、先に挙げた「段階的に支援を減らし、テーマをつくる力を育てる」の①や②の支援となります。

もちろん、あとで子どものニーズとあっているのかの確認が必要になりますが、放っておくと停滞してしまうケースもありますので、とりあえず動かしてしまうという方法が効果的です。

テーマづくりにおいては、どの子どもにどのような支援を行うのか、または行わないのかのさじ加減がとても重要になってきます。やはり、大切なのはカンファランスということです。

私は子どもたちが歴史の学習をワクワクして楽しめるように、学年の廊下や空き教室に、探究的な学習の手助けになるような資料や掲示物を並べています。自ら支援を得られる仕組みをつくっておくと、探究の入り口となる興味関心の種が芽吹きやすくなります。具体的には、以下のようなものを置いています。

・石器や土器などの出土品（地域の埋蔵文化財を扱う機関から借りられます）
・百人一首や雛人形（平安時代の文化が感じられます）
・鎌倉のガイドブックや歴史博物館のパンフレット（鎌倉幕府の当時を想起しやすい）
・イケメンの歴史イラスト（女子も男子も、これには賛否両論で盛りあがります）

教室に飾られた弥生式土器

六月の子どもの姿

狩猟採集時代の物語を話して聞かせた田村くん

田村くんが、土器の底のほうの黒ずんだ部分を眺めながら、「これは火の痕かなあ……」とか

「どうやって料理していたんだろう?」とつぶやいていました。田村くんは、教科書や資料集の文字を読むことが苦手なので、自立的な学習をすることがこの時点では難しいようです。とはいえ、田村くんをよく観察すると、うまく言語化できないものの、頭の中では土器を使っていた当時の人たちの生活をイメージしているようです。

私は資料集にある狩猟採集時代の生活の様子が描かれたイラストを見せたり、田村くんだけにその土器の使われ方が描かれたプリントをわたしたりして、興味関心を掘り起こしていきました。そして、火の痕であると発見した土器の黒ずんだ部分を写真に撮り、その写真を使って田村くんの描いた物語を発表すればいい、と促しました。

田村くんが考えた物語は、犬を連れた男が狩猟や採集を行って、家族に料理を振る舞うという内容でした。資料集のイラストを活用して、自分なりの意味をつくりだすことに成功したのです。発表のとき、つくった物語をみんなに話し聞かせて、ファンレターをもらうことでたくさんの友だちとかかわりあうことができました。

農耕時代の生活から自分の生活を見つめ直した佐藤さん

「狩猟採集時代と農耕時代、どちらが幸せか?」

私が投げかけたカンファランスのなかからはじまったこのテーマにチャレンジしたのは、佐藤さんでした。佐藤さんは塾や習い事に一生懸命通っている女の子で、「将来の目標のために、今、頑張っている」と言っています。その土地に定住し、農作物をつくっている姿が今の自分に重なっていったようです。

最初は、農耕時代の生活を圧倒的に支持していました。私は、佐藤さんに揺さぶりをかけるために、大自然に支えられた小さなコミュニティー、十分な余暇の時間、多彩な食文化など、狩猟採集における豊かな生活の側面をカンファランスで提供していきました。すると、お米の栽培という足かせにとらわれて、身分制度や戦争などが生まれてしまう農耕時代の「負の側面」に注目していきました。

自分の生活を振り返りはじめた佐藤さん、狩猟採集時代にあった人間らしい営みに触れられたことで、忙しさに自分の時間を失っていることと、お米の栽培に組織的な労働がはじまる弥生人の生活を重ねあわせることができ、多様な価値観やものの見方をもつ機会になったと思います。

マンガで義経を表現した塚田くん

マンガを描くのが大好きな塚田くんは、発表では自作の歴史マンガを読んでもらいたいと考えています。義経が、かっこよく平氏の軍勢を倒していくストーリーを描こうとしています。途中経過を見ると、動きのあるキャラクターを描いていますが、時代とは関係ないものが登場するなど、イメージが先行してしまっていました。

　歴史的な事実をもっとふまえてほしい、と私は考えました。そこで、義経に関する簡単な年表をわたし、「年表に書かれていない義経の思いや感情を盛り込んだマンガにしてほしい」とリクエストしました。すると、塚田くんが描いたマンガはバトル的に描かれたものから変化を遂げ、独りぼっちになった義経の寂しさなどが盛り込まれ、歴史的な事実にも配慮したマンガへと発展していきました。

「てつはう」をつくって検証した山内さん

　教科書に載っている「蒙古襲来絵詞（もうこしゅうらいえことば）」（宮内庁所蔵）から元軍に興味をもったのは山内さんです。対馬海峡を渡って元軍が襲来してきたとき、日本の伝統的な戦い方と元軍の戦い方がまったく違ったことに、「面白い！」と感じたようです。「やあやあ我こそは……」と自己紹介してから戦いはじめる鎌倉武士に対し、ドラを鳴らして一気に集団で攻め込んでくる元軍、戦いの文化が違いすぎます。

　山内さんは、新聞紙とガムテープを使って実際の「てつはう」（火

教科書に載っている「蒙古襲来絵詞」

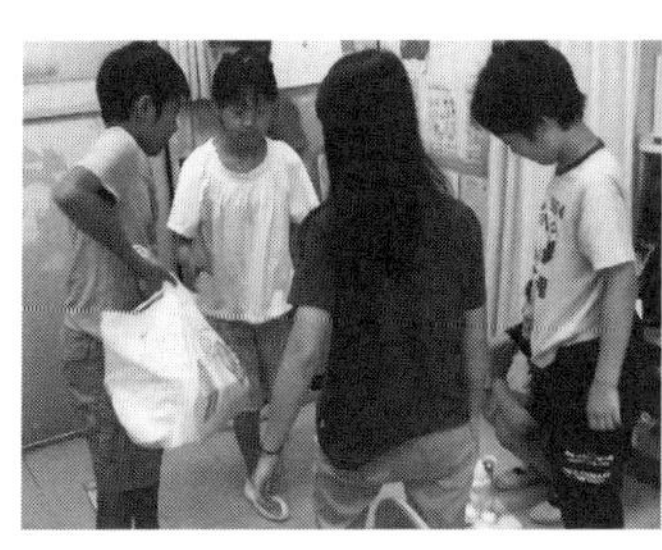

工夫された「てつはう」

薬を用いた兵器）の大きさを表現し、さらに水を詰めたペットボトルで重さを体感できるように工夫しました。この「てつはう」をどのように使っていたのか、山内さんは具体的にイメージし、仮説を立てて検証しようとしていました。

さすがに、「振り回すのはダメ！」と私は言いましたが、探究する姿は歴史家そのものでした。図工が大好きな山内さんが、歴史も大好きになるきっかけとなりました。

九月　自分の意見を育てる社会科ワークショップへ

「ズバリポイント」って難しい

授業のなかで私は、調べたことの要点を「ドキリポイント」、考えたことの要点を「ズバリポイント」と名づけ、ドキリポイント以上に、ズバリポイントの大切さについて丹念にミニ・レッスンをしてきました。

夏休み前の子どもたちの学習を振り返ると、どうしても本やインターネットをまとめたものばかりとなり、自分の考えが軽視されていました。その理由は、これまでの社会科の調べ学習が調べたことに偏りがちとなっており、一斉授業のなかで一部の子どもが考えたことを表現するだけにとどまってしまい、自分の考えをもち続け、育てていく学習が重要視されてこなかったからだと思われます。

感想と意見は違いますし、意見は、調べたことを根拠にしていないと学習は進みません。従来の調べ学習も大切にしながら、その上に自分の意見を重ねて、育てていくことを重点的に指導していこうと決めていました。

「ドキリポイント」と「ズバリポイント」のような名称をつけて、「調べた事実」と「自分の意見」を意識させるように工夫すると、自分の考えをもつことの大切さや、調べた事実に基づいて自分の考えを生みだすことの価値を伝えることができます。カンファランスのなかでも、「今回のドキリポイントは何にするの？」と質問して、確認することができました。

子どもたちは、「ズバリポイントは難しい」と言うようになります。今まで感想ですませていた子どもたちが、自分の意見とは何かを真剣に考えられるようになった証（あかし）となりますので、まちがいなく成長している過程での葛藤であると言えます。子どもたちの葛藤としっかり付きあって、一緒にもがいていくといった教師のスタンスを大切にしています。

とはいえ、多くの子どもたちは自分の興味のある人物やキーワードからテーマを決め、資料集の記事や本などで調べていくため、事実を調べることにだけ夢中になってしまい、自分の意見をもつことが後回しになってしまいます。発表するときも、自分の意見を伝える時間は最後にある「おまけコーナー」のような状態となっていました。つまり、発表時間のほとんどを調べたこと

（ドキリポイント）の解説に使ってしまい、考えたこと（ズバリポイント）は最後の一分ほどでいい加減にすませていたということです。

ズバリポイントを生みだすためのミニ・レッスン

考えたことを軽視してしまっている今の状況を何とかしなければなりません。社会科の資料をうまく扱えるようになってきているこの時期、自分の考えをしっかりともつことに踏み込んだミニ・レッスンをしていこうと、私は学習の方向性を修正することにしました。

以下に示したのは、考えたこと（ズバリポイント）を生みだすために行ったミニ・レッスンのポイントをまとめたものです。

・自分の予想したことや間違っているかもしれないことでもOK。しっかりとその理由や根拠を示して、聞く人に伝えよう。
・探究のテクニック（資料三五六ページ参照）とは考えるための道具箱。まずは、探究のテクニックを使ってみよう。
・どこにも書かれていないことは、「分からない」ではなく自分のイメージを膨らませるチャンス。それが「考えたこと」に成長する。

・調べたことと考えたことにかける時間や量は、五〇パーセントと五〇パーセントの割合がちょうどいい。考えたことは、友だちとどんどん話し合って、いろいろな視点で考えていこう。
・調べ終わってから考えるのでは忘れてしまう。調べているとふと思い浮かぶことがある。それが考えたこと。だから、調べながら考える。思い浮かんだらすぐにメモをする。
・考えたことは、最後のおまけではなく、発表の最初に伝える。そして、どうしてそのように考えたのかを、調べたことで説明していく。
・自分の思いついた意見や仮説が正しいのかと、調べたくなることがある。それは、探究のサイクルが回っているということ。
・テーマを育てるのと同じように、自分の意見

ズバリポイントで考えを示す

も育てていく。早めに思い浮かんだ意見でも、探究を続けるともっとよい言葉で表せるようになったり、聞く人をさらに説得できるようになったりして成長していく。

・聞いてくれた友だちの半分がすぐに納得しないぐらいの意見がちょうどいい。自分の意見に反対や違う意見が出るということは、考える価値があるということを表している。

・感想とは、自分のなかで収まる感情。「驚いた」、「尊敬した」、「面白かった」のように、自分のなかだけで収束してしまうもの。意見とは、相手を動かすもの。「もっと狩猟採集時代の価値観を見直そう」、「平安時代の季節を感じる力を取り戻そう」、「君は、卑弥呼が近畿にいたと思っているだろう?」、「明智光秀は悪者ではない!」というように、相手の思考が動きだす。

自分の意見を伝えることは、子どもにとってはとても勇気のいることです。「正しいことを言う」、「間違っていることは言ってはいけない」といったことが当然視される環境で育ってきた子どもが多いため、自分の意見に質問をもらうと「それは間違っている」と指摘されているように捉えてしまい、小グループでの話し合いにおいても、調べたことの応酬で自分を守ってしまいます。

教科書や資料に書いてあることが正しいとは言い切れず、新しい歴史的な史料が登場するたびに、正しいと思われていた記述が覆ることもしばしばです。また、旧石器時代を裏づけていた資料に偽装があったり、最近では明智光秀（?～一五八二）の新しい資料が発見されたりと、「正しいとされていたことも変化する」という話を子どもたちにしてきました。

土台となるクラスの信頼関係が築かれ、多様な意見を比べたり重ねたりすることが楽しいと感じられるようになれば、社会科は「多様な考えを出しあって楽しい」という次の段階へとシフトするでしょう。調べることが主眼にあった段階から、考えを生みだし、小グループのなかで友だちに意見を投げかけて、共感してもらったり議論したりすることに楽しさを感じる段階へとステップアップするのです。

考えをもつ、意味をつくりだす力を育てるためには、信頼関係のもと、友だちと対話ができるという学習コミュニティーの形成が大切となります。

この年の六年生も、考えたことを生みだすためのミニ・レッスンのポイントやカンファランスを継続的に重ねたことで、ゆっくりと意見づくりに意識がもてるように成長していきました。教師の後押しと子どもたちの関係づくりが、自信をもって意見を表明できるという環境をつくりだします。テクニックを教えれば、一朝一夕に意見をもてるというわけではありません。教師が、具体的なビジョンをもち、前掲したリストのように具体的に目指す姿を伝え、目の前にいる子どもにあった教え方で背中を押し続けることが必要です。

九月の子どもの姿

『解体新書』と理科の臓器の図を比較して考えた和田くん

杉田玄白（一七三三〜一八一七）は『解体新書』を訳した人の一人――普通の授業ならそれだけで終わりになってしまいそうですが、和田くんはこれだけでは終わりませんでした。彼がテーマにしたのは、「『解体新書』は本当に正しいのか？」です。

資料集にあった、ターヘル・アナトミアの解剖図（『解体新書』のもとになったオランダ語の解剖学書です）、『解体新書』の解剖図、さらに理科の教科書にある臓器の図を並べて、どのような違いがあるのかを見つけていくといった学習を行いました。

私は彼の探究に、「現代は、レントゲンや超音波、ＣＴスキャンなど、もっと詳しく臓器の状態を検査できる技術

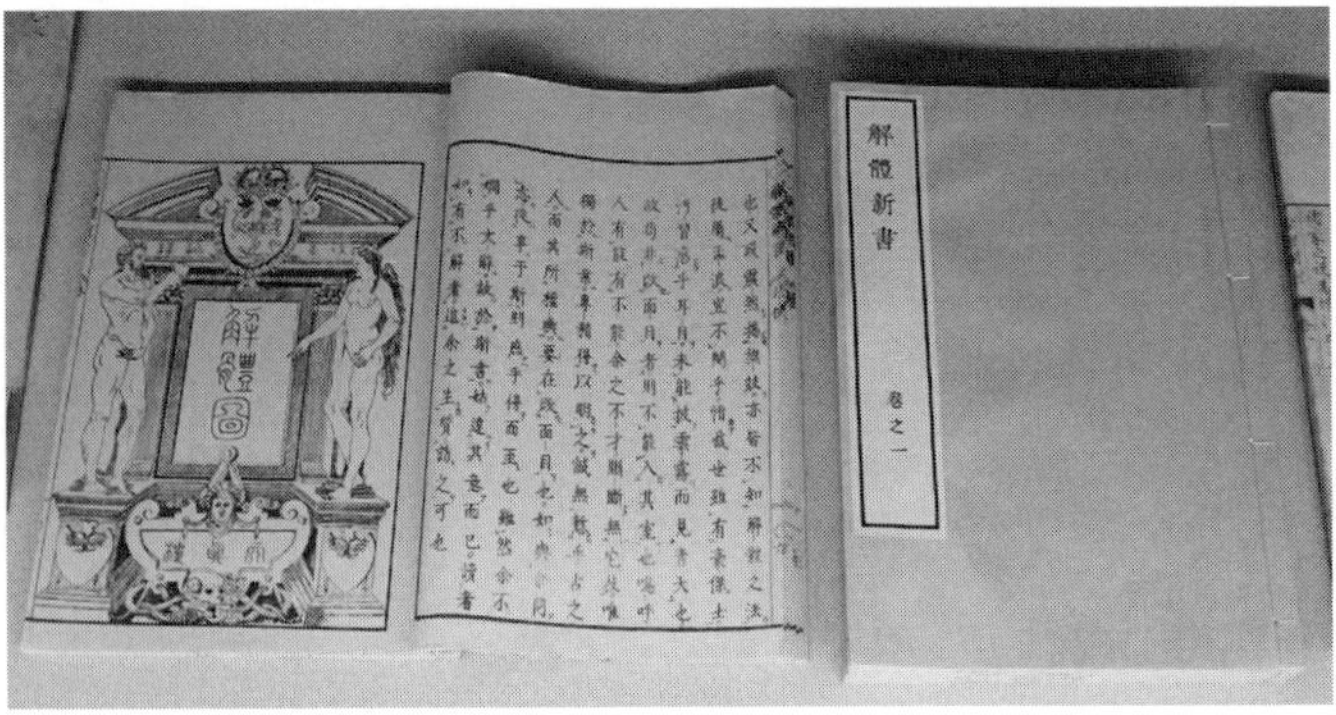

『解体新書』（適塾所蔵）

が発展してきたね。現代と江戸時代とを比べて考えたことを書き加えなよ」と提案しました。すると最後の発表のとき、「杉田玄白に感謝しよう。彼のおかげで私たちは長生きできる世の中になった」というような意見を伝え、現代の医療技術にまで探究が進んだ発表となりました。

平塚らいてうからインスピレーションを受けてジェンダーについて考えた笹本さん

平塚らいてう（一八八六～一九七一）が登場するミニ・レッスンなかで、「今の女性だって平等じゃないよね。いろいろと……」という私のつぶやきに、笹本さんは「医学部の入試で女子が点数を下げられていたというニュースがあった」と言って話題に入ってきました。

「偉い人に女性はほとんどいない。総理大臣とか、社長とか。女性は子どもを育てなくてはいけないから？」

彼女のおかげで、このクラスでは平塚らいてうを調べる女の子たちが多くなりました。

笹本さんのズバリポイントは、「女子、みんなで頑張ろう！　女子がもっと活躍できる社会にしよう！」でした。彼女は、平塚らいてうについての探究からスタートし、卑弥呼の時代やもっとそれ以前は女性が「むら」の中心であったこと、そしてパキスタンのマララ・ユスフザイさんが二〇一四年にノーベル平和賞を受賞していることなどを例に挙げて、発表を聞きに来た女子たちを鼓舞するような面白い内容のものとなっていました。

彼女の面白いところは、平塚らいてうにインスピレーションを得て、ほかの時代で活躍した女性を調べ直したり、現在の女性が活躍している様子を取りあげて、歴史全体を女性の視点から捉え直したことです。少し調子に乗っている感じもありましたが、男性ばかりが上に立っている社会に向けて、「女子が社会を変えよう！」と、聞いている女子に向けて訴えていました。歴史を道具として現代の生活を見直し、歴史学習の枠から飛びだしていました。

彼女の「女子、頑張ろう！」というスローガンは、自らの探究を突き動かすだけでなく、周りにいる多くの女子たちの心を動かしたようです。

二月　子どもが質問で問いかける、学習するコミュニティーへ

六年生の後半になってくると子どもたちは、見通しをもって探究のサイクルを回せるようになっています。教科書を友だちと確認しながら読み、その過程で生まれた小さな考えを育て、最終のズバリポイントを設定します。

最初は不安を感じながら小さな「考えの種」をひらめきますが、やはり自信がないようで、信頼できる友だちに「これでいいのかなあ？」と聞いて確認している姿をよく見かけます。しかし、ズバリポイントを大切に温めながら、それを裏づける情報を教科書や資料集、参考になる図書か

ら集めたり、画用紙に集めた情報を整理していくと、ズバリポイントが変容し、一段階深まって成長していきます。

子どもたちも、友だちと「考えの種」を確かめる過程を通して、少しずつ自信をつけていくでしょう。このようなことが二月まで繰り返されれば、子どもたちは見通しをもって最終のズバリポイントまでこぎつけることができます。この年の六年生も、これまでの探究を行ってきた学習経験から、自分の意見をしっかり示すという姿勢が身についていました。

年明け早々から、質問とコミュニティーづくりを大切に行ってきました（「第8章　学習コミュニティーを育てる」参照）。発表する人とそれを聞く人という、教師と生徒の役を子どもたちが演じる分離型のスタイルではなく、問いかける人とディスカッションする人が渾然一体になる参加型のコミュニティーへと成長している様子がうかがえます。

「問いをつくる」という学習はとてもパワフルです。自分の探究のことばかり考えていればよかったのですが、問いをつくることによって、自ずと聞き手のニーズや参加しやすい環境まで考えることになります。つまり、独りよがりの探究ではいられなくなるということです。

パワフルな問いかけによって聞き手とうまく歯車があい、一体感や連帯感を感じられるコミュニティーのなかで学びあい、「学習することが楽しい」という感情へと結びついていきます。六年生の最後には、そのような感覚を経験させて、卒業へと導いてあげたいと思っています。

とはいえ、すぐにパワフルな問いかけができるようになるわけではありません。どのような質問をしたらコミュニティーの話し合いが活発になるのか、友だちにどのような情報提供をしたら問いについて意見が出しやすくなるのかなど、子どもたちはこのような視点で学習を考えたことがありません。それだけに、教師はしっかりと問いかけ方についてカンファランスを行っていく必要があります。

私はこの年、社会科ワークショップがはじまってから、ずっとペアで進める探究を続けてきました。このときのユニットでも、毎時間、可能なかぎりペアでのカンファランスを重ねました。カンファランスの主眼は「問いかけ」にあります。ペアごとに子どもたちを呼び、どのような問いをつくったのかと確認をしていきました。学習の場づくりの専門家である教師が、小グループでの学習方法についてペアに助言をしていくのです。パワフルな質問づくりについてのカンファランスの視点は次のようなものでした。

どのような言葉で問いかけるか

問いの意味をしっかりと相手に伝えるために、問いの表現を吟味します。たとえば、「なぜでしょう?」と聞くのではなく、「どのような理由で?」と聞くだけで、正解がなく、意見をみんなから集めるといった雰囲気をかもしだすことができます。また、ホワイトボードに問いだけを書き表して、聞き手が分かりやすいように提示します。問いかける側もボードに書くことによって、自分の問いかけが相手に伝わるのかについて発表の前に確認することができます。

どのタイミングで問いかけるか

子どもたちは問いかけを最後にもっていきがちですが、私の場合は、最初に問いかけてから自分の資料を出したり、自分の意見を伝えたりするほうが学習コミュニティーは活性化すると感じていますので、ほとんどの場合、最初に問いかけることをすすめています。

最初に問いかけをすることについて早めにカンファランスができれば、その後の資料や意見を質問にあった形で仕上げていくことができますので、問いかけを軸とした自分の学習の場づくりが可能になります。

問いかけを最後にもってくる場合は、「自分たちの将来はどうなるのか？」などのかなりオープンな問いかけをしたいときには有効でしょう。発表者の提案をすべて聞き終わったうえで、自分ならどうするかと考えることができるからです。

どのような自分の考えを用意しているか

問いかけについて、正直な自分の考えを用意することもできますが、聞き手を意図的に揺さぶるような考えを用意しておくこともできます。その答えへの反論から、ディスカションを活性化させていくという手法です。

みんなが共感することも楽しいでしょうが、似たような意見で場が収束してしまい、盛りあがりに欠けてしまうこともあります。相手の思考を意図的に促す、辛辣(しんらつ)な意見がスパイスになるかもしれません。ただ、本当の意見とかけ離れている場合は、発表の最後にしっかりと修正する必要が出てきます。

どのような資料に基づいてみんなに話し合ってもらうか

よくありがちなのは、問いかけとあまり関係のない資料を用意してしまうことです。子どもたちに問いかけへのカンファランスを早めに行って、聞き手が考えの助けになる資料を提供できるように手助けしてあげるとよいでしょう。

また、メリット・デメリットなどをTチャートで整理するような資料を用意したり、賛成か反対か、一直線上に自分の立場をマグネットで表現したりする資料など、話し合いの場が可視化できるようなものも有効です。このような資料は、子どもたちが自らつくることは難しいので、教師が提案してあげるとよいでしょう。

何のために問いかけるか

歴史談義に花を咲かせるといったディスカションも知的好奇心を満たすうえでは楽しいものですが、そこに「自分たちが暮らす未来を変えたい」という意識が重なると、子どもたちの真剣味は増し、熱い意見交換が行われる可能性が高まります。とくに近現代を学ぶ場合は、現在の時事問題と関連することが多いため、子どもたちの将来にかかわることが多々あります。

社会科ワークショップでの問いかけが、子どもたちの未来を変える一歩になったとすれば、教師冥利に尽きるものとなります。そのような質問がつくれるように、教師も一緒にアイディアを出してあげるとよいでしょう。

この年は、発表だけを行う「発表日」を設定していました。各ペアの発表時間は一五分程度でした。教室内の複数の箇所で同時に行われるので発表の時間は賑やかになりましたが、一生懸命議論をしたり、友だちの意見に寄り添ったり、解決方法が見えなくて悩んだりする光景が広がりました。六年生の最後、私が目指していた教室の風景は子どもたちにも伝わっていたようです。

目の前にいる子どもたちが社会を担う一人となって、社会科ワークショップで具現化された民主的な教室をそれぞれのフィールドで形にしてくれたら私はとても嬉しいです。子どもたちが大人になった一〇年後における社会の理想形がこんな教室と同じであったら、と願っています。

 二月の子どもの姿

二〇二一年に開催される東京オリンピックで使用される「新国立競技場」の高額な建設費が問題となっていたころ、ちょうど社会科ワークショップは高度経済成長期頃の日本をテーマにして学習を進めていました。坂井くんのペアは、社会科のたびに私が持ってきていた新聞をぼんやりと眺めていました。

東京オリンピックの意味について問いかけた坂井くん

私（冨田）　何に注目しているの？　坂井くん。武田くん。

坂井　先生、オリンピックで使われるスタジアム、めっちゃお金がかかると書いてあります。

私　新聞には、そのお金を何に使うと書いてあるの？

武田　えー、開会式とかサッカーとかやるみたい。

私　オリンピックっていうのは、僕たちもワクワクするよね。二人は大切だと思わないの？
武田　大切だと思うけど、今あるスタジアムじゃだめなのかな。
坂井　そんなにお金を出して、意味があるんでしょうかね。
私　それ、いい質問になりそうじゃない？
坂井　え？
私　坂井くんは、オリンピックが「テーマの卵」だったよね。その質問を、二人の発表を聞く人に考えてもらい、答えてもらうっていうのはどう？
坂井　え？　それって歴史になるんですか？
私　もちろん。二人で一九六四年の東京オリンピックがどのように役に立ったのかについて考えて、最後に今回の東京オリンピックにお金をかける意味をみんなに聞いてみるという発表はどうかな。

坂井くんのペアが一九六四年のオリンピックを「テーマの卵」にして調べていることを私は知っていたので、今回のオリンピックと比べながら調べることは面白いと考えました。しかし、テーマは固まっているものの、どのように発表を構成したらよいのか、そこまで考えを進めることはできていませんでした。

坂井くんは、新国立競技場の建設費用に問題を感じていましたが、それを質問の形にまで言語化できていなかったようです。興味をもって調べていても、目の前にある情報に集中しすぎてしまい、自分たちがなぜそれを探究しているのか、よく分からなくなってしまうことがあります。教師は、一度立ち止まらせてカンファランスをする必要があります。カンファランスをしないと、質問を考えるのが発表直前になってしまいます。

そこで、早めのカンファランスで質問を一緒につくり、もしテーマが深まっていくようであれば、質問も一緒に深めていくようにと促しました。そして、発表の際に、一九六四年のオリンピックの意味を坂井くんの「ズバリポイント」として投げかけ、それと比べながら今回のオリンピックの意味について考えれば、きっとコミュニティー全体で学習が深まるのではないかと私は考えました。

質問を一緒に考えてあげたり、質問と一緒に出す資料のアイディアをアドバイスしてあげたりすることで、坂井くんの探究はもちろんのこと、コミュニティーに参加した友だちのかかわり方を向上させることができます。

坂井くんは、自宅近くの三ツ沢公園陸上競技場が前の東京オリンピックではサッカーの会場だったことを知らない様子でした。そのことを調べるように伝えたところ、坂井くんは興味をもち、インターネットで当時の競技場の様子や、今の競技場の前に立っている平沼亮三（一八七九〜一九五九・市民スポーツの父）の銅像などについて調べあげるほど学習に熱中することができました。

坂井くんは発表のなかで、かつてのオリンピックは、「戦争に負けた日本が復活したことを外国に伝えるため」や「新幹線など、日本がすごい技術をもっていることを世界にアピールするため」など、日本がすごい技術をもっていることを世界にアピールするため」など、東京オリンピックの意味をいくつか伝えました。そして、そのあと、「では、ここでみんなに考えてほしいことは、今回の東京オリンピックの意味ってなんだと思う？」と、聞いていた友だちに問いかけました。

「外国の人が観光のために来てお金を使うから、それが目当て？」、「世界平和のためだろ？」、「東日本大震災があったけど、みんな来てってことでしょ？」など、いろいろな考えをみんなが答えていました。

そこで坂井くんが、新国立競技場にたくさんのお金がかかっていることを自分の言葉で説明しました。すると、発表を聞いていた五人から、「無駄だろう。そんなに高いスタジアムは必要ない」や「少しはお金をかけたほうがいいかも。新幹線のように日本の技術力のアピールになる」など、

平沼記念体育館などが隣接する三ツ沢公園陸上競技場

坂井くんの発表をいかした意見が出されました。

私は、このグループの発表をよく観察し、すべての発表が終わったあと、坂井くんの発表だけでなく、彼を中心とするコミュニティーが学習を深めていくうえにおいてとても活発で、そして多面的で、素晴らしかったとみんなに伝えました。

コロナ禍のオリンピック

二〇二一年に開催される「東京オリンピック」の意味について、定まった正解はありません。そもそも、オリンピックに意味があるのかという議論も必要でしょう。しかし、多様な意見が出ることによって考え方が広がり、前提を問うような思考が出現したのです。

教師が子どもたち全員に問いを出すのではなく、子どもたちを支援することによって自分たちの力でコミュニティーに問いかけるようになり、問う力を高めることができます。自分の力で学びを進めるために、そしてコミュニティーの力を発揮して協働的に学ぶためには、問いを子どもたち自身がつくり、問いかける力を身につけていく必要があります。

第12章 社会科ワークショップで主体者意識をもって学ぶ子どもたち（五年生）

四月 年間の見通しをもつ

ある日、数年前に私（西田雅史）が受け持っていた五年生の社会科の様子が写された画像をスライドショーにして、次から次へと子どもたちに見せていきました。

・日本地図に山脈や平野をたくさん書き込んでいる男の子
・グループで大きな地球儀を眺めている教室
・米袋がびっしりと天井からぶら下がっている掲示物
・模造紙に描かれた大きなクロマグロが泳いでいる廊下
・水揚げされたカチコチのマグロが所狭しと並べられた漁港

・ロボットアームがうごめく自動車工場の生産ライン
・自分たちの学校の周年行事が伝えられているコミュニティー紙
・間伐された丸太が持ち込まれた教室
・年鑑や図鑑に向きあう子どもたちの真剣な表情
・自分の考えを、聞く人に生き生きと伝える子ども

数年前の五年生なので、近所の友だちや習い事の先輩などが画像のなかに登場し、時折歓声が上がりました。この年の五年生も、画像に登場するかつての五年生に自分たちの頑張りを重ねて見ていることでしょう。

子どもの心をもっとも揺り動かすものは、自分たちと同じような子どもの姿です。社会科で生き生きと学ぶ子どもの姿を写真で見ることで、子どもたちは社会科ワークショップの学習に夢をもつことができます。さらに、教師が子どもたちに情熱的に語りかけるというのも効果が大きいでしょう。たとえば、次のようにです。

「高学年にもなって、先生に教えられてばかりでいいのですか？　人生のうち、先生が教えてくれる期間はごくわずかです。先生がいなくなっても、自分で学習し、自分で自分を高められるかっこいい高学年になりましょう！　授業の主人公は先生ではなく、みなさんです。みんなで調べ

て、伝えあい、うーんと困って考えを出しあって、頭の汗をいっぱいかきましょう。大変なこともたくさんありますが、夢中になって学ぶって本当に楽しい！　先生は、そのお手伝いや応援をします。みなさんが主役です！」

また、子どもたちとやり取りをしながら授業をはじめることもあります。

私（西田）　三年生では自分が住んでいる「市」のこと、四年生ではそこから少し広げて「東京都」のことを学習したよね。勘のいい人は気づいたかな？　じゃあ、五年生ではどんなことを学習すると思う？

高貴　日本！

私　そのとおり！　五年生では東京を飛びだして「日本全国」のことを学習していきます。

（と言って私は、黒板に「日本の〇〇」と書きました。）

さあ、この〇〇に入ることを一年間学習していくんだけど、何が入ると思いますか？　答えは一つではありません。

淳弥　うーん、なんだろうなあ……。

紗香　果物！

私　おっ、いいね！
奈々　魚！
私　うんうん！　魚のことも学習していくよ。
翔太　オレ、魚が大好きだから早く学習したいなあ。
梨沙　お米！
私　うん、お米のことも学習するよ。大まかに言うとね、一学期は主に日本全国の「暮らし」について、二学期は「農業・漁業」や「工業」について、三学期は「情報」について学習していきます。一年間を通して、それぞれの学習のなかで自分が調べたいな、もっと知りたいなと思うことをテーマに設定して調べ、そして考えていく活動を行っていきます。五年生の一年間で、日本のことを何でも知っている「日本博士」になろう！

このように、最初の社会科の授業では、子どもたちとのやり取りを通してこれまでどのような学習をしてきたのかを振り返り、どのようなことを一年間で学習していくのかという見通しを、大まかな形でもてるようにしています。また、一年にわたる社会科の学習において夢と希望を抱けるように、魅力的な導入を準備して子どもたちを迎えています。

アンケートで子どもたちの実態を把握する

社会科ワークショップを行っていくうえにおいて、子どもたちの実態を把握するためのアンケートは欠かすことができません。そこで私は、授業開きのときに年間の学習計画を子どもたちに示したあと、以下のような話とともにアンケートを実施しました。

「学習に本格的に入っていく前に、みんなにアンケートに答えてもらいたいと思っています。これは先生とみんなをつなぐ、そして先生がみんなのことをより深く知るために大切なものです。そして、みんなが自立した市民になるために、社会科の学習を自分の手でつくっていく力をつけるために、先生は一年間支えていきます。それでは、四年生までの社会科の学習を思い出しながらアンケートに答えてください」

以下に示したのが、そのときのアンケート項目です。

❶社会科は好きですか？
❷社会科は得意ですか？
❸社会科を学ぶのに夢中になったことはありますか？

❹社会科で友だちと協力して学習に取り組んだことはありますか？
❺一人で学習に取り組むことができますか？
❻学校以外でも社会科の内容について考えたことはありますか？
❼これまでの社会科でどんなことが心に残っていますか？

これらの項目に回答してもらうことで、子どもたちの興味関心について知ることができます。また、子どもたちがどんなことが得意で、どんなことが苦手なのかを教師が把握することで、その子どもの学習経験や興味関心に即した導入や資料の準備ができ、子どもたちだけでなく教師も安心して授業をスタートさせることができます。

また、授業中のカンファランスに役立てることもできます。なぜなら、どの子どもが社会科を好きで、どの子どもは嫌いかが分かっていれば、それぞれに応じたカンファランスをすることが可能になるからです。たとえば、社会科に苦手意識がある子どもには、一緒に調べたり、キーワードを与えたり、さらにはテーマにつながるような資料をわたしたりと、その子どもにあった形で支援の厚さを変えることができます。また、一人で学習に取り組むことが難しいと感じている子どもには、教師がペアやグループでの学習を促すこともできます。

それでは、実際の授業の様子を見ていきましょう。

五月　教師の支援をいかして学習を進める子どもの姿

学習指導要領の「（1）我が国の国土の様子と国民生活」の内容から、社会科ワークショップのスタートです。この時期における教師の指導が、今後、子どもたちが自立して学習していくための基盤となります。そのため、子どもたちの学習状況をていねいに把握することはもちろん、時にはしっかりと支援して、子どもたちと一緒に考えていくことが重要となります。

では、「土地と人々の生活」というユニットをはじめましょう。

私　みんな、「ガイドツアーキャスト」って知ってる？　ディズニーランドに行ったことがある人は？　おっ、結構いっぱいいいるね。ディズニーランドには、お客さんの質問になんでも答えられる専門の人がいるんだ。「乗り物はどこにあるのか」とか「どのお店で何を売っているのか」までだよ。この前、ディズニーランドに先生の子どもと行ったとき、何度もその人に助けてもらったんだ。このような役割の人が「ガイドツアーキャスト」です。みんなには、これから学習する四つの土地から一つ選んで、その土地のガイドツアーキャストになってもらいたいと思います。

春翔　ということは、その土地の気候とか、そこに暮らす人たちの暮らしのことを詳しく知らないといけないのか！

私　そう！　春翔くんの言うとおり！　興味をもった土地を一つ選んで詳しく調べてみよう。

　このような形でスタートした「土地と人々の生活」ユニットは、以下のように進めることになりました。

①ロング・レッスン

　四時間を使って、各土地の地形や気候の特徴、そしてその特徴をいかした人々の工夫をロング・レッスン[1]していきます。教師が準備してきた資料を提示したり、動画を視聴したりして、それぞれの土地の概要をつかんでいきます。

②テーマの設定

　子どもが、「この土地のガイドツアーキャストになりたい！」と思う土地を選びます。とはいえ、子どもたちはワークショップをはじめたばかりなので、最初から探究テーマを自由に設定するのではなく、ここでは「○○土地の△△の工夫」といったように、ある程度テーマの範囲や言葉を教師のほうで絞ることにしました。なお、△△には「家」、「農業」、「観光」のいずれかを当てはめるようにします。たとえば、「寒い土地の家の工夫」といった感じです。

こうすることで、ワークショップ初心者の子どもたちでも、何をやったらいいのか、どんなことをテーマとして設定したらいいのかがはっきりします。また、子どもたちは本来一人ひとり興味関心が違いますので、自分で探究したいテーマを選ぶことができると、これからの学習意欲が高まることになります。

③調査と発表準備

同じテーマの友だちと、ペアやトリオになって調査していきます。調査方法は、図書資料（学校の図書資料二〇冊、市内の図書館から借りた三〇冊を教師があらかじめ用意します）を読む、もしくはこちらが提示した今回のテーマに関するWEBサイトにアクセスする、のどちらかです。「こちらが提示した」と限定的にしたのには理由があります。タブレットを使ってインターネットにアクセスできるということは大きな利点ですが、いきなり「何を調べてもいい」と自由度を

（1）通常のミニ・レッスンにかける五～一〇分という短い時間ではなく、四五分間を使って要点を押さえる授業のことです。一斉授業の形を取ることが多いです。

高めすぎてしまうと、「調べたいことが出てこない」と言って、むやみやたらに検索して、ネットの使用方法に関する教師の支援が増えてしまうからです。

また、発表までの調査時間は四時間しかありませんので、あまり大がかりな「発表」はしません。簡単にポスターにまとめたり、調べたことをまとめたノートを見せながら発表するといったこともあります。最初は、探究のサイクルを小さく回すことでワークショップの見通しをもてるようにすることをねらいとしています。

もちろん、発表の仕方は子どもたち自身が選びます。発表後には、ほかの子どもたちがファンレターを書いてわたします。

比べることを通して新たな視点を獲得する

「寒い土地の家の工夫」を調べて発表しようとしていたのは、奈緒さんと康介くんのペアです。調査時間四時間のうち、二時間が過ぎたころのことでした。この日の授業では、最初に「共有の時間」をとり、これまで調べてきたことをほかのペアに伝えて、分かりづらいところについて質問をしてもらうということにしていました。

ペアで調査を進めていると、行き詰まることがよくあります。そんなとき、「共有の時間」をとります。「調べ終わった」という完全な状態でなくてもいいので、今悩んでいることや困っていることなどをクラスの友だちに相談したり、アドバイスをもらったりすることで、次に何をすればよいのかが見えてきます。

実際、奈緒さんと康介くんペアは、次に何をしようかと迷っている様子でした。すでに、寒い土地の家の工夫は調べ終わっていますが、友だちにその内容を説明したところ、伝えたいことがあまり伝わらなかったようです。

私　さっき、ほかのペアに調べたことを伝えていたけれど、どうだった？　奈緒さんと康介くんは、寒い土地の家の工夫を調べているんだよね。

奈緒　そうです。昨日までに「寒い土地の家の工夫」は調べ終わってしまったんです。先生がロング・レッスンで使っていた動画も見直して、ノートにまとめてみました。それで、さっきの「共有の時間」で調べたことをほかのペアに伝えてみたら、あんまり反応がよくなくて……。だから、康介くんと相談していたんですが、どうすれば私たちが調べたことがもっと伝わるのか分からなくて……。

私　そうなんだね。暖かい土地の家の工夫については調べてみたの？

康介　いいえ、調べていません。僕たちのテーマは「寒い土地の家の工夫」なので。

私　寒い土地だけでは伝わりづらいんだったら、暖かい土地のことも調べて、二つを比べて「こんなところが違うんですよ」と比較しながら発表してみるというのはどうかな。

奈緒　なるほど！　寒い土地の家の工夫だけじゃなくて、暖かい土地の家の工夫もあわせて発表すれば、寒い土地の家と暖かい土地の家の工夫の違いが分かるし、寒い土地の家の工夫が際立つかもしれないよね。

私　うんうん。そのとおりだね。二人で相談してみてよ。

　自分たちが調べてきたことをほかのペアに「中間報告」して、教師にカンファランスをしてもらったことで、今の自分たちに足りないことや残りの二時間で調べることが見えてきたようです。ペアで学習を進めているので、すぐに相談できる相手がいることが、学習をさらに進めることにつながったのかもしれません。

　次の時間のミニ・レッスンでは、昨日行った奈緒さんと康介くんペアと私とのやり取りを全体に向けて伝えながら、「比べる」ことのよさについて、「比較することで寒い土地の工夫をより魅力的に、そして分かりやすく紹介することができるかもしれないよ」と伝えました。

　このように、教師と子どもたちとのやり取りを全体にも伝え、探究の方法や視点を子どもたちのなかに増やしていくことがよくあります。探究の方法や視点が増えないことには、自分たちが設定したテーマに対して一側面からしか迫ることができないので、とくにこの時期は、方法や視点を増やすミニ・レッスンを子どもたちの姿を通して伝えるようにしています。

強みをいかした発表

「寒い土地の観光の工夫」を調べていた孝之くん、凌くん、章弘くんの男の子トリオは、どのように発表するかで迷っていました。最初はポスターにして発表しようと考えていたようですが、この日は手が止まっていました。どこかしっくりこないようです。

ポスターをはじめとして、紙芝居形式、模造紙にまとめる、新聞、劇など、社会科ワークショップでは発表方法を自分たちで決めるわけですが、描くことが苦手な孝之くんはポスターで発表することをよしとしていない様子でした。

このときは、ポスターでの発表にクラス全体が偏っていたこともあったので、さまざまな方法があることをクラス全体に示す意味で、「三人の強みをいかして、劇風に発表してみてはどう」と私は提案してみました。実は、このトリオが、普段から係活動においてお笑いコントをクラスの友だちに披露していることを知っていたのです。

最初、三人は戸惑っていましたが、「俺たちのよさをいかそう！」となったようで、話し合いの結果、一人は札幌に昔から住んでいる雪の神様、あとの二人は今年の冬に北海道に引っ越してきた住民という設定にして、コント形式で発表することにしました。

孝之　こうも雪が多いんじゃ人が来てくれないよ。この時期の雪はこたえるよ。

凌　そうだなあ。困ったもんだなあ。あっ、こんなときはあの人を呼んでみよう！　神様！

章弘　（雪の神様）どうしたんじゃ、この忙しいときに。何かお困りかな。

孝之　はい。雪が多くて、北海道に観光客を呼ぶことができません。いっそのこと、雪なんてなくなってしまえばいいのにと思ってしまいます。神様、雪をなくすことはできませんか？

章弘　ふむふむ。お主たちは雪を「敵」と見ておるんじゃな。まだまだ甘いのおー。一見したところ「敵」に見える雪を、いかすように考えたらどうじゃ？　雪を「味方」につけるのじゃ。

凌　えっ、どういうことですか？

このあと神様は、雪をいかした「札幌雪まつり」のことをタブレットに映しながら紹介していました。雪国に住んでいない子どもたちからすると、雪国に住む人々は「雪がたくさん降って大変」とか「とっても寒い」と思ってしまいますが、今回の三人は「工夫」に目を向けたことで、その土地の人々がどのようなことを大切にして、どのような工夫をしながら生活しているのかについて見えてきたようです。

今回は、教師が設定した選択肢からテーマを選べるようにしたわけですが、子どもたちは自分の体験や興味関心をいかして、自分がもっともよく学習できる選択肢を選んで、生き生きと学習することができました。

発表後の振り返りで、「自分が調べたいことを調べることができて楽しかったし、もっと詳しく知りたくなりました。これからも頑張ります！」と、次へのエネルギーを見せてくれた子どももいました。また、神様役をした章弘くんは、「緊張したけれど、劇風に発表してみて、みんなから『とても分かりやすかったよ』と言ってもらえて嬉しかったです」と書いていました。

一人ひとり得意なことが違うわけですから、全員が同じ方法で発表する必要はありません。自分の強み、特徴をいかすことができるのも社会科ワークショップならではのことだと思います。

九月　テーマを自分で設定し、壁にぶち当たりながらも粘り強く探究していく姿

忙しくても探究サイクルを回し続ける

私が勤務する学校の運動会は、一〇月に入ってすぐに行われます。二学期がはじまった途端、学校中が「運動会モード」に突入するわけです。休み時間も、応援団や表現種目の練習に削られるといったこともしばしばです。子どもたちはというと、やはり疲れているようです。それでも、子どもたちが自立して学ぶことを継続していくためには探究のサイクルを回し続けていくことが必要だと考え、大きなサイクルではなく、無理のない小さなサイクルを回すことにしました。テ

ーマを決めて、二時間で調べて三時間目で発表というシンプルなものです。

まずは、お米の学習です。お米を毎日のように食べていますし、学校では一人一つバケツ稲を育てていますので、子どもたちにとっては馴染みのあるユニットと言えます。総合的な学習の時間と関連づけながら、お米ができるまでの工程や農家の人々が行っている工夫をミニ・レッスンで扱い、自分でもっと調べてみたいな、知りたいなと思ったことをテーマにすることにしました。題して「お米ミニ探検隊」です。

二時間しか探究の時間をとらないので、大々的な発表の準備はもちろんしません。調べたことをグループ内で友だちに伝えるだけです。そんななかで私が大切にしたのは「学習のコミュニティーづくり」でした。一人だけで学んでいくのではなく、意見を交わしながらみんなで考えをつくっていく、そんな「学習コミュニティー」をつくっていきたかったのです。

のちのち、これが考えを深めていくことにつながっていきますし、「自立的な学習者」になっていく土台にもなります。ですから、「グループでの発表のときは、友だちの発表を静かに聞いている必要はないよ」とか「どんどん質問をしながら、友だちが設定したテーマを掘り下げていこう」という話を子どもたちにしていました。

これまで「聞くときは静かに。すべての発表が終わってから質問をするように」と指導されてきた子どもたちにとっては難しい感じでしたが、途中に質問を挟みながら友だちが設定したテーマを掘り下げているグループのやり取りを価値づけていくことで、「みんなで意見を交わしながら、みんなで考えをつくっていく土壌」を徐々につくっていくことができました。

調べた事実から推測する

次は水産業の学習です。お米の学習のときと同じく、子どもたちにとって魚は身近なものです。子どもたちに聞くと、家の近くにある回転寿司屋に行く子どもが多いようです。「好きなネタは?」という質問に、「マグロ!」、「イクラ!」、「イカ!」と口々に好きなネタを教えてくれます。普段、手を挙げないような子どもまで発言するといった姿が見られました。

このユニットを通して、日本で食べる魚の半分以上が輸入に頼っている現状を確認したうえで、日本の水産業はどのようしたら生き残っていけるのかについて子どもたちに考えてもらいたいと思っていました。消費する側で、食べるだけだった魚について、捕る側や育てる側から考えてほしかったのです。

また、このユニットでは、漁業の方法を調べるだけではなく、水産業に携わっている人々の工夫や努力、そして思いにまで迫っていけるようにすることをねらいとしていました。社会科ワークショップでは、調べて分かったことと関連づけて「自分の考えをつくりだすこと」が、未来の社会をつくっていくうえにおいて必要な力だと考えているからです。

遠洋漁業、沖合漁業、養殖漁業、栽培漁業のそれぞれについて概要を押さえたあと、「自分が一番調べてみたい漁法を選びましょう」と子どもたちに話しかけました。まずは、自分たちが選んだ漁法について知るために、インターネットや図書資料で情報を集めます。どんな方法で魚を捕っているのか、どんな魚を捕っているのか、どのようにして魚を育てているのかなどが最初の調査テーマになりました。

最初は嬉々として調べていましたが、おおよその情報はすぐに集まってしまいます。しかし、「水産業に携わる人の思いや工夫」を調べようとしてもなかなか情報が出てきません。それもそのはず、です。人々の思いはインターネット上に掲載されているものを探すのではなく、探し当てた事実から「どのような思いで魚を育てているのだろう」とか「こういった工夫をしているということは〇〇と考えているからではないだろうか」と、考えをめぐらせながら推測するものだからです（一九一ページからも参照）。

ただ、この段階では、子どもたちは調べることですべての問いを解決しようとしています。ですから、最初の壁である「調べたいことが出てこないこと」や「知りたいことがインターネット上にない」といった問題に直面することになります。

「調べたいことがなかなか出てこない」と言いながら検索に検索を重ね、路頭に迷い、自分が何をしたいのかだんだん分からなくなってしまうということもしばしばです。自分でテーマを選んで調査していくことに慣れてきた子どもたちですが、この壁をなかなか越えられずにいます。そこで私は、「推測」をテーマにしてミニ・レッスンをすることにしました。

私　みんな、調査を進めていくなかで、こんなことに直面したことはないですか？「調べても知りたい情報が出てこない」とか「いいサイトがない」というようなことです。

（多くの子どもたちが「うんうん」とうなずきながら聞いています。）

そんなときに、みんなに使ってほしい技があります。それが「推測する」です。

（子どもたちの振り返りを見て、沖合漁業のことを調べている子どもが「カツオの一本釣りでロボットを使っていることが分かった」と書いていたので、私はこの事実を使って「推測」という技を教えようと考えました。）

「カツオの一本釣りでロボットを使っている」という事実を突き止めた人がいるんだけど、その事実からどんなことが推測できるかな？　ちょっと予想してみてください。

（少しの間対話をしたあと、何人かの子どもたちが推測したことを発表してくれます。）

文人　一本釣りをする人が減ってきている。

優佳　一度にたくさん捕れる。

志保　漁業でも機械化が進んでいる。

私　なるほど、今三人が言ってくれたことがまさに「推測」だね。一つの事実を幹にして、推測という枝を伸ばしていくイメージをもってください。あんなことやこんなことも考えられるんじゃないかと、考えを広げてみよう。そして、友だちと考えたことを対話してみよう。決して、調べたいことのすべてがインターネット上に載っているわけではありません。事実から推測することで、より生産者の立場に立って考えられますよ。

私はこう言って、一本釣りをする人が年々減っていることが分かるグラフを子どもたちに配付しました。推測したことが現実に起こっていたことを知って、「本当に減っているのか！」と子どもたちは興奮した様子でした。

このミニ・レッスンのあと、早速対話をはじめる子どもたちがいました。玲さんと茜さんです。この二人は、養殖漁業をテーマにして調べていました。二人はこの時間までに、養殖している魚の種類や養殖方法について、ある程度調べ終わっていたのです。ただ、養殖に携わっている人の思いや工夫までにはたどり着けずにいました。そこで二人は、今まで調べたことを整理して、それらの事実から推測できることについて話し合うことにしました。

玲　どうして養殖漁業が行われるようになったんだろう。

茜　さっき調べた資料を整理していたらこのグラフが出てきたんだけどさ、この時期から捕れる魚の量がかなり減っているよね。

玲　きっと、いろんな工夫をしてきたけど、だんだん魚が捕れなくなったんだろうなあ。

茜　だから、魚を「育てる」という考えになったのかなー。

玲　魚を売らないとお金が入らないから、魚を育てるための工夫をたくさんしているんだろうね。

茜　その工夫のおかげで、養殖漁業は結構盛んになっているんじゃないかなあ。

玲さんと茜さんは、なぜ養殖が行われるようになったのか、魚を養殖するうえでの苦労や養殖にかける思いなどについて、手元にある資料をいかして自分たちの考えをつくりだそうとしていました。また、私が見つけた資料なのですが、工夫をたくさんしてきた結果、ブリやサケのような養殖業の割合が国内流通量において全体の六割を超えているデータを対話に夢中になっている二人に見せたとき、「やっぱりそうか！」という表情をしていたことを今でも覚えています。

その日の玲さんの振り返りには、「推測することは大変だったけど、推測をしたことが本当に当たっていてうれしかったし、魚を育てている人の思いにも迫れる気がしました」と書かれていました。社会科ワークショップの真髄でもある「考えをもつ」ことに、少し近づけたような感覚をもったと言えます。

一一月　学習コミュニティーで学びを深める子どもの姿

運動会が終わると同時に、今度は学芸会の練習に子どもたちは追われることになります。休み時間に練習に行く子どももいますし、五年生からはじまった委員会の活動があるという子どもも少なくありません。そんなときだからこそ、友だちとのかかわりを大切にしてほしいと考えた私は、自分の思いも含めて「工業ユニット」のワークショップを四人グループで進めていきたいと提案したところ、子どもたちも快諾してくれました。

日本の工業生産についての概要を押さえたあと、グループで探究していくテーマを一つ決めます。自分たちのグループを「ハイブリッドスターカー社」と名づけたグループは、「自分たちで考えた新しい自動車をつくろう！」というテーマを設定しました。

「うちの車にはテレビがついているよ！」

「この前テレビで見たんだけどさ、自動運転の機能がついている車もあるらしいよ！」

「私もこの前家族で出掛けたとき、ガソリンスタンドじゃないところで何かを入れている車があって、お父さんに聞いたら、『あれは水素で動いているんだよ』って教えてくれたんだよね」

子どもたちの口から、次々と見たことや経験が語られます。車にいろいろな機能を搭載したいようで、想像以上に盛りあがっています。

私　ハイブリッドスターカー社は、新しい自動車の開発に乗りだしているんだね。

拓人　はい！　かっこいいやつにしたいんですよね。

私　うんうん。ところで、ハイブリッドスターカー社は新しい自動車の製造工場をどこに設置する予定なの？

拓人　え⁉

私　だって、空想で終わらせたくないよね。実際につくるとしたら、どこに製造工場をつくったらいいんだろうね。

このときのハイブリッドスターカー社は空想物語に走ってしまいそうだったので、学習のねらいに戻れるような声かけをしました。ワークショップは子どもたちに任されている時間が多いのですが、決して放任しているわけではありません。時には、楽しそうに話を進めているなかで、学習指導要領にもある「交通網の広がりや外国とのかかわり」に着目できるように、教師がカンファランスすることも必要です。

このあと、ハイブリッドスターカー社の四人は、これまで学習してきた内容を振り返ることにしたのですが、拓人くんが何やら地図帳をのぞき込んでいます。

圭一　拓人、何見てるの？

拓人　日本の自動車の製造工場は海沿いに多いんだなあーと思ってさ。

圭一　あ、本当だ。でも、なんで海沿いに多いんだろう。

拓人　多分、輸出するためだと思うんだよね。海に近いほうが、すぐに船に乗せて外国に運べるじゃん？

圭一　たしかにそうだね。じゃあ、さっき西田先生が言っていた『どこに製造工場をつくるのか』は、海沿いで決まりだよね」

中間発表の様子

これを四人の決定事項として、ハイブリッドスターカー社は中間発表に臨むことになりました。

中間発表とは、探究してきたことをクラス全体に向けて最終的に発表する前に、小グループで

「僕たちはこんなことを調べています」ということを報告する場です。私は、別のチームである「プミニオンマーベル社」も製造工場の場所を検討していることを把握していたので、ハイブリッドスターカー社とプミニオンマーベル社をひとまとまりにして中間発表の場を設けることにしました。

二グループ合計八人がなるべく間を空けずに座れるように、二つの机を八人で取り囲むようにして行いました。「なんか、近いと安心します」と、この距離感のほうが緊張することなく、子どもたちは自分の考えが発表できるようです。

ハイブリッドスターカー社が海沿いに製造工場をつくると発表したあと、プミニオンマーベル社から出されたアイディアは「中国」でした。ハイブリッドスターカー社の四人は目を丸くしています。プミニオンマーベル社は、私がミニ・レッスンで「グラフの見方」を扱ったときに配った資料に注目していました。

雄太郎　この二つの図（**図12－1**と**図12－2**）を見るとさ、一九八九年度からだんだん下がっているんだよね。自動車の国内需要が下がっているってことは、ミニ・レッスンで先生も言ってたけど、日本では自動車を必要としている人が減ってるってことだよね。

瑠夏　あとさ、自動車を持っている人は年々増えているけれど、最近は一九八八年から一九九三

図12－１　自動車国内需要（台）

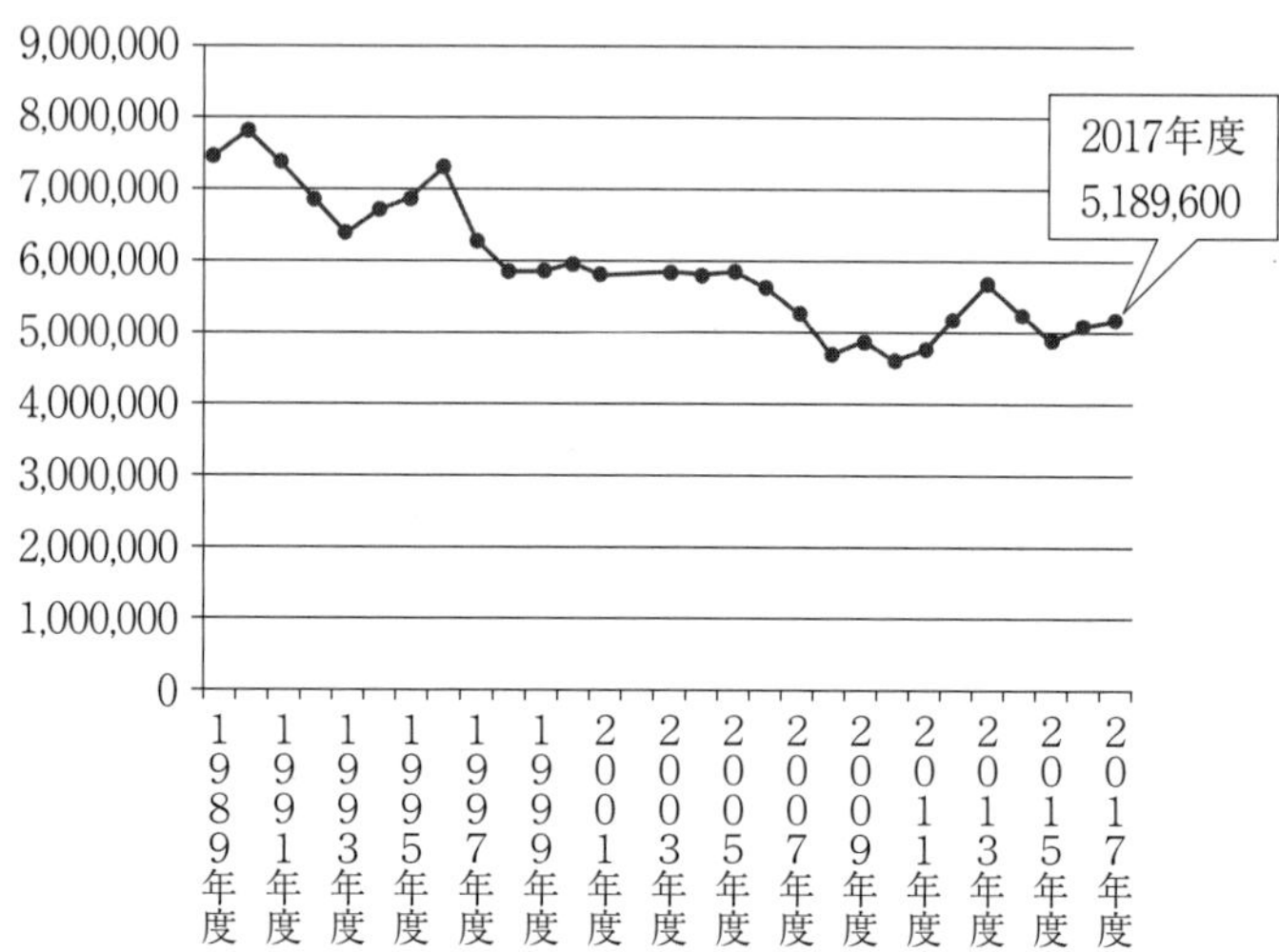

図12－２　乗用車の保有台数の推移

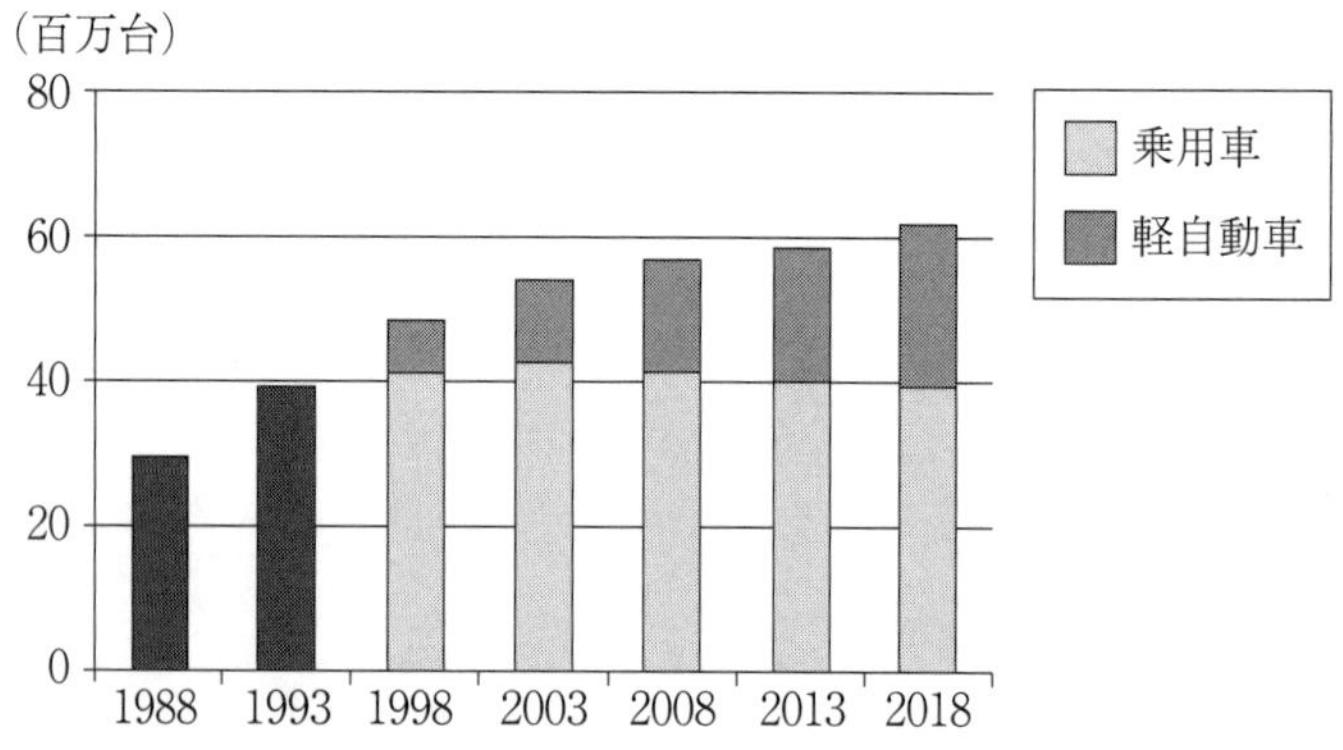

（注）1988年、1993年は種類別が公表されていないため全体の台数としている。

年ほど増えているわけではないから、やっぱり日本では、あまり自動車は必要とされていないんじゃないかな。

拓人　うん。だったらさ、日本でつくって輸出すればいいんじゃない？

どうやら、ハイブリッドスターカー社の拓人くんは、中国に工場をつくるという提案を受け入れることができないようです。

志織　私たちもそう思っていたんだけどさ、調べたら、今は中国に工場をつくっている会社が多いんだって。

裕人　しかも、働いた人に払う人件費が日本よりも少ないらしいんだよ。

そう言いながら地図帳を出して、中国の面積や日本との距離を確認したり、ほかに工場を建てられる場所はないのかという話を両社の子どもたちがしていました。そして最

地図帳を出して確認している様子

後、お互いに付箋にファンレターを書いてエンパワーしあいました。

学習コミュニティーが成熟していないと、自分たちが調べていることや考えていることを発表して終わってしまうということが多々ありますが、成熟してくるとお互いの考えを聞きながら、ほかの案は考えられないか、もっとよい解決策はないかと意見を出しあい、目の前の問題を一緒になって解決しようとします。学習が停滞していると、つい教師が手を差し伸べて救ってあげたくなりますし、失敗する前に教師が先回りして、失敗しないように手を回したくなるものです。

もちろん、教師の指導や助言が必要な場面もあるでしょう。しかし、本来子どもたちは力がある存在です。「一緒に解決していこう」とか「一緒に乗り越えていこう」という雰囲気があふれている学習コミュニティーであれば、子どもたちはお互いに切磋琢磨し、刺激しあいながら目の前の壁を乗り越えていくものです。それを忘れてはいけません。

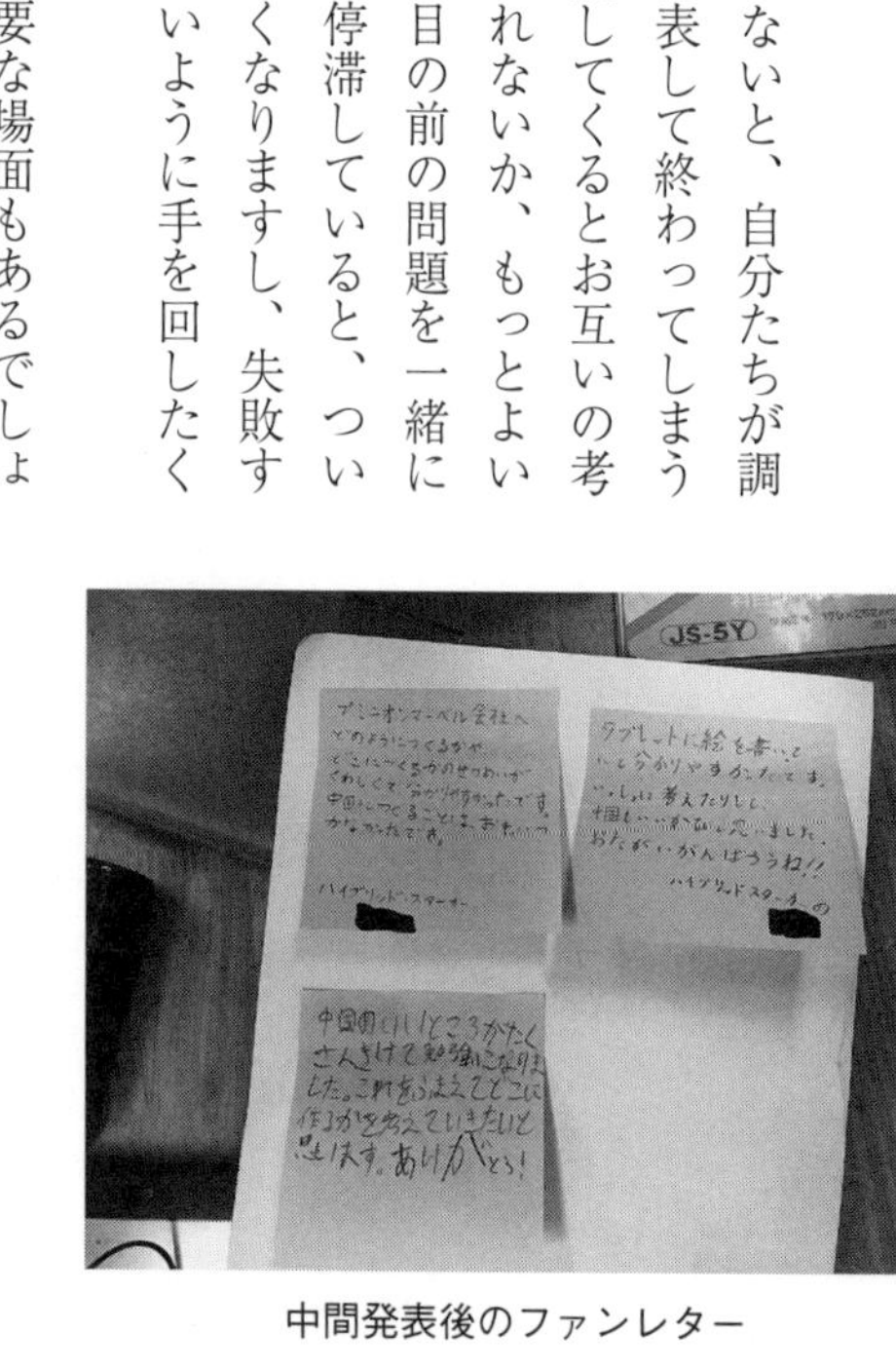

中間発表後のファンレター

一月　友だちと協力しながら、自分の探究を振り返る子どもの姿

情報発信者の見方・考え方を学ぶ

五年生も終盤に差し掛かり、六年生を見据えて過ごす時期になってきました。委員会では、六年生からの引き継ぎが行われたり、六年生の卒業を祝うための準備をしたりと、「最高学年になるんだ」という気持ちが少しずつ芽生えてきている子どももいます。

社会科ワークショップを行っていると、一人で進めることが好きな子どももいれば、誰かと一緒に学習することで力を発揮できるといった子どもがいることが分かります。また、この時期になると、「友だちと協力することが楽しい」と感じる子どもが増えてきます。

このときの「情報」ユニットでは、自分が取り組みたいグループサイズで学習を進めていくことにしました。それを子どもたちにあらかじめ伝えたうえで、学習をはじめることにしました。

私（西田）　みんなは「情報」というと、どんなことを思い浮かべますか？

大智　いつ、どこで、誰が、何をしたかを知らせるものです。

梓　「出来事」じゃないの？

私　うん、どれも立派な「情報」だね。では、そんな情報をみんなはどこから受け取るのかな？
梓　テレビ。
結衣　新聞。
健介　ラジオ。
宏明　スマホ。

ここまで来ると、スマホを持っている子ども、または保護者のスマホを見たことや使ったことがある子どもは、口々にアプリの名前を言うようになります。そんな様子を見て私は、「情報を得る方法は多岐にわたること」を子どもたちに伝えました。子どもたちは、情報に囲まれて生活していることに何となく気づきはじめているようでした。

ただ、これからは「情報取得者」としての立場だけでなく、自らが「情報発信者」という立場になることも増えていくことが予想されます。そこで私は、「情報を発信すること」に焦点を当てて授業を進めていくことにしました。社会科の時数だけでなく、総合的な学習の時間の時数まで組み入れて、社会科ワークショップを教科横断的に学習していくような組み立てを考えたわけです。

そこで、まず行ったのが「新聞のテレビ欄調査」です。授業日の新聞に掲載されているテレビ欄のコピーを子どもたちに配り、気がついたことをどんどんノートに書いていくように言いました。最初は、いつも見ているバラエティー番組の話や、朝はどの局のニュースを見ているかといった話に花が咲きます。そんななか、朝のニュースに注目していたのが朔太郎くんでした。

私　おっ、赤鉛筆で囲っているのは何の番組？

朔太郎　ニュースです。

私　ニュースをチェックしていて、何か気づいたことはあった？

朔太郎　びっくりしたことなんですけど、どの局でも、僕が朝ごはんを食べている時間はニュースを流していました。

私　本当だ、赤い四角が並んでいるね。何か秘密が隠されていそうだなあ。どうして、どの局も朝の時間にニュースを流しているんだろう。

朔太郎　たしかに。多くの人に見てほしいんだと思うんだけど……。

そこで私は、この疑問を全体の場で取りあげることにしました。この時期になっても、子どもたちとのやり取りのなかで全体の場に還元したほうがいいなと思ったことは、必ず取りあげるようにしています。

私　今、朔太郎くんが朝の時間にどの局でもニュースを流していることに気がついたんだけど、みんなはどうしてだと思う？

（しばらくの沈黙のあと、「分かった！」と叫んでくれたのは、いつもクラスの考えを広げてくれる香名子さんです。）

香名子　きっと、仕事に行く前のお父さんやお母さんに見てほしいんじゃないですか？　お昼にニュースをやっても、仕事中の人は見られないだろうし。

将太　あと、天気予報！　ニュースのなかに必ずありますよね。あれも、朝に洗濯物を干す人の役に立っているんじゃないかなあ。

私　なるほど。ということは、情報を伝える側は、自分たちのことだけではなくて、情報を受け取る側のことを考えているんだろうね。

「あ！　お昼に料理のことをやっている局が多いことに気づいたんですけど、これって……」とか「今日の晩御飯のメニューに悩んでいる人！」と、赤鉛筆でチェックしたことやそこから推測できることをみんながどんどん発言しはじめます。二学期に学習した「推測する」という技がいかされています。

ここまで来ると、「何の番組をやっているか」ではなく、「この時間にこの番組をやっているのは、何か意味があるにちがいない」と、紙面上では分からないことを子どもたちはそれぞれ推測しはじめます。

「夜の七時から一〇時くらいまでバラエティー番組やってるじゃん？　これってさ、『俺らみたいな子どもに見て楽しんでほしい』っていうのとさ、『仕事から帰ってきて疲れている大人に、笑って元気を取り戻してほしい』っていう願いがあるのかもしれないよ」

と、推測したことを友だちに伝えたのは、先ほどニュース番組が朝に固まっていることに気づいた朔太郎くんでした。このようにして一時間、テレビ番組欄とにらめっこした子どもたちは、「気づき」と「推測」を繰り返しながら、情報発信者が常に情報を受け取る側のことを考えているという結論に至りました。

友だちと協力しながら自立的に学び、探究する

次は、実際に情報発信者の立場になる時間です。「情報発信者は、常に情報を受け取る側のことを考えている」と頭で分かっていても、実際に情報をつくって発信してみないと分からないことがあります。そこで私は、子どもたちに「〇〇 Tube」をつくって情報を発信していくことを提案しました。ちなみに、〇〇に入る言葉は子どもたちが決めます。子どもたちの名前がそのまま入ることもありますし、動画の内容を表す言葉が入ることもあります。

普段「情報取得者」として接する機会の多い動画を「情報発信者」として作成することで、情報との付きあい方を多角的に考えてほしいというねらいがありました。「本当につくるんですか？」、「一回、つくってみたかったんだよね！」と、子どもたちは興奮を抑えきれない様子です。

子どもたちは思い思いに動きはじめます。どんな企画にするか、どこで撮影するのかといった話に夢中になっていき、教室の中は熱気に包まれます。チャイムが鳴っても授業を終えようとしない子どもたちを見て、「一時間延長するので、早速動画を撮りたいチームはタブレットで撮影してもいいですよ」と伝えました。

私が注目したのは、イラストを描くことを得意としていて、「普段からYouTubeを頻繁に見ている」と私に話してくれた藍さんと千佳さんのペアでした。とても上手なイラストを描いていたので質問をしてみることにしました。

私　お！　相変わらず絵がうまいね！　何を描いているの？

藍　女の子の絵です。

私　何か、こだわりはあるの？

藍　目ですね。目の描き方次第で印象が変わってくるので、目の描き方にこだわって、いろんな表情を描こうかと思っています。

私　なるほどね。この動画の対象って、どんな人を想定しているの？

千佳　そうだなあ、とにかくこの動画を見てもらって絵を描くことを好きになってほしいから、対象は誰でもいいです！

私　教えてくれてありがとう。引き続き、撮影がんばってね！

このペアはその日の振り返りで、「自分たちが描いた絵を早く見てほしい」、「描き方の説明に自信があるから、次の時間にみんなに動画を見てほしい」と書いていました。

放課後、私は作成した動画を確認してみました。二人が絵を描くことが上手であることは伝わってきましたが、先ほどのやり取りのなかで、テレビ欄調査で学習した「情報の発信者は常に対象を意識している」という大切な視点が抜け落ちていることが、私には気になっていました。ただ、失敗してもやり直せる雰囲気がクラスのなかにあることを実感していたので、まずは情報を発信してもらおうと思い、次の時間にこのペアの動画をクラスの子どもたちに見てもらうことにしました。

次の時間の冒頭、「○○ Tube」づくりに入る前に藍さんと千佳さんペアの動画を見て、クラスのみんなでファンレターを書くことにしました。二人の表情からは、早く見てほしいというワクワク感と、初めて情報を発信するというドキドキ感が入り交じっている様子が見てとれました。

テレビ画面に動画を映して、みんなで見終わったあと、自然と拍手が起こりました。この短期間で情報を発信できたこと、そしてトップバッターであったことを称える拍手でした。この温かい拍手からもクラスの成熟ぶりが感じられて、私はうれしくなりました。

ファンレターを書き終わったあとは、チームごとに分かれて「〇〇 Tube」づくりです。藍さんと千佳さんペアは、友だちからもらったファンレターを読んでいました。

私　トップバッターを務めてくれてありがとう。みんなに大好評だったね！

千佳　はい！　ファンレターに「やっぱり絵がうまいね！」とか「目の描き方を変えるだけで印象がガラッと変わってびっくりしたよ！」とか書いてあってうれしかったです！

私　藍さんはどう？

藍　ファンレターもそうですけど、みんなの拍手もうれしかったです。ただ……。

私　ただ……？

藍　何人かの人が書いた、「藍さんやっぱりうまいよね！　私には描けないよ」いうコメントが気になるんですよね。

私　と、いうと？

藍　だって、私たちは、この動画を見ている人たちに「絵を描くことを好きになってほしい」と思っているんです。それなのに、「私には描けない」と思わせたらダメだなあと思って。

千佳　たしかに。これだと、私たちが描きたい絵を描いているだけの、ただの「自己満動画」だよね。

私　なるほどね。テレビ欄調査をしたときに「情報発信者は常に情報を受け取る側のことを考えている」ということを学習したよね。先生は、自分たちの得意なことをいかして動画をつくっていることはとてもよいことだと思ったんだけど……。じゃあ、この動画が、より受け取る側にとって価値のあるものにするためにはどうしたらいいんだろう。

藍　そうだなあ……。たとえば、アンケートとってみるとか。あとは、クラスのみんなが絵を描くのが得意かどうかを調べる。

千佳　そうか！　苦手な人が多かったら、そういう人でも描ける簡単な絵の描き方を紹介すればいいよね！

私　お、なんだかこれからやることがはっきりしてきたね。次の動画も楽しみにしているよ！

社会科の学習で、動画のコンテンツづくりばかりをやっていてはいけません。できるだけ早めに情報発信者になり、そこで気づいたことを振り返り、次の動画にいかすというサイクルを回していきます。そして、テレビ放送や新聞などでの工夫と照らしあわせて、より体験的な情報発信者という立場の理解へとつなげていきます。こうすれば受け取る側にとってより価値のある情報発信の仕方につながりますし、責任ある情報発信者に成長していくことにもなります。

情報を消費する側だけでなく、価値ある情報をつくりだす経験をすることが、これからの情報活用において求められている力です。「〇〇 Tube」づくりを通じて、自立的に学ぶ力を育てる有意義な学習になりました。「〇〇 Tube」づくりが終わったあと、アンケートの自由記述欄には次のようなことが書かれていました。

〇〇 Tube で企画を考え、見る人に分かりやすく、正しい情報を発信することが難しかったけれど、楽しかったです。学校以外にも、社会で学習したことをいかし、野菜についての「野菜 Tube」を父とつくって、家族に見てもらうということをやってみました。動画のおかげで、弟が苦手な野菜を食べてくれたのでうれしかったし、学校以外でも社会について考えることができてうれしかったです。

〇〇 Tube で友だちと協力して色々なことを調べて、より正確で信頼できる情報を発信することがとても大変だったけれど、友だちからのコメントをいかして次にどうしたらいいかを考えることができました。

一人で学習を進めるだけでなく、試行錯誤を重ねながら友だちと協力して取り組むことができたこと、そして授業以外でも学習したことがいかせたことは、これから社会の担い手となる子どもたちにとって、大きな力となっていくのではないでしょうか。

教師がレールを敷くことは簡単です。そして、子どもたちも、そのレールに乗ってさえいればゴールまで連れていってくれるわけですから、こんな楽なことはありません。おそらく、教師がレールを敷くことで、子どもからも保護者からも「ていねいに教えてくれる先生」として感謝されることでしょう。しかし、それは本当に子どもたちのためになっているのでしょうか。私たちは、感謝されることに満足していないでしょうか。

学習の主人公は子どもたちです。年間を通して、教師の敷いたレールに乗ってただ進んでいくのではなく、時には友だちと協力したり、教師の手を借りたりしながら、学習のコントローラーを自分で握り、操縦を続けてきた子どもたちが私の目の前にいます。壁にぶち当たりながらも、粘り強く学習に取り組んだ経験は、小学生のときだけでなく、その先においてもいかされることでしょう。

あとがき

二〇一四年の春、私たちは代々木駅近くの会議室にて「社会科ワークショップ」をスタートアップさせました。『作家の時間』や『読書家の時間』で培ってきた「主体的で自立した書き手・読み手を育てる」教え方・学び方をほかの教科に応用したら、どんなに素晴らしい学習を形づくることができるのか、それを仲間とともに模索してみたかったからです。その実践の積み重ねが『社会科ワークショップ』として刊行できたことをうれしく思っています。

「作家の時間」と「読書家の時間」の実践を続けてきた私は、子どもたちが自分の未来を切り開くために、自立した書き手や読み手になる姿をたくさん見てきました。将来、公認会計士になりたいという夢をもち、「公認会計士への道」について解説された本を読み続ける子ども、マイクロプラスチックが生物に及ぼす問題について関心があり、クラスのみんなにその問題の深刻さを訴える子ども、政治家になりたいという大志を抱き、新聞を熱心に毎日読み込んでいく子どもなど、子どもたちが自分の生き方に対して主体者意識をもって学ぶ姿がたくさんありました。

ワークショップという学び方を、国語という教科にとどめておくだけではもったいないです。

どの教科であろうと応用できますし、そもそも学習自体を教科という枠組みで考えることが間違っていると思われます。しかし、実際の学校現場では、「教科」という枠組みでお伝えしたほうが多くの教師の助けになるでしょう。それが理由で、私たちが大好きな「社会科」という枠組みのなかで、ワークショップの学び方を応用することに挑戦しました。

「作家の時間」では作家になりきって学ぶ。「読書家の時間」では読書家になって学ぶ。子どもだから、大人だからといって区別することなく、実社会でモデルとなっている学び方を応用し、それになり切って学ぶことを大切にしています。

社会科という教科では、そのモデルがたくさん存在します。「記者」、「街に暮らす人」、「郷土史研究者」、「生産者」、「賢い消費者」、「環境活動家」、「歴史家」、「政治家」、「ニュース解説者」など、これらを包括する学び手のモデルの概念として「自立した市民」と名付けました。

では、「自立した市民」とは、いったいどのような資質を備えた人なのでしょうか。私たちは、次のような姿をイメージしています。

探究のサイクルを回し、生涯にわたって変化や成長を続けられる人

本書を読まれてお分かりのとおり、社会科ワークショップでは自分の力で探究のサイクルを回すことを大切にしています。

どんどん進行していく地球環境の問題、複雑に絡みあう多様性の問題、そして今後必ず直面することになる自分自身の生き方という問題など、どんなに高い障壁でも探究のサイクルを回すことで果敢に挑戦し、自らを変化成長させて、小さな一歩を歩み続けらるような「しなやかな学び」を続けていくことができる人間に育てていきたいと私たちは考えています。

食糧生産について学ぶことで、子どもたちはスーパーで選ぶ食材が少し変わりました。平塚らいてうを学んだことで、ジェンダーの問題に対して少しアンテナが高くなったようです。子どもたちは、何かを自分で学ぶことで、少しずつですが絶え間ない変化を遂げているのです。

本来、学ぶことは楽しいもののはずです。楽しいから、続けることが苦にならないのです。学校でも、家でも、気になるから本を開いてしまうのです。また、友達に伝えたいからちゃんと調べたりするのです。

このように、学ぶことの楽しさをしっかり体験できた子どもたちであれば、きっと自分の夢や大切な人の生活をより良くするために学び続け、自らも変化を続けるといった人間に成長することでしょう。こんな姿が、「自立した市民」というものです。

コミュニティーの主体者として責任をもちあうことができる人

今学んでいることを、「自分事」としてどれだけ捉えているでしょうか？　近所の公園にゴミが散らかっていること、マグロ漁師たちが原油高や乱獲で苦しい状況にあること、未来の暮らしに直結する政治の動向に人々が興味関心を失ってしまっていることなど、社会科ワークショップを通して子どもたちは「自分事」として学習を進めてきました。

ところが、大人の社会は、どこか「他人事」になってしまっているように感じられます。何かをしても意味がない、どこかの偉い人が何とかしてくれる、そもそも目の前のこと以外に興味関心がもてないなど、深刻な状況となっています。このような現実感のなさ（他人事）は、一方的に教えられる学び方から主体者意識を大切にした学び方に変えることで改善できるのではないでしょうか。

子どもたちは、純粋ゆえなのか、それとも未来に対しての主体者であるからなのか、学び取ったことを自分自身のこととして真剣に考えました。心を揺さぶり、感情を動かして、喜びあったり葛藤したりする姿がありました。まさに、自分自身の未来やコミュニティーの主体者となっている姿でした。

社会問題に気づき、正解のない問題に自分なりの答えを出し、実生活のなかで挑戦し、そして何かを少しでも変えていく経験をさせてあげたいと考えています。クラスに、学校に、街に、そして自分が属するあらゆるコミュニティーに自分なりの一石を投じ、主体者意識をもってかかわっていくという姿勢をもった子どもを育てていきたいとも考えています。

多様性を尊重し、緩やかに協働できる人

社会科ワークショップは、切磋琢磨できる学習コミュニティーのなかで、興味をもって友達の探究を聞き、自分の探究と重ねあわせ、より良い考えをつくりだしていきます。実際に生活する社会も、このような多様性を尊重したコミュニティーであるべきです。

性別、出自、体験、嗜好など、いろいろな人たちがいることを前提として、仲間をケアしながら学んでいきます。そのために、お互いの自由を尊重し、自らの自由も大切にしなければなりません。それは、途方もなく複雑で難しく、誤解や齟齬を乗り越えて、粘り強く取り組む必要があることばかりです。

そんな手間のかかる多様性のために連携を強いるのでは、本末転倒です。一人ひとりの強みをいかしながらゴールや方向性をともに展望し、必要性にあわせて緩やかに協働していくことが「自立した市民」の願いではないでしょうか。

社会科ワークショップは、学習の足並みをそろえようとするものではなく、教師が支援を行いながら子どもの強みを発揮するという多様性を大切にしています。自分のなかの迷いや考えの変化、自分とは違う友達の探究など、多様性を尊重できる「自立した市民」に育っていってほしいのです。

社会科ワークショップをはじめるということは、教師自身も「自立的な市民」の姿に向けて、子どもたちと一緒に歩んでいくということになります。子どもたちに、「探究のサイクルを回そう！」、「主体者になろう！」、「十人十色は素晴らしい！」と声高にいくら叫んだとしても、教師自身が仕事に忙殺されて自らの探究を疎かにし、受け身の姿勢ばかりで、画一化の流れに抵抗できないのであれば、すべて「絵に描いた餅」になってしまいます。

子どもたちは、大人の行動や言葉を見透かして、真実と嘘を見抜いていきます。大人の行動のどこに真実があるのかと、しっかり見ているのです。

私自身も「自立した市民」へと歩みはじめたばかりです。まだできていないこと、子どもに対して正直に言えないこと（なるべく隠さずに伝えるようにしていますが）もありますが、自分自身を「自立した市民」へと成長させていけるよい機会をもらえたと思っています。社会科ワークショップに取り組まなければ、「自立した市民」とは何か、目指す自分の姿とは何かといったことを考えることもなく、教科書に沿って教えていただけでしょう。私自身にとって、一歩踏みだせたことにとてつもなく大きな価値があったように感じています。

予測不可能で、少しおっかなびっくりの旅ですが、遠くの景色がよく見えて、展望だけは開けています。どこまで到達できるか分かりませんが、自分自身の「自立した市民」への一歩を今も歩み続けています。

読者のみなさんも、「自立した市民」へと成長し、子どもたちを「自立した市民」へと誘っていく旅をされること願っていますし、そのような教育空間をともにつくりあげていくことができればうれしいと思っています。

繰り返しとなりますが、本書『社会科ワークショップ』を上梓する際、多くの方に読んでほしいというという願いから、ページ数を減らして価格を下げるという作業を行いました。それにより、「第9章　もう一人の教師　教室環境」と「第13章　生活科ワークショップで学習をつくりだす子どもたち（二年生）」を涙ながらにカットしました。こちらも非常に読みごたえのある章なので、冨田明広のブログである「TOMMY'S IDEA ROOM」（http://tommyidearoom.com/）のなかで公開することにしました。実践の一助になりましたら幸いです。

最後になりますが、校正段階の乱文に貴重なフィードバックをいただきました方々に、筆者を代表して感謝の気持ちを伝えたいと思います。「作家の時間」や「読書家の時間」の学び方を探究するプロジェクト・ワークショップの大切な仲間である、伊東峻志さん、川本諒さん、秋吉健司さん、東原和郎さん、いつも切磋琢磨して西田と学びあう仲間である岡本真さん、喜井悠策さ

ん、冨田の社会科の基盤を築いてくださった高畠聡さん、本当にありがとうございました。

また、出版不況の最中でも私たちの実践に価値を見いだしてくださり、多くの教師に届けてくださった株式会社新評論の武市一幸さんに心から感謝をいたします。

そして、休日の早朝から絶え間なくキーボードを叩くことを許してくれた妻と二人の娘たち（西田も冨田も二人の女の子の父です）にも、感謝の気持ちを伝えたいです。

冨田明広

二〇二一年六月

・『未来を学ぼう――わたしと地球を結ぶ価値観とビジョン』サリー・バーンズ、1998年
・『フード・ファースト・カリキュラム――食べものを通して世界を見つめよう』ローリー・ルービン、1993年

参画のための理論と実際』ロジャー・ハート／木下勇ほか監修、IPA 日本支部訳、萌文社、2000年

・『あなた自身の社会――スウェーデンの中学教科書』アーネ・リンドクウィストほか／川上邦夫訳、新評論、1997年
・『北欧の消費者教育――「共生」の思想を育む学校でのアプローチ』北欧閣僚評議会編、大原明美訳、新評論、2003年
・『生活主体を育む――探求する力をつける家庭科』荒井紀子編著、ドメス出版、2013年
・『シチズン・リテラシー――社会をよりよくするために私たちにできること』鈴木崇弘ほか、教育出版、2005年
・『りんごは赤じゃない』山本美芽、新潮文庫、2005年
・『スウェーデンの小学校社会科教科書を読む』ヨーラン・スバネリッド・鈴木賢志訳、新評論、2016年
・『遊びが学びに欠かせないわけ――自立した学び手を育てる』ピーター・グレイ／吉田新一郎訳、築地書館、2018年
・『里山資本主義』藻谷浩介ほか、角川書店、2013年
・『民主主義』文部省、角川ソフィア文庫、2018年
・『あたらしい憲法のはなし』文部省、日本平和委員会解説、1973年
・『自分の中に歴史をよむ』阿部謹也、筑摩文庫、2007年
・『ティール組織』フレデリック・ラルー／ 嘉村賢州訳、英治出版、2018年

以下は、ERIC ／国際理解教育センターから直販

・『ワールド・スタディーズ』サイモンフィッシャーほか訳、1991年
・『PLT（「木と学ぼう」活動事例集――PLT ACTIVITY GUIDE K-6)』アメリカ森林協議会編、1992年
・『テーマワーク――グローバルな視野を活動の中で育てる』開発教育センター、1994年

・『たった一つを変えるだけ』ダン・ロススタインほか／吉田新一郎訳、新評論、2015年
・『「おさるのジョージ」を教室で実現』ウェンディ・L・オストロフ／池田匡史ほか訳、新評論、2020年
・『あなたの授業が子どもと世界を変える』ジョン・スペンサーほか／吉田新一郎訳、新評論、2020年
・『歴史をする――生徒をいかす教え方・学び方とその評価』リンダ・S・レヴィスティックほか／松澤剛ほか訳、新評論、2021年
・『だれもが科学者になれる！』チャールズ・ピアス／門倉正美ほか訳、新評論、2020年
・『学習会話を育てる』（仮題）ジェフ・ズウェイス／北川雅浩ほか訳、新評論、2021年秋予定
・『質問・発問をハックする』（仮題）コニー・ハミルトン／山崎亜矢ほか訳、新評論、2021年秋予定
・『「マルチ能力」が育む子どもの生る力』トーマス・アームストロング／吉田新一郎訳、小学館、2002年
・『教科書をハックする』リリア・コセット・レント／白鳥信義ほか訳、2020年
・『静かな子どもも大切にする』クリスィー・ロマノ・アラビト／古賀洋一ほか訳、新評論、2021年夏予定
・『教育のプロがすすめるイノベーション』ジョージ・クロス／白鳥信義ほか訳、新評論、2019年
・『ピア・フィードバック』スター・サックシュタイン／田中理紗ほか訳、新評論、2021年秋予定
・『理解するってどういうこと』エリン・キーン／山元隆春ほか訳、新曜社、2014年
・『増補版「読む力」はこうしてつける』吉田新一郎、新評論、2017年
・『子どもの参画――コミュニティづくりと身近な環境ケアへの

社会科ワークショップ関連のオススメの本リスト

「リーディング・ワークショップ（読書家の時間）」と「ライティング・ワークショップ（作家の時間）」関連のオススメの本は、QR コードを参照してください。

・『プロジェクト学習とは』スージー・ボス＆ジョン・ラーマー／池田匡史ほか訳、新評論、2021年
・『学びの情熱を呼び覚ますプロジェクト・ベース学習』ロナルド・J. ニューエル／上杉賢士ほか訳、学事出版、2004年
・『行為する授業――授業のプロジェクト化をめざして』H. グードヨンス／久田敏彦ほか訳、ミネルヴァ書房、2005年
・『子どもの心といきいきとかかわりあう――プロジェクト・アプローチ』リリアン・G. カッツ＆シルビア・チャード／小野豊監修、奥野正義訳、光生館、2004年
・『幼児教育と小学校教育の連携と接続――協同的な学びを生かしたプロジェクト・アプローチ 実践ガイド』シルビア・C. チャード／小野豊監修、芦田宏ほか訳、光生館、2006年
・『プロジェクト型保育の実践研究――共同的学びを実現するために』角尾和子、北大路書房、2008年 （とくに108ページ参照）
・『PBL（Problem‐based Learning）――判断能力を高める主体的学習』ドナルド・ウッズ／新道幸恵訳、医学書院、2001年
・『PBL 学びの可能性をひらく授業づくり』リンダ・トープほか／伊藤通子ほか訳、北大路書房、2017年

・『地元学をはじめよう』吉本哲郎、岩波ジュニア新書、2008年
・『ひみつの山の子どもたち――自然と教育』冨山和子、童話屋、1997年

大テーマ　埋立処分場を満杯にしないように、アクションを起こそう‼

＿＿組　＿＿番　名前＿＿＿＿＿＿＿＿＿＿＿＿＿＿＿＿

ゴール

- 横浜市はどんなアクションをしているか、表やグラフを使って分かりやすく伝えよう
- 自分にはどんなアクションができるか考えて、結果を（うまくいかなかった事も）友達に伝えよう

スケジュール（約14時間）

1．	南本牧最終処分場は満杯になる？（先生のロング・レッスン）	1時間
2．	ごみの足跡を追ってみよう（先生のロング・レッスン）	1時間
3．	知りたいことを出し合おう（テーマのたまごを選ぼう）	1時間
4．	探究　中間発表を一人1回	10時間
5．	学んだことをポスターで伝え合おう　＆　プレゼンター募集	1時間

最終発表テーマ

＿＿＿＿＿＿＿＿＿＿＿＿＿＿＿＿＿＿＿＿＿＿＿＿

ふり返り

横浜市のごみを減らすためのアクションを調べましたか？	☆☆☆☆☆
理由	
表やグラフを使って自分の発表を分かりやすく伝えられましたか？	☆☆☆☆☆
理由	
自分のごみを減らせるアクションに挑戦できましたか？	☆☆☆☆☆
理由	
うまくできたところ、うまくできなかったところを 友達に伝えられましたか？	☆☆☆☆☆
理由	

資料集

横浜ごみ処分場　15年度にも満杯

横浜市唯一のごみ処分場、南本牧廃棄物最終処分場第2ブロック（中区）が2015年度にも満杯になる恐れが出てきた。後継の第5ブロックは工事中で、17年度にならないと完成しない。焼却灰の再資源化を再開したり、埋め立て地の高密度化を試みたりと延命策に乗りだした。（2013年4月27日　朝日新聞）

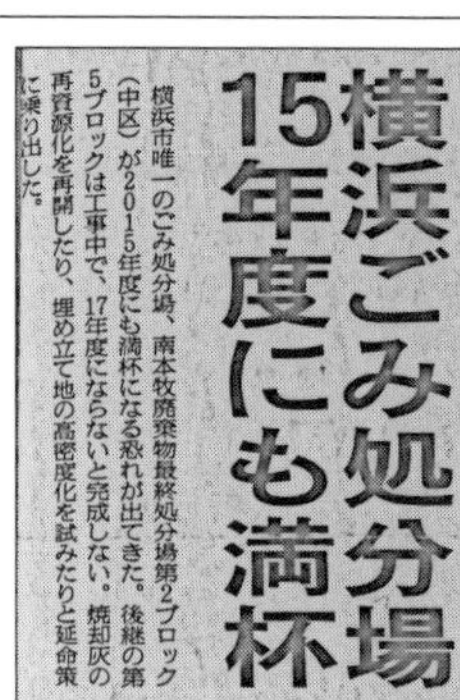

横浜ごみ処分場
15年度にも満杯

横浜市唯一のごみ処分場、南本牧廃棄物最終処分場第2ブロック（中区）が２０１５年度にも満杯になる恐れが出てきた。後継の第5ブロックは工事中で、17年度にならないと完成しない。焼却灰の再資源化を再開したり、埋め立て地の高密度化を試みたりと延命策に乗り出した。

- ●教科書・「わたしたちの横浜」
- ●ヨコハマ3R夢パンフレット
- ●先生が用意した資料コーナー
- ●教室のごみ、お家のごみ

研究記録

年　組　番　名前

写真

1	月	今のテーマ	
	日	ふりかえり	
2	月	今のテーマ	
	日	ふりかえり	
3	月	今のテーマ	
	日	ふりかえり	
4	月	今のテーマ	
	日	ふりかえり	
5	月	今のテーマ	
	日	ふりかえり	
6	月	今のテーマ	
	日	ふりかえり	
7	月	今のテーマ	
	日	ふりかえり	
8	月	今のテーマ	
	日	ふりかえり	
9	月	今のテーマ	
	日	ふりかえり	
10	月	今のテーマ	
	日	ふりかえり	

（裏へ続く）

社会科ワークショップアンケート（6年）②

月　　日　　　　組　　　番　　名前

○ 歴史を学ぶと、どんなよいことがあると思いますか。

○ 社会科ワークショップでどんなことがやりたいですか。

○ 社会科ワークショップでどんなことが心配ですか。

○ 社会科の学習でどんなことが心に残っていますか。エピソードを教えてください。

○ 歴史に関係するどんなものが好きですか。その理由も教えてください。

○ その他なんでも。

社会科ワークショップアンケート（6年）

月　日　　組　　番　名前

○ 社会科が好き
そうだ ・ まあそうだ ・ あまりそうではない ・ そうではない

○ 歴史が好き
そうだ ・ まあそうだ ・ あまりそうではない ・ そうではない

○ 社会科で夢中になったことがある
そうだ ・ まあそうだ ・ あまりそうではない ・ そうではない

○ 学校以外でも、社会科について考えることがある
そうだ ・ まあそうだ ・ あまりそうではない ・ そうではない

○ 発表するのが楽しい
そうだ ・ まあそうだ ・ あまりそうではない ・ そうではない

○ 友達の発表を見たり聞いたりして楽しい
そうだ ・ まあそうだ ・ あまりそうではない ・ そうではない

○ 自分で学習のテーマが決められる
そうだ ・ まあそうだ ・ あまりそうではない ・ そうではない

○ 家でインターネットを使うことができる
そうだ ・ まあそうだ ・ あまりそうではない ・ そうではない

○ 歴史マンガを読む
そうだ ・ まあそうだ ・ あまりそうではない ・ そうではない

○ 歴史上の人物の伝記を読む
そうだ ・ まあそうだ ・ あまりそうではない ・ そうではない

○ 歴史がテーマのテレビや映画を見る
そうだ ・ まあそうだ ・ あまりそうではない ・ そうではない

○ 友達と協力して学習に取り組める
そうだ ・ まあそうだ ・ あまりそうではない ・ そうではない

○ 一人で学習に取り組める
そうだ ・ まあそうだ ・ あまりそうではない ・ そうではない

○ 自分の得意な学習の仕方がわかる
そうだ ・ まあそうだ ・ あまりそうではない ・ そうではない

○ 社会の学習を振り返って、自分の課題・改善したいことが分かる
そうだ ・ まあそうだ ・ あまりそうではない ・ そうではない

月	★ユニット 教 教科書単元	資料	主な 探究テーマ	主な ミニレッスン
2 3	**★環境会議～わたしたちにできること～** 教 自然災害を防ぐ、わたしたちの生活と森林、環境を守るわたしたち **◆教師のねらい：目の前の問題を解決するには一人ひとりの努力が必要で、その問題が大きいものであればあるほどたくさんの人が主体的に関わり努力を積み重ねていく必要がある**	・環境に関する図書資料 ※1月の段階で中央図書館に団体貸出の予約をしておく ・子どもたちが住んでいる地域の生活や環境に関する条例	・環境に配慮した地域のお店の取り組みとわたしたちにできること ・これからの地球環境の変化を予想してみた～水素自動車の開発から考えたこと～ 5年生の集大成。一人で探究するか、友達と探究するかも自分で決め、とにかく考えを作り出すことを楽しんでほしい	・環境問題の歴史 ・世界的に問題になっている環境問題 ・地域レベルで取り組んでいる環境保全運動
3	**★社会科ワークショップのまとめ** **★自分の成長を振り返る**	※できるようになったことや6年生でも活かしたいことなどを尋ねる個人アンケートとグループインタビューを実施する	6年生でも5年生で身につけた力を活かして「主体的に学習する力」や「友達と考えを生み出す力」を伸ばしていってほしい	

月	★ユニット 教 教科書単元	資料	主な 探究テーマ	主な ミニレッスン
11 12	★作ろう！　自動車会社 教 くらしを支える工業生産、自動車を作る工業、工業生産を支える輸送と貿易、これからの工業生産とわたしたち ◆**教師のねらい：一つのものをつくりだし、それをより良い形で世に出すためには一人の力だけでなく多方面で協力しあうことが大切**	・国内の自動車需要台数と自動車保有台数のグラフ ・各自動車会社のホームページ ※社会科見学（①自動車工場②映像制作施設※3学期の情報ユニットに向けて）の実施	・より多くの自動車を売るにはどこに工場をつくるべきか ・新しい自動車に込められた製作者の思い	・自動車生産の現状 ・グループでの探究について ・自分たちの特徴をいかした発表方法
			学習コミュニティーをいかして子どもたち同士で刺激しあいながら学びを深めていってほしい	
1 2	★○○TUBEで情報発信 教 情報産業とわたしたちのくらし、情報を生かす産業、情報を生かすわたしたち ◆**教師のねらい：価値のあるものをつくりだし世の中に提供するためには、自分の思いや考えだけでなく、受け取る側のニーズにあわせていくことが大切で、それがより価値のあるものになる**	・新聞のテレビ欄 ・ニュース番組視聴 ・タブレット端末 ・情報をめぐるトラブルを扱った新聞記事	・イラストが苦手な人でも簡単に描ける！　超簡単イラストの描き方 ・食べなきゃ損！　わたしたちの町の特産物。そして生産者の方のこだわりとは？	・情報の種類 ・情報発信者が気をつけていること ・情報の受け手を意識した情報発信 ・情報との付き合い方
		友だちと協力して、自立して学んでほしい。そして、自分たちで課題を見つけて、それを解決できる力を身につけてほしい。学習コミュニティーもかなり成熟してきたのでそこまでチャレンジできるはず		

月	★ユニット 教 教科書単元	資料	主な探究テーマ	主なミニレッスン
7	★1学期を振り返る ★2学期に向けて	※グループインタビューを実施して、子どもたちの社会科ワークショップへの取り組み方を把握する。	1学期にできるようになったことを自覚してほしい。それと同時に2学期の社会科ワークショップの見通しをもって、チャンレンジすることを決められるように支援していこう	
9	★お米ミニ探検隊 教 くらしを支える食料生産、米づくりの盛んな地域 ◆**教師のねらい：より良いものをつくるためには、これまで行われてきた方法だけにとらわれるのではなく、時代や環境の変化に沿って新しい方法を取り入れることが大切**	・図書室にある米づくりに関する資料 ※団体貸出は次のユニットに回す ・夏休みに東北旅行した時に撮影した写真	・最先端！　品種改良の今 ・米づくりに取り組む人々の工夫や努力 子どもたちは行事の準備に時間を取られ、忙しくなるだろうから、短時間で完結するユニットにして、サイクルを小さく回そう	・米作りの今と昔 ・発表途中でも質問をはさんで話し手と聞き手が双方に考えをつくりだす対話型発表について
10	★もっと知りたい漁業のこと 教 水産業の盛んな地域、これからの食料生産とわたしたち ◆**教師のねらい：9月と同様** ※9月のお米ユニットは短時間でサイクルを回したので、このユニットには2か月間かけて取り組む	・漁業に関する図書資料 ※8月の段階で中央図書館に団体貸出の予約をしておく ・漁業組合へ電話インタビューするための事前アポ ・映像資料	・捕る漁業と育てる漁業、どちらがこれからの日本の漁業の中心になる？ 事実だけを調べて発表するのではなく、その事実をしっかりと受け止めた上で考えをめぐらせ、産業に携わる人々の思いを推測できるようになってほしい	・事実をしっかり理解する ・漁業に関わる人の思いや願いに迫るために推測する

資料　社会科ワークショップの年間計画（5年生）

月	★ユニット 教 教科書単元	資料	主な探究テーマ	主なミニレッスン
4	★地図帳･地球儀の達人 教 世界の中の国土、国土の地形の特色 ◆教師のねらい：一つの情報だけでなく複数の情報を比較し、目の前のものを多角的に捉えることで新たな視点を獲得できる	※子どもたちの興味関心、グループワークの得意不得意などを把握するアンケートの実施 ・学習班分の地球儀 ・拡大された世界地図 ・教師がつくったクイズ	※テーマを設定せず、経度、緯度を使ったクイズをつくり、友達と問題を出しあう。まずは友だちとのやり取りを楽しむ。 まずは子どもたちの実態を把握して、どのように社会科ワークショップを進めていくのか計画を立てよう	・緯度、経度の見方 ・地球儀と世界地図の違い ・クイズのつくり方 ・友達とやり取りするときの約束事
5 6	★土地と人々の生活 教 低い土地のくらし、高い土地のくらし、国土の気候の特色、暖かい土地のくらし、寒い土地のくらし ◆教師のねらい：目の前の状況や環境にあわせて、その都度最適な方法をとるために人々は工夫して生活している	・各地域の「家」「農業」「観光」に関する図書資料 ※4月の段階で中央図書館に団体貸出の予約をしておく ・教師が印刷したインターネット資料	○○土地の△△の工夫 ※○○には「低い、高い、あたたかい、寒い」、△△には「家、農業、観光」のいずれかを子どもたちが選択して探究テーマにする。 ・低い土地の家の工夫 ・寒い土地の観光の工夫 主体的に学ぶ子どもたちを育てていきたいけれど、子どもたちはまだまだ社会科ワークショップ初心者。まずは、ていねいに支援していこう。（あせらず、じっくり。子どもたちの学習を認めることを忘れずに）	※低い、高い、暖かい、寒い、の四つの土地のくらしの概要を各30分くらい使って押さえる（ロングレッスン）。 ・二つのことを比べて考える ・発表用ポスターの書き方 ・ファンレターの書き方

探究テクニック

組　　番　名前

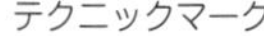

1．<u>つなげて</u>比べて考える
- ○ その時代と今・他の時代を比べると？
- ○ その人と自分を比べると？
- ○ 似ている点は？　ちがう点は？　どうして？

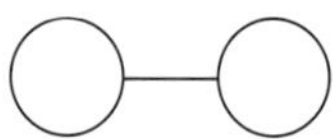

2．<u>問い</u>を作って考える
- ○ 分からないことを問いの形にしてみると？
- ○ 問いの形で自分なりに答えてみると？

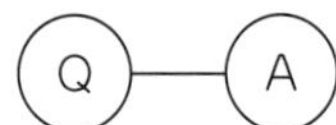

3．絵や物語で<u>想像して</u>考えを広げる
- ○ 言葉を絵に表してみると？
- ○ 歴史の出来事を物語にしてみると？
- ○ その人になってみると、やってみると？

4．書いていないことは自分の想像を広げて<u>推測する</u>
- ○ わからないことを自分の予想で補うと？
- ○「もし、…だとすると、」で考えると？
- ○ 具体的に考えると、例えば？
- ○ 他の人の立場で考えると？
- ○ あえて逆で考えると？

5．大切なものを<u>選んで</u>考える
- ○ 大事な順番リストにして考えると？
- ○ もっとも大切なものを選んだ理由は？
- ○ 大切ではないと思った理由は？

6．自分なりの理由や意味を<u>解釈する</u>
- ○ どうして、そうなったのだろう？　わたしとしては、
- ○ どんな意味があるのだろう？　わたしとしては、
- ○ みんなに訴えかけるように考えると？

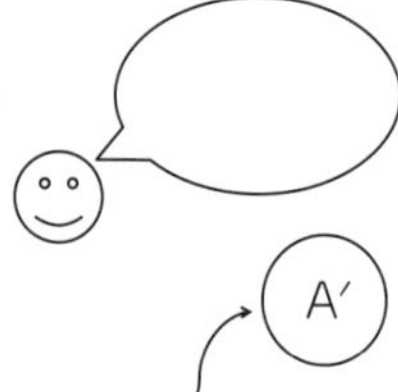

7．自分の考えを、もう一度<u>考え直す</u>
- ○ ちがう角度から、考え直すと？
- ○ 自分の意見は、誰にとっても正しいと言えるかな？
- ○ どんな反対意見や疑問が出るかな？

著者紹介

冨田明広（とみた・あきひろ）
横浜市の小学校教員。『読書家の時間』の出版から、ワークショップの学び方の実践や実践する先生のお手伝いを行っています。マナティー研究所の理事を務め、子どもたち向けの環境教育でも活動中。
http://tommyidearoom.com/

西田雅史（にしだ・まさし）
東京都の小学校教員。初任者の頃に『作家の時間』と出合い、子どもたち自身が学びを展開していくワークショップのとりこになる。(株)weclipによる、教師、家庭、地域の「協育」事業にも参画中。
https://note.com/ultrasoulmasashi

吉田新一郎（よしだ・しんいちろう）
『作家の時間』、『読書家の時間』、そして『社会科ワークショップ』と道はまだ半ばです。この後に『数学者の時間』と『科学者の時間』が続きますので、ご期待ください。
問い合わせは、http://projectbetterschool.blogspot.com/へ。

社会科ワークショップ
――自立した学び手を育てる教え方・学び方――

2021年7月15日　初版第1刷発行

著者　冨田明広
　　　西田雅史
　　　吉田新一郎

発行者　武市一幸

発行所　株式会社　新評論

〒169-0051
東京都新宿区西早稲田3-16-28
http://www.shinhyoron.co.jp

電話　03(3202)7391
FAX　03(3202)5832
振替・00160-1-113487

落丁・乱丁はお取り替えします。
定価はカバーに表示してあります。

印刷　フォレスト
装丁　山田英春
製本　中永製本所

ISBN978-4-7948-1186-8

新評論　好評既刊　　あたらしい教育を考える本

S・サックシュタイン+C・ハミルトン／高瀬裕人・吉田新一郎 訳

宿題をハックする

学校外でも学びを促進する10の方法

シュクダイと聞いただけで落ち込む…そんな思い出にさよなら！
教師も子どもも笑顔になる宿題で、学びの意味をとりもどそう。

四六並製　304頁　2640円　　ISBN978-4-7948-1122-6

S・サックシュタイン／高瀬裕人・吉田新一郎 訳

成績をハックする

評価を学びにいかす10の方法

成績なんて、百害あって一利なし!?「評価」や「教育」の概念を
根底から見直し、「自立した学び手」を育てるための実践ガイド。

四六並製　240頁　2200円　　ISBN978-4-7948-1095-3

リリア・コセット・レント／白鳥信義・吉田新一郎 訳

教科書をハックする

21世紀の学びを実現する授業のつくり方

教科書、それは「退屈で面白くない」授業の象徴…
生徒たちを「教科書疲労」から解放し、魅力的な授業をつくるヒント満載！
大切な質問づくりのスキルが容易に身につけられる方法を紹介！

四六並製　344頁　2640円　　ISBN978-4-7948-1147-9

マーク・バーンズ+ジェニファー・ゴンザレス／小岩井 僚・吉田新一郎 訳

「学校」をハックする

大変な教師の仕事を変える１０の方法

時間に追われるだけの場所から、学びにあふれた空間へ！
いまある資源を有効活用するための具体的アイディア満載。

四六並製　224頁　2200円　　ISBN978-4-7948-1166-0

N・メイナード+B・ワインスタイン／高見佐知・中井悠加・吉田新一郎 訳

生徒指導をハックする

育ちあうコミュニティーをつくる「関係修復のアプローチ」

子どもたちの「問題行動」にどう対処すべきか。米国で実証済み、
真の成長に資する指導をめざす「関係修復のアプローチ」を詳説。

四六並製　288頁　2640円　　ISBN978-4-7948-1169-1

＊表示価格はすべて税込み価格です